Maren Gottschalk
»Die Morgenröte unserer Freiheit«

Für Manfred

Maren Gottschalk

»Die Morgenröte unserer Freiheit«

Die Lebensgeschichte des
Nelson Mandela

Maren Gottschalk studierte Geschichte und Politik in München; Promotion in Mittelalterlicher Geschichte. Sie lebt heute als freischaffende Autorin in Leverkusen, hat drei Kinder und schreibt am liebsten über Frauen, Geschichte, Soziales, Wissenschaft und Kultur, hauptsächlich für den Hörfunk.
Im Programm Beltz & Gelberg veröffentlichte Maren Gottschalk bereits die Anthologie *Der geschärfte Blick. Sieben Journalistinnen und ihre Lebensgeschichte.*

www.beltz.de
© 2002 Beltz Verlag, Weinheim, Basel, Berlin
Programm Beltz & Gelberg, Weinheim
Alle Rechte vorbehalten
Neue Rechtschreibung
Lektorat Susanne Härtel
Einband Dorothea Göbel
Bildnachweis im Anhang
Gesamtherstellung
Druckhaus Beltz, 69494 Hemsbach
Printed in Germany
ISBN 3 407 80895 X
2 3 4 5   06 05 04 03

»Wozu soll einem Bantu-Kind Mathematik gelehrt werden, wenn es das in der Praxis ohnehin nicht anwenden kann? Das ist doch absurd.«
Henrik Verwoerd, Minister für Eingeborenenangelegenheiten, 1950

»Weiße Vorherrschaft setzt schwarze Unterlegenheit voraus ... Aufgrund dieser Einstellung neigen die Weißen dazu, Afrikaner als eine besondere Gattung Mensch zu betrachten. Sie sehen sie nicht als Menschen an, die ihre eigenen Familien zu versorgen haben; sie nehmen nicht zur Kenntnis, daß sie Gefühle haben – daß sie sich ebenso wie Weiße verlieben, daß sie ebenso wie die Weißen mit ihren Frauen und Kindern zusammenleben möchten; daß sie genug Geld verdienen möchten, um ihre Kinder anständig zu versorgen, zu ernähren, zu kleiden und zur Schule zu schicken.«
Nelson Mandela, 1964

Inhaltsverzeichnis

Vorwort 9

Ein Häuptlingssohn am Ende der Welt 12

Ein Blick zurück: Auftritt der Weißen Herren 40

Schwarz in der Stadt des Goldes 54

Keine Erleuchtung – nur Wut 69

Der weiße Würgegriff: Apartheid 80

Gebannte Kraft 93

Hochverrat und Liebe 110

Ich wurde ein Wesen der Nacht 140

Im Schatten des Galgens 155

Lebendig begraben 172

Wir werden die Apartheid zerschmettern 193

Auf der richtigen Seite der Geschichte 215

Lasst Freiheit herrschen 238

Der hellste Stern 264

Literatur- und Quellenverzeichnis 284

Vorwort

Als am 9. November 1989 die Berliner Mauer fiel, geriet die Welt – nicht nur in Deutschland – in einen Taumel der Hoffnung. Die bestbewachte Grenze der Welt, die auf brutale und unmenschliche Weise ein Volk, ja fast die gesamte Welt in Ost und West getrennt hatte, war von friedlichen Menschen ohne Waffen überwunden worden. Von Menschen, die sich nicht abgefunden hatten, sondern Repressionen und Strafen auf sich nahmen, um ihren mutigen Kampf beharrlich weiterzuführen.

Während wir noch versuchten, dieses historische Ereignis und seine Folgen zu begreifen, da zeichnete sich im Süden Afrikas ein neues Wunder ab. Staatspräsident Frederik Willem de Klerk eröffnete das südafrikanische Parlament am 2. Februar 1990 mit einer sensationellen Erklärung: Er hob das Verbot der oppositionellen Parteien auf und kündigte die bedingungslose Freilassung von Nelson Mandela an. Das konnte nur eines bedeuten: Die Apartheid, das brutale System der Rassentrennung, stand nach 40 Jahren vor ihrem Ende. Aber konnte es wirklich sein, dass die Weißen ihre Macht freiwillig abgeben und sie mit den Schwarzen teilen würden?

Eine Woche später trat der berühmteste Gefangene der Welt, Nelson Mandela, nach 27 Jahren Gefängnis in die Freiheit. Vier Jahre später wurde er zum ersten schwarzen Staatspräsidenten Südafrikas gewählt. Und wieder jubelten die Menschen in aller Welt, sah es doch so aus, als würde menschlicher Fortschritt nicht mehr nur Utopie bleiben.

Das Wunder am Kap der Guten Hoffnung ist von anderer Beschaffenheit als das Wunder von Berlin, denn die Rassentrennung zerschneidet Köpfe und Herzen auf besonders schmerzhafte Weise. Die Mauer der Apartheid war nicht aus Beton gemacht, sondern aus Gesetzen, Verachtung und Gewalt. Sie ruhte auf einem Fundament aus Angst und Überheblichkeit und erzeugte einen unvorstellbaren Hass. Viel Blut ist unter den Apartheidregimen geflossen, und die Reihen der Gräber in Soweto, in Sharpville und den vielen anderen Schauplätzen des Terrors sind lang. Dennoch entstand das neue Südafrika nicht aus einem grausamen Bürgerkrieg, weil Einsicht, Versöhnungswillen und Menschlichkeit letztlich stärker waren als der Wunsch nach Rache. Dies ist das Verdienst vieler, unzähliger Menschen, die bereit gewesen sind, ihrem ärgsten Feind die Hand zu reichen. Einer hat es ihnen vorgemacht und ohne ihn wäre die Geschichte Südafrikas mit Sicherheit anders verlaufen: Nelson Mandela.

Jeder, der über die Geschichte Südafrikas schreibt, steht vor dem Problem: Darf man die Terminologie des rassistischen Apartheidregimes übernehmen und von Weißen und Schwarzen, Farbigen und Indern reden? Oder sollte man lieber Schwarze als *Afrikaner* und Weiße als *Afrikaander* bezeichnen?

Ich bin der Meinung, dass diese Terminologie nicht nur wegen der Ähnlichkeit der Begriffe verwirrend ist, sondern auch verschleiert, was über 40 Jahre lang der Grund für eines der grausamsten Unterdrückungssysteme auf dieser Welt gewesen war: die Hautfarbe.

Heute sind sie alle Afrikaner, die Weißen und Schwarzen, Farbigen und Inder. Aber tausende starben vor ihnen. Und sie starben wegen ihrer Hautfarbe.

Wir in Deutschland werfen uns heute oft vor, nicht früher, lauter, wirkungsvoller die Zustände im Apartheidstaat angeprangert zu haben. Wir haben uns sehr intensiv mit der eigenen Geschichte befasst, vor allem mit der Unmenschlichkeit der Nazi-Zeit, und darüber nicht immer vermocht, über unseren Horizont hinauszusehen. Es gab aber auch hierzulande schon immer Menschen, die den Befreiungskampf der Unterdrückten unterstützt haben. Es hätten viel mehr sein können. Es hätten viel mehr sein müssen.

Ein Häuptlingssohn am Ende der Welt

Gadla Henry Mandela ist ein Mann von aufrechter Haltung, unbeugsam und dickköpfig. Er kann zwar weder lesen noch schreiben, dafür aber wunderbare Reden halten. Gelegenheiten dazu hat er genug: Als hoch geachteter Thembu-Häuptling leitet er die wichtigsten Familienzeremonien im Dorf – Hochzeiten, Taufen und Beerdigungen. Auch das Schlichten von Streitigkeiten gehört zu seinen Aufgaben. Ein reicher Mann ist Gadla Henry, vier Frauen kann er sich leisten. Jede Woche besucht er eine andere von ihnen und beaufsichtigt die Erziehung seiner 13 Kinder. Stolz blickt der Vater auf seine Nachkommen. Sie alle sind von königlichem Geblüt, denn Gadla Henry selbst stammt aus dem Haus der Thembu-Könige, wenn auch nur aus dem Zweig zur »linken Hand«, der nicht den König selbst stellt, sondern seine Berater.

Thembuland liegt an der östlichen Küste Südafrikas und ist Teil der Transkei, ein Gebiet etwa so groß wie die Schweiz.

Zu Beginn des letzten Jahrhunderts leben dort dreieinhalb Millionen Xhosa, zu deren Volk auch die Thembu im Norden gehören. Ihr König regiert das kleine Land mit Hilfe von vielen Häuptlingen, deren Ernennung er von seinem Kolonialherren, dem Magistrat, bestätigen lassen muss. Denn die schwarze

Selbstverwaltung steht in allen Teilen Südafrikas unter weißer Oberaufsicht.

In Thembuland sind die Täler das ganze Jahr über grün, weil sie von unzähligen klaren Bächen und Flüssen durchzogen werden. Wie sanfte Wellen breiten sich die grasbewachsenen Hügel über das Land aus.

In dem kleinen Dorf Mvezo am Ufer des Mbashe-Flusses kommt Nelson Mandela zur Welt, am 18. Juli 1918. Gadla Henry nennt seinen Sohn Rolihlahla, was wörtlich übersetzt heißt: »Am Ast eines Baumes ziehen« oder sinngemäß: »Unruhestifter«.

Rolihlahla ist das älteste Kind von Gadlas dritter Frau, Nosekeni Fanny, und noch ein Kleinkind, als die Familie ihre Privilegien verliert. Ein Streit mit dem Magistrat kostet Gadla Henry die Häuptlingswürde und damit auch den größten Teil seines Vermögens – Land und Vieh. Nosekeni Fanny zieht mit ihren Kindern fort von Mvezo nach Qunu, 30 Kilometer von der Thembu-Hauptstadt Umtata entfernt. Dort lebt ihre Familie, die sie nach afrikanischer Sitte hilfsbereit in ihrer Mitte aufnimmt. Gadla Henry behält den Besucherrhythmus bei und wohnt einmal im Monat für eine Woche bei ihr und den Kindern.

In Qunu spielt sich das Leben seit Generationen nach demselben Muster ab. Die wenigen hundert Dorfbewohner leben in runden Lehmhütten, deren Grasdächer oben spitz zulaufen. Durch eine niedrige Öffnung gelangt man in die Hütte hinein und wird von Dunkelheit umfangen, denn Fenster gibt es nicht. Der Boden besteht aus zerstampfter Erde und wird regelmäßig mit frischen Kuhfladen geglättet. Rolihlahlas Familie besitzt drei Hütten, die von einem Zaun umschlossen einen Kraal, ein Gehöft, bilden. Die erste Hütte dient zum Lagern der Lebensmittel, in der zweiten wird gekocht und, wenn es draußen zu kalt ist, auch gegessen. Als Herd dient eine Feuerstelle in der Mitte der Hütte, darin steht ein dreibeiniger eiserner Topf. In der dritten Hütte legen sich die Familienmitglieder zum Schlafen auf dünne Matten nieder, die Köpfe betten sie auf ihre Ellenbogen.

Rolihlahla wächst in einer afrikanischen Großfamilie auf, in der keine Unterscheidung des Verwandtschaftsgrades gemacht wird, denn die Xhosa-Sprache kennt die Wörter »Tante«, »Onkel«, »Neffe« oder »Cousine« nicht. Alle Kinder aus einer Sippe sind Brüder und Schwestern und nennen die Erwachsenen Vater und Mutter.

Thembuland ist wunderschön, aber arm, der Boden karg und das Vieh mager. Auf den Weiden rings um das Dorf grasen Schafe, Ziegen, Rinder und Pferde. Qunu besitzt zwei kleine Grundschulen mit je einem Klassenzimmer, einen Kaufladen und ein großes Tauchbecken, in dem das Vieh der Dorfgemeinde von Zecken und Krankheiten befreit wird.

Das Leben ist einfach. Die Jungen, in ockerfarbene

Wolldecken gewickelt, hüten das Vieh, das den Menschen viel bedeutet: Sie nutzen es nicht nur als Fleisch- und Milchlieferanten, sondern auch als Tauschmittel für andere Waren. So lässt sich an der Größe einer Herde der Wohlstand einer Familie ablesen. Auch der traditionelle Brautpreis, die *lobola*, wird mit Vieh bezahlt, und nur ein Mann, der Tiere besitzt, kann überhaupt heiraten.

Die Frauen und Mädchen kümmern sich um das Essen, das aus Mais, Hirse, Bohnen oder Kürbissen besteht. Nur wenige können sich ab und zu den Genuss so exotischer Luxusgüter wie Zucker, Kaffee oder Tee leisten, und Rolihlahlas Familie gehört nicht mehr zu den Reichen. Für die Hauptmahlzeit, meistens ist es Maisgrütze, kommt die Familie am Abend vor der Hütte zusammen und isst gemeinsam aus einem Topf. Das Wasser zum Kochen und Waschen schleppen die Frauen und Kinder täglich aus dem Fluss zum Kraal.

Wo aber sind die Männer des Dorfes? Die meisten von ihnen arbeiten in den Minen bei Johannesburg, hoch im Norden Südafrikas. Dort holen sie unter unmenschlichen Bedingungen die Schätze des Landes, Kohle, Erze und Gold, ans Tageslicht und schlafen in den für Wanderarbeiter errichteten Baracken. Früher waren sie alle Bauern und Selbstversorger, doch dann haben die weißen Kolonialherren eine Kopf- und Hüttensteuer erfunden, die es nötig machte, woanders Geld zu verdienen. Manche der Arbeiter kommen nur zweimal im Jahr zurück ins Dorf, um ihre Felder zu pflügen.

Rolihlahla ist mit fünf Jahren alt genug, um wie seine Freunde auf die Schafe und Kälber aufzupassen. Das ist keine schwierige Aufgabe und die Jungen haben viel Zeit zum Spielen auf dem *veld*. Sie bringen sich gegenseitig bei, mit der Steinschleuder auf Vögel zu schießen oder in den Bächen zu schwimmen und Fische zu fangen. Wenn sie durstig sind, trinken sie die Milch direkt aus den Eutern der Kühe, und gegen den Hunger gibt es Wurzeln und wilden Honig. Meistens bleiben die Jungen für sich, aber manchmal kommen auch die Mädchen mit aufs *veld*, dann spielen sie zusammen Verstecken, Fangen oder *kheta* – »Wähle, wen du magst« –, wobei die Jungen um die Bewunderung der Mädchen ringen.

Das Lieblingsspiel der Jungen aber ist *thinti*, der Kampf mit dem Stock. Rolihlahla träumt wie jeder afrikanische Junge davon, ein großer Krieger zu sein, und übt jeden Tag das Parieren von Schlägen, das Täuschen des Gegners und das schnelle Zuschlagen. Die Mannschaften von zwei Dörfern treten gegeneinander an, um ihre Kräfte im Stockspiel zu messen. Wer sich hier auszeichnet, gilt als Held, als Nachfahre der berühmten Xhosa-Krieger.

Sitte, Ritual und Tabu weisen den Menschen im Dorf einen sicheren Weg durch den Alltag. Mädchen lernen von ihren Müttern, welchen Platz das Leben für sie vorgesehen hat, Jungen von ihren Vätern. »Wie alle Xhosa-Kinder eignete ich mir Wissen hauptsächlich durch Beobachtung an. Wir sollten durch Nachahmen lernen, nicht durch Fragerei. Als ich später die Häuser von Weißen besuchte, war ich anfangs verblüfft über die Anzahl und die Art der Fragen, die Kinder ihren Eltern stellten – und über die ausnahmslose Bereitschaft der Eltern, diese Fragen zu beantworten. Bei uns galten Fragen als lästig; Erwachsene gaben Kindern Erklärungen, die sie für notwendig hielten.«[1]

Wer die Grenzen nicht akzeptiert, muss mit dem Zorn der Ahnen rechnen. Um das schreckliche Leid abzuwenden, das die aufgescheuchten Geister anrichten, braucht es die Vermittlung der traditionellen Heiler oder der Stammesältesten. Besser ist es, so lernt Rolihlahla früh, sich streng an die Stammesregeln zu halten.

Vage sind seine Vorstellungen über die Weißen. Wer sind sie? Sind es Götter? Wenn nicht, warum haben sie so viel Macht? Ob es Ladenbesitzer sind, Magistrate, Polizisten oder die wenigen Reisenden, die sich in die Gegend verirren: Man schuldet ihnen Respekt, aber wer weiß schon, warum? Klarer erscheint ihm die Abgrenzung zu anderen Stämmen. Ein Xhosa heiratet zum Beispiel keine Sotho.

Im Dorf wohnen auch Angehörige der amaMfengu,

die vor vielen Jahren als Flüchtlinge ins Land der Xhosa kamen und damals die Arbeiten verrichteten, die ein Xhosa verachtet hätte: Sie dienten den Weißen und wurden häufig zum Christentum bekehrt. Aus dem Kontakt zu den Missionsstationen aber erwuchs ihnen ein Bildungsvorsprung und zur Zeit von Rolihlahlas Kindheit verkörpern die amaMfengu den fortschrittlichen Teil der Gemeinde. Sie sind Geistliche, Dolmetscher, Lehrer, Beamte, Polizisten und sie tragen westliche Kleidung. Die Thembu beneiden sie ein wenig und halten sich von ihnen fern.

Gadla Henry, der sich wenig um Stammeszugehörigkeiten kümmert, hat zwei Freunde unter den amaMfengu, die Brüder Mbekela, von denen der eine Lehrer, der andere Polizist ist. Unter ihrem Einfluss lässt sich seine Frau Nosekeni Fanny zum Christentum bekehren. Auch Rolihlahlas Lebensweg wird von den beiden Männern beeinflusst, als sie Gadla Henry dazu raten, seinen aufgeweckten Sohn zur Schule zu schicken. Der Vater überlegt nicht lange. Warum sollte Rolihlahla eigentlich nicht lesen und schreiben lernen? Die Häuptlingswürde kann er zwar nicht erben, die geht an den ältesten Sohn seiner Hauptfrau. Aber vielleicht kann er ja später einmal Berater des Königs werden und dafür braucht er eine gute Ausbildung. Rolihlahla wird bei der Missionsschule der Methodisten angemeldet.

Am Abend vor dem ersten Schultag schenkt Gadla

Henry seinem Sohn feierlich eine seiner eigenen Hosen. Er schneidet sie in Kniehöhe ab und zieht ein Stück Schnur durch die Schlaufen, damit sie nicht hinunterrutscht. »Ich muß einen komischen Anblick geboten haben, doch nie habe ich ein Kleidungsstück besessen, auf das ich stolzer gewesen wäre als auf meines Vaters abgeschnittene Hose.«[2]

Am ersten Schultag bekommt Rohlilahla von der Lehrerin einen neuen Namen: Nelson. Weil die Briten afrikanische Namen nicht aussprechen und schon gar nicht im Kopf behalten können, trägt in dieser Zeit jeder schwarze Afrikaner auch einen englischen Namen. Ziemlich willkürlich werden die Schulkinder nach englischen Helden oder Heldinnen benannt: Victoria, Wellington, Adelaide, Nelson. Vielleicht hätte sich die Lehrerin mehr Mühe gegeben, wenn sie geahnt hätte, dass ihr Schützling einmal zu den berühmtesten Menschen der Welt gehören würde. Doch wer sollte das damals schon ahnen?

Zwei Jahre später, 1927, kommt Gadla Henry eines Tages früher als gewöhnlich nach Qunu und legt sich zum Sterben nieder. Einen Arzt hat er nie besucht, aber er weiß auch so, dass sein Leben zu Ende geht. Nosekeni Fanny und Gadla Henrys jüngste Frau Nodayimani pflegen ihn bis zum Tod. Für den neunjährigen Nelson wird sich nun alles ändern. »Ich erinnere mich nicht daran, große Trauer empfunden zu haben, sondern vielmehr ein Gefühl des Abgeschnittenseins. Obwohl meine Mutter der Mittelpunkt meiner Existenz war, definierte ich mich über meinen Vater.«[3] Nach einer kurzen Trauerzeit erklärt ihm die Mutter eines Tages, er müsse Qunu nun verlassen. Nelson fragt nicht, warum.

Mutter und Sohn packen seine wenigen Sachen und verlassen das Dorf am nächsten Morgen bei Sonnenaufgang. Ein letzter Blick vom Hügel zurück ins Tal: Nelson betrachtet die Hütten, den Bach und die Felder, den Rauch, der aus den Hütten aufsteigt, hört das Blöken der Schafe. Er hat das Gefühl, seine Heimat für immer zu verlieren.

Nach einem langen, mühevollen Fußmarsch erreichen sie am späten Nachmittag einen Besitz, so schön und groß, wie Nelson noch nie einen gesehen hat. Zwei rechteckige Häuser und sieben Rundhütten, strahlend weiß getüncht, leuchten in der Sonne. Große Gärten mit Ostbäumen, Blumen und Gemüse umschließen das Gehöft und eine stattliche Schaf- und Rinderherde grast friedlich auf der Weide dahinter. Nicht weit davon die kleine weiße Dorfkirche. Alles sieht nach Reichtum und Wohlstand aus. Dies ist »Der große Platz«, Mqhekezweni, die königliche Residenz von Jongintaba Dalindyebo, dem amtierenden Regenten in Thembuland.

Während Nelson und seine Mutter scheu vor dem Anwesen warten, biegt ein mächtiger Ford in die Auffahrt ein. Nun springen die Männer, die bisher reglos im Schatten gesessen haben, auf und rufen: »*Bayethe a-a-a-Jongintaba!*« – Heil dir, Jongintaba! Aus dem Auto klettert ein selbstbewusster Mann im eleganten Anzug, klein und kräftig, mit entschiedenen Gesichtszügen. Man sieht ihm an, dass er daran gewöhnt ist, Macht auszuüben. Zum ersten Mal fühlt Nelson die Faszination von Ansehen und Ruhm. »Plötzlich tat sich vor mir eine neue Welt auf. Kinder aus armen Familien, die sich auf einmal einem für sie unvorstellbaren Wohlstand gegenübersehen, fühlen sich einer Menge neuer Versuchungen ausgesetzt. Ich war da keine Ausnahme. In diesem Augenblick spürte ich, wie viele meiner Überzeugungen und Ansichten gleichsam fortgespült wurden. Das schlanke, von meinen Eltern errichtete Fundament begann zu schwanken. In jenem Augenblick sah ich, daß das Leben für mich mehr bereithalten möchte als eine Meisterschaft im Stockkämpfen.«[4]

Jongintaba Dalindyebo regiert das Reich der Thembu schon seit mehreren Jahren für den noch unmündigen Thronfolger Sabata. Seine Ernennung hatte er nicht zuletzt der Fürsprache Gadla Henrys zu verdanken und deshalb will er der Familie des Verstorbenen nun helfen. Er bietet großzügig an, den neunjährigen Nelson bei sich aufzunehmen und ihn wie ein eigenes Kind zu erziehen. Nelsons Mutter bleibt nur zwei Tage, dann geht sie zurück nach Qunu. Nelson ist vom »Großen Platz« völlig verzaubert. Es gibt so viel Neues und Interessantes zu sehen. In den ersten Tagen wirkt er schüchtern und still, aber bald taut er auf. Alles ist wie ein Abenteuer, das Reiten und das Wagenlenken, aber auch der Gesang der schönen Thembu-Mädchen am Abend, selbst die Schule macht Spaß. Nelson lernt Englisch, Geschichte und Geographie. Ein begabter Schüler ist er nicht, dafür aber gewissenhaft und fleißig.

Als Mitglied der Regentenfamilie genießt Nelson in Mqhekezweni besonderes Ansehen. Er besitzt nun auch neue Kleidung, passende Hosen und Hemden im westlichen Stil. Die Männer tragen Anzüge, die Frauen lange Röcke, dazu Blusen, die bis zum Hals geschlossen sind, und um den Kopf ein elegant gewundenes Tuch.

Nelsons beste Freunde sind die Kinder des Regenten, Justice und Nomafu, später kommt noch Nxeko, der Bruder des Thronerben, hinzu. Der Regent behandelt jeden dieses »königlichen Quartetts« gleich und macht keine Rangunterschiede. Die Kinder bekommen das gleiche Essen, die gleiche Kleidung und jeder von ihnen muss Pflichten im Haushalt übernehmen. Nelson hat unter anderem die Aufgabe, die Anzüge des Regenten zu bügeln, was er mit großer Hingabe erledigt. Seine ganze Dankbarkeit bügelt er in die präzisen Falten hinein.

Justice, der einzige Sohn des Regenten, ist vier Jahre älter als Nelson und besucht bereits ein Internat in Clarkebury. In Mqhekezweni teilen sich die beiden Jungen eine eigene Hütte. Justice verkörpert all das, was Nelson auch sein möchte: Er ist ein ausgezeichneter Sportler, gut gebaut und hübsch, fröhlich und charmant, ein toller Typ eben. Nelson wirkt daneben noch ein wenig verschlossen und schwerfällig.

Das Leben am »Großen Platz« wird von zwei klaren Prinzipien bestimmt: Religion und Regentschaft. Eindrucksvoll ist die Persönlichkeit des Reverend Matyolo, der jeden Sonntag im voll besetzten Gotteshaus eine dramatische Predigt voller schrecklicher Drohungen hält. Von ihm lernt Nelson, dass der Herr nicht nur mächtig und weise, sondern auch zutiefst rachsüchtig sein kann. Die Prügel, die er fürs Schwänzen des Kirchgangs einsteckt, belegen dies ebenso unmissverständlich wie die Schläge, nachdem er aus des Pfarrers Garten Maiskolben geklaut hat. Täglich wird sein Leben mehr vom Geist der Methodistischen Kirche durchdrungen, und er bemüht sich ernsthaft darum, keine Sünden mehr zu begehen, aus Angst vor einer »kosmischen Maulschelle«[5].

Die Regentschaft Jongintabas dagegen bildet den Rahmen für das politische Leben in Mqhekezweni. Alle wichtigen Probleme werden am »Großen Platz« verhandelt. Droht eine Dürre oder eine Epidemie, gibt es neue Verordnungen des Magistrats oder neue

Gesetze der Kolonialregierung in Pretoria, so lädt Jongintaba die Häuptlinge zur Stammesversammlung ein. Jeder erwachsene, männliche Thembu kann ebenfalls daran teilnehmen, und nach und nach findet sich eine große Schar ein, die unter freiem Himmel tagt. Der Regent eröffnet die Versammlung und erklärt in wenigen Worten, was zur Debatte steht. Dann setzt er sich und sagt lange nichts mehr. Nun haben seine Untertanen das Wort und ein jeder darf sprechen, Häuptling, Krieger oder einfacher Farmer, Medizinmann oder Geistlicher.

Nelson lauscht aufmerksam und lernt dabei viel über die Technik des Vortrags. Manche Männer schwafeln drauflos, andere kommen direkt zum Punkt, die einen setzen Pausen oder emotionale Ausbrüche gezielt ein, wieder andere sprechen eher sachlich und nüchtern. Erst wenn alle sich ausgesprochen haben, ergreift der Regent erneut das Wort, fasst zusammen, wägt ab und formt – wenn es möglich ist – aus allen Beiträgen einen Kompromiss. Nelson selbst wird viele Jahre später das hier Erlernte meisterhaft anwenden und nie den weisen Ratschlag des Regenten vergessen: »Ein Führer, sagte er, ist wie ein Hirte. Er hält sich hinter der Herde und läßt die Flinksten voraufgehen, woraufhin die anderen folgen, ohne zu erkennen, daß sie die ganze Zeit von hinten gelenkt werden.«[6]

Wenn die Häuptlinge am Abend zusammensitzen,

erzählen sie sich gegenseitig gern von den Heldentaten der großen afrikanischen Könige und Krieger. Den neugierigen Nelson scheuchen sie weg, er ist viel zu jung für diese Geschichten. Hartnäckig treibt er sich dennoch so lange in ihrer Nähe herum, bis sie es aufgeben, ihn zu verjagen. Die Geschichten von Zulu-König Dingane, von Moshoeshoe, dem König der Basotho, von berühmten Kriegern wie Makana, Montshiwa und Kgama verfolgen ihn bis in seine Träume. Zu dieser Zeit erfährt Nelson auch, dass Afrika einmal den schwarzen Menschen gehörte, bevor die Weißen von fernen Ländern übers Meer kamen, ihnen das Land fortnahmen und das Zusammengehörigkeitsgefühl der schwarzen Stämme zerstörten.

Der Junge von Qunu hat eine Menge neuer Erfahrungen zu verarbeiten. Oft fühlt er sich wie ein Tölpel vom Land. Als er sich in die Tochter von Reverend Matyolo verliebt, ruht deren Schwester nicht, bevor sie ihn bloßgestellt hat. Das ist gar nicht schwer: Sie lädt Nelson zu einem formellen Abendessen ein und serviert Hühnchenflügel, die mit Messer und Gabel gegessen werden müssen, was Nelson schlicht nicht kann. Eine Demütigung, die er nie vergessen hat.

Mit 16 Jahren ist Nelson Mandela alt genug, um ein Mann zu werden. In der Xhosa-Tradition bedeutet das die Beschneidung. Ohne diese sind die Jungen keine vollwertigen Mitglieder des Stammes, sie dürfen nicht heiraten, kein Erbe antreten, keine Stammesrituale leiten.

Nelson, Justice und 24 andere Jungen reisen nach Tyhalarha, ein Tal am Mbashe-Ufer, das als heiliger Beschneidungsort für Thembu-Könige gilt. Die Abgeschiedenheit des Ortes fördert die Konzentration auf das wichtige Ereignis. Als Erstes müssen die Jungen eine verwegene Tat vollbringen. Sie stehlen ein Schwein, schlachten und rösten es und verzehren es auf der Stelle. Das Ganze ist eher ein Streich als eine Mutprobe, aber die Aufgabe gilt als erfüllt.

Am Morgen der Beschneidung, noch vor der Dämmerung, reinigen die Jungen sich im kalten Fluss. Als die Trommeln beginnen, sitzen sie schon in Decken gewickelt auf dem Waldboden und warten, während ihre Eltern und Verwandten von ferne zuschauen. Die Jungen sind nervös. Sie dürfen kein Zeichen der Schwäche zeigen, weder zusammenzucken noch aufschreien, obwohl es keine Betäubung gibt.

Ein älterer Mann tritt aus einem Zelt. Er ist ein berühmter *ingcibi*, ein Beschneidungsexperte, der das Ritual mit seinem *assegai*, dem Speer, durchführt. Nur Sekunden nachdem er vor dem ersten Jungen niedergekniet ist, hört Nelson den gellenden Schrei: »*Ndiyindoda!*« – Ich bin ein Mann!

»Bevor ich mir dessen recht bewußt war, kniete der Alte vor mir. Ich blickte ihm direkt in die Augen. Er war blaß, und obwohl der Tag kalt war, glänzte sein

Gesicht vor Schweiß. Seine Hände bewegten sich so schnell, daß sie von einer außerweltlichen Macht kontrolliert zu sein schienen. Stumm nahm er meine Vorhaut, zog sie nach vorn, und dann schwang in einer einzigen Bewegung sein ›Assegai‹ herab. Mir war, als ob Feuer durch meine Adern schoß; der Schmerz war so intensiv, daß ich mein Kinn gegen meine Brust preßte. Viele Sekunden schienen zu vergehen, bevor ich mich an den Ausruf erinnerte; dann war ich wieder bei mir und rief: ›Ndiyindoda!‹«[7]

In den Hütten brennt feuchtes Holz, dessen Rauch die Heilung fördert. Die jungen Männer legen sich auf den Boden und bedecken die Wunden mit Heilpflanzen. Später bemalen sie ihre nackten, rasierten Körper mit weißer Farbe, die ihre Reinheit symbolisiert. In der folgenden Nacht schleichen sie aus den Hütten, um ihre Vorhäute unter einem Ameisenhaufen zu vergraben. Sie beugen damit nicht nur einem bösen Zauber vor, sondern begraben so auch ihre Jugend.

Zwei Monate lang bleiben die jungen Männer in den Hütten am Fluss. Keine Frau darf sie in dieser Zeit erblicken. Nach Ablauf der Zeit verbrennen sie die Hütten und werden mit einem fröhlichen Fest wieder in die Stammesgemeinschaft aufgenommen. Nelson erhält von seinem Vormund vier Schafe und zwei junge Kühe als Grundstock für einen eigenen Hausstand. Der Regent gibt ihm auch einen neuen Namen, den Beschneidungsnamen: Dalibunga. Nelson ist überglücklich und sehr stolz. Jetzt erst hat er einen wirklich geachteten Platz in der Gemeinschaft. Er ist sicher, eines Tages Berater des Königs zu werden und es zu Rang und Reichtum zu bringen.

Doch mitten in der Feier passiert etwas Unerfreuliches: Häuptling Meligqili, der die Hauptrede hält, schlägt plötzlich erschreckende Töne an: »Dort sitzen unsere Söhne, jung, gesund und stattlich, die Blüte des Xhosa-Stammes, der Stolz unserer Nation. Wir haben sie gerade beschnitten in einem Ritual, das Mannbarkeit verheißt, aber ich bin hier, um euch zu sagen, daß das eine leere, illusorische Verheißung ist, ein Versprechen, das niemals erfüllt werden kann. Denn wir Xhosas und alle schwarzen Südafrikaner sind ein besiegtes Volk. Wir sind Sklaven in unserem eigenen Land. Wir sind Pächter auf unserer eigenen Erde. Wir haben keine Kraft, keine Macht, keine Kontrolle über unser eigenes Geschick im Land unserer Geburt. Für den Rest ihres Lebens werden sich diese jungen Männer die Lunge raushusten tief in den Eingeweiden der Minen des weißen Mannes, ihre Gesundheit zerstörend, niemals die Sonne sehend, damit der weiße Mann ein Leben in einzigartigem Wohlstand führen kann. Sie werden in große Städte ziehen, wo sie in Verschlägen hausen und billigen Alkohol trinken werden, und all dies, weil wir kein Land haben, das wir ihnen geben könnten, damit sie darauf gedeihen und sich vermehren.« Die Jünglinge sind entsetzt über diese Worte, sie wollen doch bei ihrem Fest daran glauben, dass ihnen alles Glück der Erde zu Füßen liegt, aber der Häuptling fährt grimmig fort: »Unter diesen jungen Männern sind Häuptlinge, die niemals herrschen werden, weil wir nicht die Macht haben, uns selbst zu regieren; Soldaten, die niemals kämpfen werden, weil es für uns nichts zu kämpfen gibt, und auch keine Waffen, um zu kämpfen; Gelehrte, die niemals lehren werden, weil wir für sie keinen Platz zum Studieren haben ... Die Gaben von heute sind nichtig, denn wir können ihnen nicht die größte aller Gaben geben, Freiheit und Unabhängigkeit.«[8]

Die Zuhörer sind während der Rede immer stiller geworden, ängstlich und auch wütend. Nelson will diese Anklagen nicht hören, heute nicht und eigentlich überhaupt nicht. Haben die Weißen nicht auch viele gute Dinge ins Land gebracht? Sind sie nicht Wohltäter, die Schulen einrichten und große Fabriken bauen, in denen die Menschen Arbeit finden?

Die Worte des Häuptlings bleiben in Nelsons Seele liegen wie Samenkörner auf trockener Erde. Es sollte sehr lange dauern, bis die Saat aufgehen würde.

Der Regent zögert nicht, Nelson auf dieselbe teure Schule zu schicken, die auch sein Sohn Justice besucht. Er richtet daher eine große Abschiedsfeier aus, lässt ein Schaf schlachten und schenkt seinem Mündel das erste Paar Stiefel. Mit dem Auto bringt er ihn selbst in das Internat Clarkebury, die vornehmste und angesehenste Lehranstalt für Schwarze in Thembuland. 1825 von Methodisten gegründet, dient sie gleichzeitig als höhere Schule, als Lehrerseminar und als Ausbildungsstätte für verschiedene Handwerksberufe. Schuldirektor Reverend C. Harris ist der erste Weiße, dem Nelson Mandela die Hand schüttelt. Noch auf der Fahrt hatte Jongintaba ihn ermahnt, den Reverend mit großem Respekt zu behandeln, denn er sei ein großartiger Mensch, ein Mann, der die Schwarzen liebe, ein »weißer Thembu«. Harris heißt Nelson wohlwollend willkommen und verspricht dem Regenten, sich um den neuen Zögling zu kümmern.

Nelson weiß, dass das Schulgelände einst von einem seiner eigenen königlichen Vorfahren gestiftet wurde. Insgeheim hofft er, die anderen Schüler und Lehrer würden ihn als etwas Besonderes behandeln, doch muss der manchmal etwas hochnäsige Schüler Mandela nun lernen, einer unter vielen zu sein. Denn er ist nicht der Einzige im Internat, der eine vornehme Familie vorweisen kann. Außerdem zählen in Clarkebury die Leistungen mehr als der Stammbaum und Nelson schneidet bei den ersten Prüfungen nicht gerade erfolgreich ab. Auch seine Schwerfälligkeit hat er noch nicht abgelegt. Gleich am ersten Tag macht er eine komische Figur, als er in seinen neuen Stiefeln über den glatten Holzboden schlittert »wie ein frisch beschlagenes Pferd. Schon auf der Treppe hatte ich einen furchtbaren Lärm gemacht und war mehrmals um ein Haar ausgerutscht. Als ich ins Klassenzimmer trampelte, bemerkte ich, daß zwei Studentinnen in der ersten Reihe mein linkisches Auftreten mit großer Belustigung beobachteten. Die Hübschere der beiden beugte sich zu der anderen und sagte so laut, daß alle sie hören konnten: ›Der Landjunge ist nicht gewohnt, Schuhe zu tragen‹, woraufhin ihre Freundin lachte. Ich war blind vor Wut und Verlegenheit«[9].

In Clarkebury unterrichten vorzüglich ausgebildete schwarze Lehrer, viele von ihnen besitzen akademische Grade. Nelson bewundert sie, begreift aber auch, dass ein Schwarzer immer unter einem Weißen steht, egal wie gebildet er ist. Er arbeitet hart und so schafft er das *Junior Certificate* in zwei statt in den üblichen drei Jahren.

Mit 19 Jahren folgt Nelson seinem Cousin Justice nach Healdtown, einem College etwa 250 Kilometer von Mqhekezweni entfernt. Healdtown, ebenfalls eine Einrichtung der Methodistischen Kirche, ist die größte afrikanische Oberschule südlich des Äquators und zählt damals schon mehr als 1000 Studentinnen und Studenten. Der weiße Direktor, Dr. Arthur Wellington, pflegt in der Schulversammlung regelmäßig darauf hinzuweisen, dass sein Namensgeber, der Herzog von Wellington, sich die Mühe gemacht habe, Europa vor Napoleon zu retten, um die Zivilisation nicht zuletzt auch für »euch, die Eingeborenen«, zu bewahren. »Daraufhin pflegten wir alle enthusiastisch zu applaudieren, jeder von uns außerordentlich dankbar dafür, daß ein Nachkomme des großen Herzogs von Wellington sich die Mühe machte, Eingeborene wie uns zu erziehen.«[10] Das Ziel der meisten schwarzen Studenten in Healdtown ist es, *black Englishmen* zu werden. Die Überlegenheit der weißen Kultur, allen voran der englischen, ist ihnen seit Beginn ihrer Schulzeit eingeimpft worden und wird nicht in Frage gestellt.

Von außen betrachtet, wirken die hübschen Schulgebäude im Kolonialstil fast romantisch, doch die strenge Disziplin innerhalb der Mauern erinnert eher an eine Kaserne als an eine freie akademische Anstalt. Der Morgen beginnt mit dem Wecken um sechs Uhr und einem Frühstück, das aus trockenem Brot und Zuckerwasser besteht. Um acht versammeln sich die Studenten auf dem Hof, dann beginnt der Unterricht. Mittags gibt es Maisgrütze und Bohnen, nur selten Fleisch. Am Nachmittag folgt wieder Unterricht, später ist Zeit für Übungen. Nach dem Abendessen wird bis neun studiert, bevor um halb zehn das Licht ausgeht. Die Studenten schlafen in Sälen mit 40 Betten. Einmal in der Woche dürfen sie ihr Abendessen gemeinsam mit den Studentinnen einnehmen, ein Vorrecht, auf das Nelson lieber verzichten würde, denn er kann immer noch nicht souverän mit Besteck umgehen.

Die Angehörigen verschiedener Stämme bleiben in Healdtown meist unter sich. Nelson, als Thembu zum Stamme der Xhosa gehörend, verbringt seine Freizeit fast ausschließlich mit anderen Xhosa. Doch knüpft er zum ersten Mal auch eine Freundschaft mit einem Sotho, Zacharias Molete, und kommt sich recht verwegen dabei vor.

Sein Selbstverständnis bekommt die ersten feinen Risse, als eines Tages der Dichter Krune Mqhayi die Schule mit einem denkwürdigen Besuch beehrt.

Schon dessen Auftritt ist eine Provokation, denn Mqhayi schreitet durch die Tür der Aula, die ausschließlich dem weißen Direktor vorbehalten ist. Als wisse er nicht, dass er soeben eine heilige Regel gebrochen hat, beginnt Krune Mqhayi mit seiner leidenschaftlichen Ansprache: »Wir können nicht zulassen, daß diese Ausländer, denen unsere Kultur gleichgültig ist, unsere Nation übernehmen. Ich sage voraus, daß eines Tages die Kräfte der afrikanischen Gesellschaft einen bedeutenden Sieg über die Eindringlinge erringen werden. Zu lange haben wir uns den falschen Göttern des Westens gebeugt. Doch wir werden uns erheben und diese ausländischen Vorstellungen abwerfen.«[11]

Die meisten Anwesenden sind begeistert und auch bewegt von dem Mut des Dichters, in Anwesenheit des Direktors und anderer weißer Lehrer diese Worte auszusprechen. Nelson Mandela ist eher verwirrt. Ist er nicht vor allem ein Xhosa? Warum soll er sich nun plötzlich als Afrikaner fühlen?

Nach zwei Jahren College erlangt Nelson Mandela die Zulassung zur Universität von Fort Hare, 30 Kilometer südlich von Healdtown. Jongintaba ist stolz auf ihn, denn ein Studium in Fort Hare ist das ehrgeizige Ziel aller aufstrebenden Schwarzen in Südafrika und auch Justice studiert bereits dort. Der Regent lässt den beiden jungen Studenten graue Anzüge mit Westen anfertigen.

Mit 21 Jahren fühlt Nelson sich am Beginn einer großen Laufbahn und ist sich sicher, dass er alles erreichen kann, was er sich vorgenommen hat. Von den 150 Studenten und Studentinnen kennt er schon eine ganze Reihe aus Clarkebury und Healdtown. Da ist auch sein Neffe Kaizer Matanzima, der allerdings in Alter und Rang über ihm steht und schon im dritten Studienjahr ist, aber im selben Teil des Campus wohnt. Matanzima kümmert sich freundschaftlich um Nelson, vor allem leiht er ihm Geld, denn der Regent hält nichts davon, seinen Kindern über das Schulgeld hinaus etwas zuzustecken.

Nelson studiert im ersten Jahr Englisch, Anthropologie, Politik, römisch-holländisches Recht und *Native Administration*, die Gesetze und Verordnungen, die für Schwarze gelten. Er spielt mit dem Gedanken, eine andere Karriere als die des Beraters einzuschlagen. Er könnte zum Beispiel auch Dolmetscher oder Beamter im »Ministerium für Eingeborenen-Angelegenheiten« werden und damit in eine der glänzendsten Laufbahnen eintreten, die ein Schwarzer zu der Zeit überhaupt erreichen kann.

Erst ganz langsam entwickelt Nelson ein Bewusstsein für die eigenen Rechte. Auf dem Campus ist es üblich, dass die älteren Semester die jüngeren schikanieren, daher gründet Nelson ein Komitee von Universitätsanfängern, das sie vor den Übergriffen der älteren Semester schützen soll. Die Konfrontation bleibt nicht aus. Als der Fall vor den Direktor der Universität gebracht wird, kann Nelson zum ersten Mal erleben, wie gut es tut, in einem Streit standhaft zu bleiben, nicht nachzugeben, das Recht auf seiner Seite zu wissen und sich durchzusetzen.

Als Student entdeckt Nelson viele neue Dinge, die ihm bis dahin noch unbekannt waren. Er schläft zum ersten Mal in einem Pyjama und benutzt Zahnbürste und Zahnpasta statt Zahnstocher und Asche. Er lernt Toiletten mit Wasserspülung kennen, Duschen mit warmem Wasser und duftende Seifen.

Dennoch bleibt es ein besonderer Spaß, mit Freunden am Abend hinaus aufs *veld* zu ziehen und über dem offenen Feuer Maiskolben zu rösten, so wie damals in Qunu. In der Dunkelheit kann man sich gegenseitig alte Geschichten erzählen und das Heimweh lässt sich gemeinsam besser ertragen.

Nelson schließt sich der *Student's Christian Association* an, einer Gruppe, die sonntags Bibelstunden in den umliegenden Dörfern abhält. Zu der Gruppe gehört auch der Wissenschaftsstudent Oliver Tambo, zu dem Nelson mit großem Respekt aufsieht. Später wird es eine Freundschaft, eine der wichtigsten, die Nelson in seinem Leben je schließen wird.

Die Studentenzeit weckt Nelson nur sporadisch aus dem politischen Schlummer. Am Ende seines ersten Studienjahres, 1939, wird die Rede anlässlich der Graduiertenfeier von niemand Geringerem als von Jan Smuts gehalten, dem ehemaligen Premierminister und nun Justizminister Südafrikas. Als Smuts fordert, sein Land solle Deutschland den Krieg erklären und an der Seite der britischen Krone für die Befreiung der Unterdrückten kämpfen, klatscht Nelson begeistert. Dass er selbst in seinem Land zu den Unterdrückten gehört, scheint ihm noch nicht klar zu sein. Doch andere blicken bereits weiter und in den Diskussionen der nächsten Tage erhebt ein Student besonders laut die Stimme und beschimpft Smuts als einen Rassisten, ein ungeheurer Vorwurf. Jemand raunt Nelson ins Ohr, der Redner sei ein Mitglied des *African National Congress* (ANC), aber das sagt ihm nicht viel.

Die verwirrenden Erlebnisse häufen sich. In den Ferien lädt Nelson seinen Studienfreund Paul Mahabane für ein paar Tage zu sich nach Hause ein und führt ihn durch Umtata, die Hauptstadt der Transkei. Als die beiden Studenten vor einem Postamt stehen, kommt ein hoher weißer Beamter auf sie zu und fordert Paul auf, für ihn ein paar Briefmarken zu kaufen. Es ist durchaus üblich, dass Weiße irgendeinen Schwarzen, den sie auf der Straße sehen, dazu auffordern, etwas für sie zu erledigen. Paul aber weigert sich. Der Weiße ist entsetzt. »›Wissen Sie, wer ich bin?‹ fragte er mit vor Verärgerung gerötetem Gesicht. ›Ich brauche nicht zu wissen, wer Sie sind‹, sagte Mahabane. ›Ich weiß, was Sie sind.‹ Der Magistrate wollte wissen, was er damit meine. ›Ich meine, daß Sie ein Flegel sind!‹ sagte Paul hitzig. Der Magistrate schäumte und drohte: ›Dafür wirst du teuer bezahlen.‹«[12]

Nelson verfolgt den Wortwechsel mit gemischten Gefühlen. Er bewundert Pauls Mut, aber er ist auch beunruhigt. Er selbst hätte die Besorgung erledigt und den Vorfall vergessen, jetzt aber geht er ihm nicht mehr aus dem Sinn. Er ist noch nicht bereit für die Konfrontation mit den Weißen, aber er beginnt sich zu fragen, wie viele der unzähligen kleinen und großen Demütigungen er sich eigentlich gefallen lassen muss.

Am Ende des zweiten Studienjahres gerät Nelson in eine verfahrene Situation, die all seine hochfliegenden Zukunftspläne zu zerstören droht. Als Mitglied der

Studentenvertretung in Fort Hare stellt er sich während eines Konflikts klar auf die Seite der Studenten und verweigert der Verwaltung die Kooperation. Der Direktor warnt ihn, er würde ihn von der Universität werfen, wenn er sich nicht beuge. Deprimiert fährt Nelson in den Ferien nach Hause, wo er sich Jongintabas Vorwürfe anhören muss. Begreift er nicht, dass er im Begriff steht, seine ganze akademische Karriere zu ruinieren?

Nelson weiß selbst, dass sein großer Traum zum Greifen nahe ist. Er braucht nur noch ein Jahr zu studieren, um den *Bachelor of Arts* zu erlangen, den Passierschein zum Erfolg, zu Ansehen und Geld. Wollte er damit nicht auch seine Mutter und seine Schwestern in Qunu unterstützen?

Noch zögert Nelson, doch da geschieht etwas, das ihn zum raschen Handeln zwingt: Eines Morgens lässt der Regent Nelson und Justice zu sich rufen und verkündet ihnen, er fühle sein Ende nahen und habe beschlossen, für die Zukunft seiner Kinder zu sorgen. Für jeden von ihnen sei eine vortreffliche Heirat arrangiert.

Justice und Nelson sind wie vor den Kopf gestoßen. Zwar hatten sie immer gewusst, dass es die Pflicht und das Recht des Regenten ist, ihnen Bräute auszusuchen, aber muss das denn jetzt schon sein? Sie blicken sich verzweifelt an. Die Lage scheint aussichtslos, denn zwischen den verschiedenen Familien ist bereits alles abgemacht und auch der Brautpreis schon bezahlt.

Nelson kennt das Mädchen, das ihm zugedacht ist. Sie stammt natürlich aus guter Familie, aber weder ist er in sie verliebt noch sie in ihn. Nelson und Justice wollen die alten Bräuche nicht mehr akzeptieren, aber der Regent lässt sich nicht umstimmen. So entschließen sie sich zur Flucht. Heimlich verkaufen sie zwei stattliche Ochsen des Regenten, um zu Geld zu kommen. Dann müssen sie sich noch einige Lügen und Tricks einfallen lassen, denn ein schwarzer Afrikaner darf seinen Bezirk nicht ohne Genehmigung des Arbeitgebers oder des Vormunds verlassen. Am Ende einer langen, aufregenden Fahrt erreichen sie mitten in der Nacht Johannesburg. Dass sie ihre Familie demütigen und im Begriff stehen, ihre glänzenden Zukunftsaussichten zunichte zu machen, kümmert sie nicht. Sie sind jung und neugierig und warum sollten sie nicht alleine ihr Glück machen können? Wo sollte es besser gelingen als hier, in der Stadt des Goldes?

Ein Blick zurück: Auftritt der Weißen Herren

»Es war einmal ein menschenleeres Land, in dem sich weiße Siedler niederließen ...«[1] So beginnt das Märchen, das die südafrikanische staatliche Propaganda jahrzehntelang all denen auftischte, die es wagten, die Herrschaft der Weißen über die Schwarzen in Frage zu stellen. Bis heute hält sich in vielen Köpfen hartnäckig die Vorstellung, am Kap der Guten Hoffnung, dort, wo Jan van Riebeeck 1652 die erste weiße Siedlung gründete, habe es damals keine afrikanischen Ureinwohner gegeben, die Anspruch auf das Land gehabt hätten. Aber was ist mit den Khoi-Khoin, den »Hottentotten«, wie man sie abfällig nannte? Sie lebten zwar wie Nomaden, aber sie besaßen das Vieh, auf welches die Weißen es abgesehen hatten. Und zum Vieh gehören nun einmal Weiden – daher hatten die Khoi-Khoin natürlich ein Recht auf ihr Land. Auch die San, die »Buschmänner«, lebten als Jäger und Sammler in der Kapregion. Beide Völker sind im Laufe der Zeit nach dem Eindringen der Weißen fast völlig verschwunden.

Die ersten 80 Siedler, die 1652 mit ihrem Hab und Gut am Fuße des Tafelbergs an Land gehen, sind überwiegend Holländer, aber auch ein paar Deutsche gehören dazu. Ihr Anführer, van Riebeeck, hat den Auftrag, eine Versorgungsstation für die »Vereinigte

Ostindische Kompanie der Niederlande« einzurichten, damit deren Handelsschiffe auf dem Weg nach Indien ihre Vorräte an frischem Wasser, Obst und Gemüse auffüllen können. Doch der trockene Boden am Kap eignet sich nicht für die intensive Landwirtschaft, auch sind die Sommer hier zu heiß. Die Landzuteilungen für die Siedler müssen also neu berechnet werden. Auf einer Fläche, auf der ursprünglich 1000 Kleinbauern hätten angesiedelt werden sollen, gibt es nach wenigen Jahren nur 15 Großbauern, von denen jeder stolze 2500 Hektar Land bewirtschaftet, genau so viel, wie man mit einem Pferd an einem halben Tag abreiten kann.

Van Riebeecks Plan ist nicht aufgegangen. Diese Großbauern, die sich selbst *Buren* nennen, sind nicht mehr die willfährigen Angestellten, welche er für seine Auftraggeber am Kap ansiedeln sollte. Sie wollen auch nicht länger Abhängige der Ostindischen Kompanie bleiben, sondern als »Freibürger« gelten, und zeigen deutlich, dass ihnen die strengen Regeln der Kompanie, vor allem die hohe Besteuerung, nicht passt. Viele Buren ziehen ins Landesinnere, *trekken* nennen sie es, auf der Suche nach neuen Weideflächen, aber auch nach Unabhängigkeit. Während die Kap-Buren durch den Hafen immer in Kontakt mit dem Rest der Welt bleiben und eine städtische, offene Gemeinschaft bilden, führen die Trek-Buren ein einsames, karges Leben, das sich gar nicht so sehr von dem der afrikanischen Ureinwohner unterscheidet. Die Familie ist auf sich allein angewiesen, ob es um Nahrung, Kleidung oder medizinische Versorgung geht, ihre Kinder lernen das Vieh hüten und Wild jagen – nicht lesen und schreiben.

Die Siedler sprechen eine Mischung aus verschiedenen holländischen Dialekten. Als sich auch Deutsche und Franzosen am Kap niederlassen, entsteht eine neue Sprache, *afrikaans*, das aber erst 1875 zur Schriftsprache erhoben wird.

Die Ostindische Kompanie hatte bestimmt, die Buren sollten mit den »Eingeborenen«, den Khoi-Khoin und den San, freundliche Beziehungen aufnehmen. Vieh sollte zum Beispiel gekauft, nicht gestohlen werden. Doch bald kommt es zum Krieg. Die Khoi-Khoin wissen nicht, wie sie die Eindringlinge abwehren können. Bisher hatte es ja für alle genug Land gegeben und man war sich nur selten in die Quere gekommen. Nun aber stecken die Weißen ständig neue Grenzen ab und nach zwei langwierigen Kriegen haben die Buren über die Khoi-Khoin gesiegt. Sie verpflichten viele von ihnen als Diener oder Knechte.

Bald haben die weißen Siedler sich über 400 bis 800 Kilometer weit ins Landesinnere ausgebreitet. Die Bevollmächtigten der Ostindischen Kompanie erkennen, dass sie mit der rasch wachsenden Siedlung am Kap mehr Ärger, Arbeit und Kosten haben als geplant. Deshalb verbieten sie 1706 die Einwanderung weiterer Siedler, und so können die Buren im 18. Jahrhundert ungestört von äußeren Einflüssen ihre speziellen Traditionen und Lebensformen entwickeln, die sie bis ins 20. Jahrhundert hinein prägen werden.

Van Riebeeck hatte schon wenige Monate nach der Landung am Kap die Ostindische Kompanie um Erlaubnis gebeten, Sklaven einführen zu dürfen, denn die Siedler können die nötigen Arbeiten nicht allein bewältigen. Obwohl die Sklavenhaltung in den Niederlanden selbst bereits abgeschafft ist, hält man in den Kolonien daran fest. 1658 verkaufen die ersten holländischen Sklavenfänger ihre Beute an die Buren. 150 Jahre später leben 27 000 Sklaven am Kap, aber nur 22 000 Siedler.

Das Leben der Sklaven ist elend wie überall auf der Welt. Die Männer arbeiten auf dem Feld oder als Handwerker, die Frauen im Haushalt. Sie gehören den unterschiedlichsten Völkern an. Viele kommen aus Batavia, Sansibar, Madagaskar und Ostafrika, später kommen noch ostindische Sklaven hinzu. Gemeinsame Kinder von Khoi-Khoin und Sklaven gelten automatisch auch als Sklaven.

Es ist eine bekannte Tatsache, dass die Gesellschaft der Buren, die bis in die jüngste Zeit der Geschichte hinein auf »sauberer« Rassentrennung bestand, selbst für die Entstehung einer Mischlingsgruppe gesorgt hat. Da es zu Beginn der Sklavenhaltergesellschaft nicht für jeden weißen Mann auch eine weiße Frau gibt, blüht in Kapstadt die Prostitution. Weiße Siedler in den Städten zeugen mit Sklavinnen dunkle Kinder, die so genannten *Coloureds*, *Farbigen* oder *Kap-Mischlinge*. Sklaven mischen sich mit Khoi-Khoin, Weiße mit Indern oder Inder mit Coloureds. In den ländlichen Gebieten zeugen Buren mit Sklaven ebenfalls Mischlinge, die sie *Bastaards* nennen. Später raten ihnen die Missionare von der Bezeichnung ab und so nennt man sie *Griquas*. Manche der Mischlinge haben eine eher helle Haut, andere sind fast schwarz. Vereint werden sie alle durch das Etikett »nicht-weiß«. Allerdings ist es kein Geheimnis, dass sich die besonders Hellhäutigen immer leicht unter die Weißen mischen können, so dass auch in den Adern der heutigen Buren höchstwahrscheinlich »schwarzes« Blut fließt.

Die ersten Holländer am Kap sind Kalvinisten und gehören der »Niederländischen Reformierten Kirche« an. Ihnen folgen Missionare, die am Kap zunächst nicht gern gesehen sind, denn getaufte Christen dürfen nicht mehr als Sklaven verkauft werden. Später sind es dann die Missionsstationen, die sich um die Bildung und das Seelenheil der *Nicht-Weißen* kümmern, sie taufen, Schulen einrichten und sich sogar für die Rechte der »Eingeborenen« einsetzen.

Die Trek-Buren ziehen weiter nach Osten und eine lange Geschichte von Kriegen, Abkommen und Übergriffen beginnt. Um 1710 treffen sie in der Region des Fischflusses, des Kei, auf das Volk der Xhosa, die ebenfalls Felder, Weiden und Vieh für ihren Lebensunterhalt brauchen. Bis 1770 leben Buren und Xhosa relativ friedlich nebeneinander, dann kommt es auch hier, an dieser Grenze, zu Auseinandersetzungen. Buren jagen auf Xhosa-Gebiet, Xhosas weiden ihr Vieh auf Buren-Land. Immer wieder gibt es Versuche, die Gebiete diesseits und jenseits des Kei aufzuteilen in Ciskei und Transkei. Über hundert Jahre währen diese so genannten »Kaffernkriege«.

Als die Briten schließlich 1795 die Herrschaft am Kap übernehmen, finden sie eine Gesellschaft vor, deren vielfältige Völker sich im ständigen Krieg befinden.

Die Engländer haben das Kap eigentlich nur deshalb besetzt, damit es nicht in die Hände der Franzosen fällt. Ohne Rücksicht auf mittlerweile eingespielte Traditionen beginnen sie, die ganze Gesellschaft umzukrempeln. Britische Missionare protestieren gegen die Rassenungleichheit und fordern die Buren dazu auf, ihre Diener und Sklaven besser zu behandeln. Um 1820 kommen 5000 englische Siedler ins Land, und weil die meisten von ihnen als Bauern scheitern, bevölkern sie als Händler und Handwerker die Städte. Neugründungen wie Port Elizabeth und Port Natal, das heutige Durban, entstehen.

Als die Engländer schließlich die Sklaverei abschaffen und die Farbigen, Schwarzen und ehemaligen

Sklaven den Weißen gleichstellen, fühlen sich die meisten Buren zutiefst verletzt. Sie sind inzwischen so überzeugt von der gottgewollten Überlegenheit ihrer eigenen Rasse, dass sie es mit ihrem Stolz nicht vereinbaren können, in diesem Land zu bleiben. 14 000 Buren ziehen zwischen 1835 und 1845 in dem so genannten »Großen Trek« nach Norden, nur fort aus dem Herrschaftsgebiet der Engländer, auf der Suche nach einer neuen Heimat, in der sie die Gesetze selbst bestimmen können. Sie packen ihre Frauen und Kinder, ihre Möbel, Gerätschaften und Wäsche auf primitive Ochsenwagen und ziehen in unbekannte Regionen. Ihre farbigen Sklaven, ihre Diener und Herden laufen hinterdrein. Es ist immerhin ein Sechstel der Gesellschaft, das da in Gruppen zu 20 bis 30 Familien fortzieht, trotzig und verwegen auf der Suche nach dem Gelobten Land. Die meisten finden den Tod.

Denn die *Voortrekkers*, wie sie sich nennen, haben eine ungünstige Zeit für ihren Auszug gewählt. Die Stämme des südlichen Afrika geraten im 18. Jahrhundert in Bewegung, machen sich auf zu einer großen Völkerwanderung, deren gewaltsame, blutige Seite sich in einem Begriff der Zulu-Sprache spiegelt: *Mfecane* – Zerschmetterung.

Unter dem berühmten Krieger Chaka haben die Zulu sich in eine unschlagbare Kriegsmacht verwandelt, die ihre Nachbarn zu Tributzahlungen zwingt. Alle Völker der Region, die Sotho, Pedi, Venda, Tsonga, Swasi, Shangaan oder Tswana sind in der Zeit der Mfecane entweder selbst angegriffen worden oder haben andere bedrängt.

Die Kriege, Eroberungen und Neugründungen von Königreichen sind noch nicht abgeschlossen, da stoßen die Voortrekker auf die bantusprachigen Völker. Ein Trek wird von den schwarzen Kriegern völlig aufgerieben, ein anderer gründet die erste Buren-Republik Winburg am Fluss Orange. Traurig berühmt geworden ist Zulu-König Dingane, der bei einem scheinbar freundlichen Treffen 70 Buren ermorden ließ. Die Voortrekker rächen sich unter ihrem Anführer Andries Pretorius in der »Schlacht am Bloodriver«, dessen Wasser sich vom Blut der 3000 getöteten Zulu rot färbt. Die Buren sehen in ihrem Sieg ein Zeichen Gottes, sie gründen die Republik Transvaal und nennen die Hauptstadt nach ihrem Anführer Pretoria. Bis heute feiern sie den 16. Dezember als *Dingaanstag*.

Die Briten erkennen die neuen Buren-Republiken nicht an, können aber militärisch nichts dagegen ausrichten, denn sie stecken inzwischen selbst in kriegerischen Auseinandersetzungen. 1850 führen sie bereits den achten Xhosa-Krieg. Bald wird den Briten die Verwaltung der Kolonie am Kap zu teuer und sie verlieren das Interesse an dem Land. Sie ändern ihre Strategie, verleihen den Buren das Recht auf Selbstbestimmung und überlassen die Schwarzen und Farbigen ihrem Schicksal.

1854 gibt es fünf unabhängige Buren-Republiken, von denen jedoch nur zwei Bestand haben: die Südafrikanische Republik und der Oranje Vrystaat. Im Kampf zwischen Buren und Schwarzen unterliegt ein Stamm nach dem anderen den Invasoren. Die Xhosa schalten sich auf tragische Weise selbst aus, weil sie der Prophezeiung einer Seherin Glauben schenken. Sie schlachten ihre Tiere und säen keine Körner mehr, weil sie hoffen, auf diese Weise würde die Voraussage wahr werden und alle Weißen ins Meer getrieben. Tausende Xhosa müssen jämmerlich verhungern.

Ende des 19. Jahrhunderts haben die Xhosa ihre großen Gebiete verloren und besitzen nur noch Reste in der Transkei. In Natal müssen die Zulus den Kampf gegen die Briten aufgeben. Buren und Engländer haben sich durchgesetzt und das Land unter sich aufgeteilt. Doch ein sensationeller Fund wirbelt die gerade zur Ruhe gekommene Gesellschaft wieder auf:

1866 findet ein kleiner Junge am Ufer des Flusses Vaal einen »hübschen Kiesel«, der sich als 21.5 karätiger Diamant herausstellt, ein sensationeller Schatz. Wenige Jahre später leben 10 000 Diamantengräber und -händler in Kimberley und graben dort das größte Loch der Welt. Aber wem gehört nun der kostbare Boden? Die Buren erheben Anspruch, denn Kimberley liegt in ihrer Republik Oranje Vrystaat, aber auch die Griqua-Familien, die Nachkommen von Trek-Buren und dunkelhäutigen Sklavinnen, melden Ansprüche an, weil der Fundort schließlich auf ihrem Weidegrund liegt. Die Briten hingegen bestehen darauf, dass überall dort, wo Kap-Bürger leben, britisches Gesetz gilt. Schließlich zahlen die Briten der Burenrepublik eine lächerliche Entschädigung von 90 000 Pfund und Cecil Rhodes gründet die Firma »de Beers Consolidated«. Er kauft die Besitzanteile vieler kleiner Diamantengräber auf, »konsolidiert« sie zu einem großen Gebiet und kontrolliert damit die Vermarktung der Diamantenvorkommen. Die Buren fühlen sich ausgebootet, erneut haben die Engländer sich als überlegen erwiesen. Aber der Boden Südafrikas birgt noch weitere Schätze. Am Witwatersrand, einem Höhenzug südlich von Pretoria, stoßen die Buren auf Gold.

Und wieder lassen die Engländer es nicht zu, dass die Buren ihren neuen Reichtum alleine genießen. Es kommt zum Anglo-Buren-Krieg (1899-1902), der aber heute meist »Südafrikanischer Krieg« genannt wird und damit den tausenden Schwarzen Rechnung trägt, die auf der Seite der Buren beteiligt waren. Den Tod von etwa 28 000 Zivilisten, darunter vor allem Frauen und Kinder, die in britischen *concentration camps* starben, haben die Buren den Engländern nie verziehen. Nach dem Sieg der Engländer erklären sie die Unabhängigkeit der Buren-Republiken für null und nichtig, geben aber – als Entgegenkommen – ihr Prinzip von der Gleichstellung der Rassen auf.

Schwarze und andere Nicht-Weiße sind ab sofort nur noch als billige Arbeitskräfte interessant, und diese werden dringend gebraucht, um die Bodenschätze des Landes zu bergen. Auf dem Land locken Rekrutierungsbüros die Arbeiter zu den Gold- und Diamantenbergwerken. Man verspricht ihnen Reichtum und Glück, aber in Wirklichkeit erwarten die Wanderarbeiter nur primitive Baracken, in denen sie, von ihren Familien getrennt, rechtlos wie Gefangene hausen. Und die Schwarzen kommen auch nicht in Massen, wie man es sich vorgestellt hatte. Viele wollen lieber in ihren Kraals bleiben und ihren traditionellen Lebensweisen nachgehen. Deshalb denken sich die Weißen eine wirkungsvollere Taktik aus: Sie führen eine Kopf- und Hüttensteuer ein und zwingen so die schwarzen Bauern, Geld zu verdienen. Als dann auch noch eine Rinderpest 90 Prozent des Viehbestandes und damit die Lebensgrundlage unzähliger Bauern vernichtet, suchen die verzweifelten Menschen die Arbeit in den Minen freiwillig.

Für die Buren hat sich die Entdeckung der Bodenschätze kaum gelohnt: Die Briten kontrollieren die Minen nach kurzer Zeit allein und viele Buren verarmen. Wenn sie kein eigenes Land besitzen, finden sie noch nicht einmal Arbeit in den Minen, weil die schwarzen Arbeiter billiger sind. Aus dieser Zeit stammt das, was man den »burischen Verfolgungswahn« nennt: ihren Hass auf die Briten über ihnen und die Schwarzen unter ihnen. Die Buren schotten sich ab, leben in ihrer konservativen, christlichen Welt, die ihnen so viel mehr verheißen hatte, als nun wahr geworden ist. In ihrer Enttäuschung über die politische Entwicklung hoffen sie darauf, dass eines Tages ihre Stunde kommen wird.

Die Engländer stellen nun die Oberschicht dar, die Politik und Wirtschaft kontrolliert. Mit dem forcierten Bau von Eisenbahnlinien haben sie die burischen Republiken Transvaal und Oranje Vrystaat auch logistisch in ihr Wirtschaftssystem eingebunden. 1910 gründen sie die »Südafrikanische Union«, einen Staat in den noch heute gültigen Grenzen Südafrikas. Nun muss endgültig darüber entschieden werden, wie das Verhältnis der verschiedenen Rassen im Land zueinander aussehen soll.

Die Engländer halten die Frage nach der Klassenzugehörigkeit für wichtiger als die nach der Rasse. Warum sollte ein gebildeter Schwarzer nicht neben einem Weißen ein Haus besitzen dürfen oder in derselben Gesellschaft verkehren? Viele Engländer empfinden den Rassenhass der Buren als lächerlich, aber ungefährlich, ein schwer wiegender Irrtum.

Andererseits sehen die Engländer in der Rassentrennung ein bewährtes System, das in allen europäischen Kolonialreichen erfolgreich dafür gesorgt hat, die Vorherrschaft der weißen Herren zu sichern. Nur wenige »Eingeborene« sind je in den Genuss bescheidener Freiheiten gelangt, gemäß dem Glaubenssatz von Cecil Rhodes, dem ehemaligen Premierminister der Kap-Kolonie: *Equal Rights for Every Civilized Man.* Wer aber ist zivilisierter: die Buren, oft ungebildete Bauern, oder die Schwarzen, die bereits eine gebildete Elite vorzuweisen haben? Beide Gruppen können nicht gleichzeitig privilegiert werden. Nach sorgfältiger Abwägung kommen die Briten zu dem Schluss, dass eine politische Gleichstellung von Weißen und Schwarzen undenkbar ist.

Die ersten Gesetze der weißen Regierung lassen keinen Zweifel an ihrer Doktrin der Rassentrennung, der *segregation*, aufkommen: Der *Native Lands Act* von 1913 spricht der schwarzen Bevölkerung, die immerhin 70 Prozent ausmacht, ganze 7,5, später 13 Prozent der Bodenfläche Südafrikas zu. Außerhalb dieser »Reservate« dürfen die Schwarzen weder Boden besitzen, noch sich ohne Genehmigung aufhalten. Der *Urban Areas Act* von 1923 legt ausdrücklich fest, dass die Städte den Weißen gehören und Schwarze sich dort nur unter besonderen Bedingungen aufhalten dürfen. Der Pass, den jeder schwarze Mann ab 16 Jahren ständig bei sich tragen muss, um nachweisen zu können, wo er wohnt und arbeitet, wird zum perfekten Kontrollinstrument. Da die weiße Gesellschaft aber nicht ohne die Arbeit der Schwarzen existieren kann, weder in den Haushalten noch in der Industrie, weist sie ihnen außerhalb der Städte provisorische Wohngebiete zu, die *locations*, Vorläufer der *townships*. Und weil überall da, wo Menschen sich begegnen, auch Freundschaften entstehen könnten, stellt der *Immorality Act* von 1927 vorsorglich sexuelle Beziehungen zwischen Weißen und Schwarzen unter Strafe. Und damit ist klar: Die weißen Herren haben sich in Südafrika bequem eingerichtet.

Schwarz in der Stadt des Goldes

Als Nelson und Justice nun 1941 zum ersten Mal vor dem Gelände von Crown Mines stehen, sind sie enttäuscht. Diese Ansammlung von rostigen Blechbuden soll der Eingang zur Goldmine sein, das Tor zu Reichtum und Glück? Sprachlos starren die beiden auf das trostlose Areal. Ein ödes Schlachtfeld voller Schutt und Staub. Weder Bäume noch Vögel gibt es hier, das einzig Lebendige sind die schwarzen Männer, die sich krumm und müde aus den Aufzügen schleppen. Über allem dröhnt ohrenbetäubender Lärm, das Rasseln der Aufzüge, das ständige, dumpfe Bohren in der Tiefe, ab und zu unterbrochen vom Knall einer Dynamitexplosion.

Crown Mines liegt auf dem größten Goldfeld, das je auf der Erde entdeckt wurde, dem Reef. Es erstreckt sich unterhalb des Witwatersrand, eines 60 Kilometer langen Hügelkamms, dem glitzernde Flüsse, die »Weißen Wasser«, entspringen. Der Goldrausch am Reef bricht 1886 aus und zieht Bergarbeiter, Abenteurer, Ingenieure, Geschäftsleute, Anwälte und jede Menge zwielichtiger Gestalten an. Hier entsteht die neue Stadt, Johannesburg, die in ihren frühen Jahren einem überfüllten chaotischen Spielcasino mit schäbigem Vorgarten gleicht. Die Schwarzen nennen sie »eGoli« – Stadt des Goldes. Unermessliche Schätze ruhen unter ihrer Erde, schon bald fördern die Minen am Reef ein Fünftel der Weltgoldproduktion, und in Johannesburg, das in rasendem Tempo zu einer Geschäftsmetropole wächst, betreiben 700 Börsenmakler den Goldhandel. Es gibt bloß ein Problem: Das Gold liegt sehr tief unter der Erde, und nur wer viele billige Arbeitskräfte beschäftigt, kann satt daran verdienen. 1890 werden die Löhne der Schwarzen um fast ein Drittel gekürzt, eine selbstherrliche Regelung des *Chamber of Mines*, dem Zusammenschluss der größten Konzerne. Gleichzeitig bewirkt die Kopf- und Hüttensteuer, dass große Teile der schwarzen Bevölkerung in die Lohnabhängigkeit gedrängt werden. Die Anzahl der Arbeiter in den Minen steigt daraufhin von 1400 auf 97 000!

Johannesburg ist von Beginn an aufgeteilt: Die Reichen wohnen im hübschen Parktown im Norden; die Mittelschicht zieht nach Hillbrow, Yeoville und Bellevue; die Arbeiter leben im Osten, in Jeppe, Troyeville und Belgravia. Ganz weit draußen, nahe den Minen und Kläranlagen, hausen die Schwarzen in ihren Elendsvierteln. Die Stadtverwaltung teilt ihnen zunächst einige Gebiete zu, *locations*, in denen sie einfache kleine Häuser ohne sanitäre Einrichtungen und Strom mieten können. In den Bezirken Alexandria und Sophiatown dürfen die Schwarzen später selbst Haus- und Landbesitzer werden und bald nennt man die Viertel der Schwarzen *townships*.

Justice und Nelson melden sich bei Piliso, dem Aufseher der Mine, und lügen frech drauflos. Mit keinem Wort erwähnen sie die Umstände, unter denen sie hierher gekommen sind. Weil Piliso den Regenten kennt, erhält Justice einen der begehrten Bürojobs, während Nelson als Minenpolizist eingestellt wird. Piliso lädt die jungen Männer freundlich ein, bei ihm zu wohnen, daher bleibt es ihnen erspart, mit hunderten anderen in einer der deprimierenden Baracken für Wanderarbeiter zu schlafen. Nelson begreift das Elend um ihn herum noch nicht. Der naive Junge vom Land gefällt sich in seiner neuen Uniform: Mit Stiefeln und Helm, Trillerpfeife und Schlagstock ausgerüstet, steht er gut gelaunt vor dem Eingang zum Minengelände und kontrolliert die Ausweise all jener, die kommen oder gehen. Neben ihm ein Schild: »Achtung! Hier Zutritt für Eingeborene!«

Mit dem ersten selbst verdienten Geld in der Tasche fühlt er sich unschlagbar! Warum hatte er bloß so viele Jahre auf dem College verplempert, fragt er sich, er könnte doch längst reich sein!

Großmäulig prahlen Nelson und Justice vor ihren neuen Kollegen davon, wie schlau sie den Regenten ausgetrickst haben. Doch dieser hat inzwischen herausgefunden, wo sie stecken, und an Piliso telegrafiert: »Die Jungen sofort nach Hause schicken!« Wutschnaubend hält Piliso ihnen das Telegramm unter die Nase. Sie haben ihn belogen, seine Gastlichkeit und sein Vertrauen schändlich missbraucht. Er schmeißt sie raus. Was sie nun tun sollen, wissen sie nicht, denn ohne Job und Geld macht das ganze Abenteuer keinen Spaß mehr. Zurückkehren in die Transkei? Das kommt gar nicht in Frage.

Nelson kommt bei seinem Vetter Garlick Mbekeni unter, der in einem kleinen Haus in der *township* Georg Goch lebt. Inzwischen hat er über seine Zukunft nachgedacht und sich vorgenommen, das abgebrochene Studium doch zu beenden, um dann vielleicht eines Tages Rechtsanwalt zu werden. Mbekeni will ihm helfen und verspricht, Nelson einem einflussreichen Immobilienhändler in Johannesburg vorzustellen. Ein paar Tage später fahren sie mit der Trambahn in die City. Nelson sieht zum ersten Mal das fieberhafte Treiben im Zentrum der Goldgräberstadt aus der Nähe. Inmitten des wimmelnden Chaos aus hupenden Autos, überfüllten Trams und Fahrradfahrern zerhacken die Metzger das Fleisch auf offener Straße, flattert zwischen den Hochhäusern die Wäsche zum Trocknen. Weiße gehen zielstrebig ihren Geschäften nach, Schwarze sind als Boten oder Handlanger unterwegs, kehren die Bürgersteige oder chauffieren ihre Chefs. Einige von ihnen sind in Livree, die meisten aber laufen in ärmlicher Kleidung umher oder tragen Baumwolldecken. Überall hängen Schilder »Nur für Weiße« an den Cafés, Restaurants und Hotels der City, doch vor den Personaleingängen bilden sich lange

Schlangen schwarzer Menschen, die auf Gelegenheitsjobs warten.

Billige Arbeitskräfte sind in der Goldstadt gesucht, daher verzichtet die Stadtverwaltung zwei Jahre lang auf eine Zuzugskontrolle, jede Woche gibt es hunderte von Neuankömmlingen. In Dürrezeiten auf dem Land schwillt der Strom von Flüchtlingen dramatisch an. Jan Smuts, inzwischen zum zweiten Mal Premierminister des Landes, erklärt, man könne die Flut der Menschen, die nach Johannesburg drängen, ebenso wenig aufhalten, wie den Ozean mit einem Besen zurückfegen.

Zwischen 1941 und 1946 verdoppelt sich die Zahl der schwarzen Bewohner in und um Johannesburg: Anlass für die Buren, sich in ihrem Nationalgefühl bedroht zu fühlen. Sie wollen die Rassentrennung, die *segregation*, die Smuts schon als fast überholt ansieht, auf jeden Fall ausbauen. Mit diesem Programm tritt die burische *National Party* gegen die Regierung der *United Party* an. Smuts entschließt sich dazu, den Schwarzen keine Zugeständnisse zu machen, denn das würde weiße Wähler abschrecken und ins Lager der Nationalisten treiben. In zynischer Weise fragt er sich: »Welchen Nutzen wird das Land davon haben, wenn dem Benachteiligten Gerechtigkeit widerfährt und die ganze Bande, einschließlich des Benachteiligten, dann den Zerstörern ausgeliefert wird«.[1]

Nelson Mandela findet den Immobilienhändler,

dem er nun vorgestellt wird, auf Anhieb sympathisch. Walter Sisulu ist Ende zwanzig, ein kleiner, energischer Mann mit einem intelligenten Gesicht, auch er stammt aus der Transkei. Dass sein Vater ein Weißer ist, erkennt man auf den ersten Blick an seiner hellen Haut. Weder die seriöse Brille noch sein perfektes Englisch passen zu seinem jungenhaften, verschmitzten Aussehen und den auffallenden Zahnlücken. Nelson Mandela fasst schnell Vertrauen zu Sisulu, erzählt ihm von seinem Plan, ein Fernstudium aufzunehmen und nebenbei zu arbeiten. Sisulu will ihm helfen und eine Anwaltskanzlei suchen, die ihm vielleicht ein Praktikum anbieten könnte, das er für ein späteres Jurastudium unbedingt braucht.

Kurze Zeit später kann Mandela bei Witkin, Sidelsky und Eidelmann anfangen, einer jüdischen Anwaltskanzlei, liberal in Fragen von Rasse und Politik. Zuerst ist er nur Bote und Anwaltsgehilfe, denn ihm fehlt noch der B.A., der *Bachelor of Arts*, um als Rechtsreferendar zu gelten. Daher lernt er fortan nachts für die UNISA, die *University of South Africa*, die Fernlehrkurse anbietet.

Dass eine weiße Kanzlei einen Schwarzen im Büro beschäftigt, ist ungeheuer fortschrittlich. Mr. Sidelsky nimmt sich viel Zeit, um Mandela alle Aufgaben genau zu erklären, und ermutigt ihn, ein guter Anwalt und damit ein Vorbild für sein Volk zu werden. Erst wenn Afrikaner über eine gute Bildung verfügten, meint Sidelsky, könnten sie ihre Unterdrückung abschütteln. Sidelsky spendet viel Geld für afrikanische Schulen und greift Mandela großzügig unter die Arme. Er leiht ihm Geld für die Universitätsgebühren und schenkt ihm einen alten Anzug, den Mandela dankbar jahrelang tragen wird. Es gibt noch einen weiteren Schwarzen in der Kanzlei, Gaur Radebe, ebenfalls Bürobote und daneben Dolmetscher für Sotho und Zulu.

Auch Menschen, die sich »liberal« nennen, pflegen nicht selten ihre Vorurteile, subtiler vielleicht als andere, aber nicht minder kränkend. Miss Liebermann, eine der Sekretärinnen, erklärt Mandela an seinem ersten Tag, es gebe in der Kanzlei keinen Rassismus. Der Tee werde am späten Vormittag für alle Angestellten im vorderen Salon serviert. Und dann fügt die junge Dame noch schnell hinzu, dass sie für Radebe und Mandela extra zwei neue Tassen besorgt habe, und in diesen sollten die beiden auch ihren Tee abholen. Womit klar wird, dass die Sekretärinnen wohl den Tee, nicht aber die Tassen mit den beiden Afrikanern teilen wollen. Gaur Radebe nimmt sich dennoch vor den entsetzten Augen der Sekretärinnen eine »alte« Tasse und blickt seinen schwarzen Kollegen aufmunternd an. Mandela hingegen möchte niemanden vor den Kopf stoßen und sagt, er wolle keinen Tee. »Ich war erst 23 Jahre alt, suchte noch meine Stellung als Mann, als Einwohner von Johannesburg und als Angestellter in einer weißen Kanzlei, und ich sah den mittleren Weg unausweichlich als den besten und vernünftigsten.«[2]

Mandela wird das schwarz-weiße Rollenspiel noch häufig mitspielen. Eines Tages gerät die Sekretärin in Nöte, als ein weißer Klient das Büro gerade in dem Moment betritt, in dem Mandela ihr einen Text diktiert. Um keinesfalls den Eindruck zu erwecken, sie würde ein Diktat von einem Schwarzen entgegennehmen, steht sie schnell auf, holt ein paar Münzen aus ihrem Portemonnaie und bittet Mandela demonstrativ, in die Drogerie zu gehen und Shampoo für sie zu kaufen. Und er geht.

Mr. Sidelsky hält große Stücke auf Mandela und sagt ihm eine glänzende Zukunft voraus, nur vor der Politik müsse er sich hüten, denn die würde seine Karriere mit Sicherheit ruinieren. Mandela nimmt sich den Rat gerne zu Herzen, er hat ja gar nicht vor, sich politisch zu betätigen. Gaur Radebe hat zwar schon öfter versucht, ihn für den ANC und die Kommunistische Partei zu interessieren, aber ohne Erfolg. Mandela hört nur aus intellektueller Neugier zu. Und es ist ihm unangenehm, als Radebe es sich eines Tages nicht verkneifen kann, Sidelsky anzufahren: »Hören Sie, Sie sitzen da wie ein Lord, während mein Häuptling Botengänge für Sie erledigt. Die Situation sollte genau umgekehrt sein, und eines Tages wird sie das auch, und wir werden euch alle ins Meer werfen.«[3]

Manchmal nimmt Radebe oder ein anderer Kollege Mandela mit auf eine Party, bei der sich Weiße, Schwarze, Inder und Farbige mischen. Da steht er, als Einziger in Jackett und Krawatte, etwas steif und schüchtern inmitten der ausgelassenen Menschen, die zusammen diskutieren, trinken und tanzen. Stumm blickt er sich um. So müsste die Welt ohne Rassismus aussehen.

Mandela mietet nun ein Zimmer in der *township* Alexandra, die den Beinamen »Dark City« trägt, weil es dort keine Stromversorgung gibt. Wie alle *townships* ist auch Alexandra ein überfüllter Slum, von den Behörden fast vergessen. Auf den ungepflasterten Straßen sammeln sich stinkende Pfützen, in denen Maden herumkriechen. Der beißende Rauch von Holzkohleöfen quillt aus den primitiven Häuschen und die Wasserversorgung ist dürftig. Auf jedem freien Quadratmeter sind Wellblechhütten zwischen die Häuser gequetscht, in denen halb nackte, hungrige Kinder spielen. Das Leben in Alexandra ist unsicher und Mandela muss auf der Hut sein: »Nachts nach Hause zu gehen, war gefährlich, denn es gab keine Lichter, und die Stille wurde zerrissen von Schreien, Gelächter und gelegentlichen Schüssen. Die Dunkelheit war so anders als in der Transkei, wo sie einen zu umarmen schien.«[4]

Ein Leben gilt nicht viel, wenn man in die Hände

von Gangsterbanden gerät, die sich wie Karikaturen amerikanischer Filmhelden kleiden: weiche Filzhüte, Zweireiher, breite, bunte Krawatten. Die Gangster, *tsotsis* genannt, tragen Schnapp- oder Springmesser und weichen den Razzien der Polizei geschickt aus. Den schwarzen und weißen Ordnungshütern gehen vor allem die Menschen ins Netz, die keine gültigen Papiere vorzeigen können oder die im Besitz von Alkohol sind. Für Schwarze ist Alkohol verboten, was die meisten nicht daran hindert, in den illegalen Brauereien und Brennereien, den *shebeens,* einzukehren.

Nelson Mandela ist in diesen Jahren bitterarm. Die Kanzlei zahlt zwei Pfund monatlich und verzichtet großzügig auf die Prämie, die Mandela eigentlich für die Ausbildung hätte hinterlegen müssen. Von dem kargen Lohn zahlt er sein Zimmer und den »Eingeborenen-Bus«, mit dem er täglich in die City fährt. Das Fahrgeld, ein Pfund und zehn Pence monatlich, reißt ein großes Loch in seine Kasse. Häufig geht Mandela daher die zehn Kilometer zu Fuß. Teuer sind auch die Kerzen, ohne die er am Abend nicht lernen könnte, denn Petroleum kann er sich nicht leisten. Nur wenn sein freundlicher Vermieter ihn am Sonntag zum Mittagessen einlädt, kommt Mandela in den Genuss einer warmen Mahlzeit.

Der alte Anzug von Sidelsky hält fünf Jahre, bis er am Ende nur noch aus Flicken besteht. Als Mandela eines Tages merkt, wie ein junger, gut gekleideter Mann im Bus von ihm wegrückt, fühlt er sich zutiefst gedemütigt. Einst war er das glückliche Mündel des Regenten. Wohin hat sein Weg ihn nur geführt?

Ein wenig Trost findet er in der Liebe. Mit seiner Freundin Ellen Nkabinde, die er vom College her kennt, wandert er am Wochenende zusammen über die Hügel rund um die *township*, nicht nur weil sie sonst keinen Ort haben, an dem sie ungestört sein können, sondern auch weil die Nachbarn und Freunde diese Verbindung ablehnen, denn Ellen stammt aus dem Volk der Swazi. Mandela hält zu seiner Freundin, aber als sie wegzieht, verliert er sie schnell aus den Augen. Seine nächste Flamme ist Didi, die Tochter seines Vermieters. Ein Jahr verehrt er sie still, ohne den Mut zu finden, seine Liebe zu erklären, weil er mit Recht den Konkurrenten fürchtet. Neben Didis wohlhabendem Freund, der ein Auto und schicke Anzüge besitzt, verblasst Nelson in seiner schäbigen Armut.

Ende 1941 kommt der Regent aus Mqhekezweni zu einem versöhnlichen Besuch nach Johannesburg. Er ist bereit zu akzeptieren, dass Mandelas Leben eine andere Richtung genommen hat, als er es für ihn geplant hatte. Die herzliche Begegnung erweckt in Mandela ein tiefes Gefühl für das fast vergessene Thembuland. Wenige Monate später stirbt der Regent und

Nelson reist nach Mqhekezweni, auf den Spuren seiner Kindheit. Wie weit entfernt scheint die Zeit zu sein, da ihm nach nichts anderem verlangte, als ein angesehener, gut verdienender Dolmetscher oder Berater des Königs zu werden. Doch wenn die Verwandten ihn vorwurfsvoll fragen, ob er es nicht dem Andenken seines Vaters und dem des Regenten schuldig sei, sein Leben und seine Kraft Thembuland zu widmen, sträubt sich alles in ihm. »Mein Kopf sagte mir, daß jeder Mensch das Recht habe, seine eigene Zukunft so zu planen, wie es ihm gefällt, und selbst zu entscheiden, welche Rolle er im Leben spielen will. War mir nicht gestattet, meine eigenen Entscheidungen zu treffen?«[5] Während Justice nun den ihm vorbestimmten Platz einnimmt und als neuer Regent in Mqhekezweni bleibt, kehrt Mandela nach Johannesburg zurück.

Ende 1942 erlangt Mandela den *Bachelor of Arts*, jene Auszeichnung, nach der er so lange gestrebt hatte. Aber auf einmal scheint sie ihm wenig wert. Was hat er gelernt, das er für sein künftiges Leben gebrauchen kann? Die wichtigen Fragen, die ihm das tägliche Leben in Johannesburg stellt, beantwortet ihm die Universität nicht. Wie kann er als Schwarzer in dem rassistischen System seines Landes leben, frei leben oder gar Anwalt werden? Mandela schließt sich nun doch enger an Gaur Radebe an, der ihn in die Gedankenwelt des ANC einführt und ihm von den Grundsätzen und Forderungen schwarzer Freiheitskämpfer erzählt. Bildung, meint Radebe, sei ein viel zu langer Weg zur Befreiung des schwarzen Volkes. Nach der Macht müsse man einfach greifen!

Durch Radebe gerät Mandela in seine erste politische Aktion hinein. 1943 will die Busgesellschaft in Alexandra den Fahrpreis von 4 auf 5 Pence pro Fahrt erhöhen, eine Katastrophe für die schlecht bezahlten schwarzen Arbeiter. Zehntausende beteiligen sich an dem Boykott, den Radebe organisiert. Neun Tage lang fahren die Busse leer, dann gibt die Busgesellschaft nach und senkt die Preise wieder. Mandela lernt aus nächster Nähe, wie eine Massenaktion funktioniert: »Diese Kampagne hatte große Wirkung auf mich. Meine Rolle als Beobachter gab ich in gewisser Weise auf und wurde zum Teilnehmer. Der Marsch mit eigenen Leuten, fand ich, war aufregend und anregend zugleich.«[6]

Als *Bachelor of Arts* kann Mandela nun endlich mit dem Studium der Rechtswissenschaften beginnen und schreibt sich 1943 an der University of the Witwatersrand im Norden Johannesburgs ein. Gleichzeitig gilt er in der Kanzlei von Mr. Sidelsky nun auch offiziell als Rechtsreferendar. Er verdient mehr, muss neue Aufgaben erledigen und lernt für sein Studium wieder in der Nacht.

Die Universität, im Volksmund »Wits« genannt,

gilt als eine der besten englischsprachigen in ganz Südafrika. Dass Mandela zugelassen wird, zeigt den liberalen Geist, der hier weht. Allerdings sind nicht alle Rassenschranken aufgehoben. Er darf weder die Sportfelder noch die Tennisplätze und Schwimmbäder des Campus benutzen. Und mehr als einer der Professoren gibt ihm zu verstehen, dass Frauen und Schwarze vom Studium der Rechtswissenschaft ausgeschlossen bleiben sollten, weil sie nicht über die nötige geistige Disziplin verfügten. Mandelas Erfahrungen mit den Kommilitonen sind sehr unterschiedlich. Zwar schimpft ihn niemand lauthals »Kaffer«, aber die meisten Studenten möchten auf keinen Fall neben einem Schwarzen sitzen.

Und dennoch findet Mandela hier viele Freunde fürs Leben: den scharfzüngigen Joe Slovo und dessen spätere Frau, die kluge, mutige Ruth First, beide glühende Kommunisten. Ruth First erinnert sich später an ihren ersten Eindruck von Mandela: »Gutaussehend, sehr stolz, sehr würdevoll, sehr stachelig, ziemlich sensibel, vielleicht sogar arrogant. Aber er war natürlich auch all den Demütigungen ausgesetzt.«[7] Andere erleben ihn in dieser Zeit eher als zurückhaltend und unsicher.

Mandela freundet sich an der Wits auch mit Bram Fischer an, Spross einer hoch angesehenen Burenfamilie, Kommunist und später einer der besten Verteidiger schwarzer Freiheitskämpfer. Alle neuen Freunde sind Gleichgesinnte, wenn es um die Freiheit geht. Zum ersten Mal spürt Mandela, dass das Schicksal schwarzer Menschen auch Nicht-Schwarzen am Herzen liegen kann, ja, dass nicht wenige von ihnen bereit sind, den mühseligen Kampf gegen die Rassentrennung aufzunehmen.

In der Wohnung des jungen Inders Ismail Meer, schon damals eine führende Figur in der indischen Freiheitsbewegung, diskutieren die jungen Studenten und Studentinnen bis zum frühen Morgen, aber sie essen, tanzen und feiern auch kräftig. Mandelas Freunde bilden eine einzigartige Schnittstelle der Gesellschaft, eine gemischte Gruppe von Intellektuellen, die in den nächsten Jahren die Avantgarde der wichtigsten politischen Bewegungen bilden wird. Menschen, die bereit sind, ihre eigenen Privilegien zu opfern, um sich für die Unterdrückten einzusetzen. Und die sich laut darüber empören, wenn man ihnen den Zutritt zu einem Café oder Restaurant oder auch nur in die Straßenbahn verweigert, weil sie einen jungen schwarzen Mann in ihrer Mitte haben. Jetzt ist es Zeit für Mandelas Entscheidung.

Keine Erleuchtung – nur Wut

»Ich kann nicht genau angeben, wann ich politisiert wurde, wann ich wußte, daß ich mein Leben völlig dem Freiheitskampf verschreiben würde ... Ich hatte keine Erleuchtung, keine einzigartige Offenbarung, keinen Augenblick der Wahrheit; es war eine ständige Anhäufung von tausend verschiedenen Dingen, tausend Kränkungen, tausend unerinnerten Momenten, die Wut in mir erzeugten, rebellische Haltung, das Verlangen, das System zu bekämpfen, das mein Volk einkerkerte. Da war kein bestimmter Tag, an dem ich mir sagte, von nun an will ich mich der Befreiung meines Volkes widmen, sondern statt dessen tat ich es einfach, weil ich nicht anders konnte.«[1]

1943 tritt Nelson Mandela dem ANC bei. Unter der Obhut von Walter Sisulu, dessen praktische Vernunft und Willensstärke den 25-jährigen Mandela beeinflussen, entwickelt er sich bald zu einem aktiven Mitglied. Sisulus Haus in Orlando ist eine beliebte Anlaufstelle für ANC-Aktivisten, hier trifft Mandela Oliver Tambo wieder und gerät in den Bann der magischen Persönlichkeit von Anton Lembede, einem der großen afrikanischen Führer des Jahrhunderts. Lembedes Vorträge sind voller Leidenschaft und heftiger Beschwörungen. Weg mit den Minderwertigkeitskomplexen der Schwarzen, fordert Lembede, wer zweifelt etwa daran, dass Schwarze dasselbe Potential haben wie Weiße? Selbstvertrauen ist der Weg zur Selbstbestimmung, predigt er und findet auch manch poetisches Bild: »Die Farbe meiner Haut ist schön, wie die schwarze Erde von Mutter Afrika.«[2]

Mandela erkennt beschämt, dass er bereits auf dem besten Wege ist, ein *black Englishman* zu werden, ein angepasster Schwarzer, demütig darauf hoffend, von den Weißen als zivilisiert und kultiviert anerkannt zu werden. Damit soll nun Schluss sein. Doch bevor er entscheidet, welche Rolle ihm in der Freiheitsbewegung gefallen könnte, vertieft er sich erst einmal in die Geschichte des ANC.

Der *African National Congress* (ANC) wurde 1912 gegründet, nachdem die Schwarzen alle Hoffnungen aufgeben mussten, im neuen Staat, der Südafrikanischen Union von 1910, das Wahl- oder Mitbestimmungsrecht zu erhalten. Nur in der Kap-Provinz durften Schwarze wählen und auch dort nur die Reichen und Gebildeten. Die ersten Führer des ANC waren moderate Reformfreunde, sie organisierten Delegationen, Demonstrationen und Proteste, aber sie scheuten vor Massenkampagnen und aggressiven Konfrontationen zurück. Damals galt der ANC als eine seriöse, formelle Organisation, in der die Mitglieder königlicher Familien den Ton angaben. Als die Schwarzen 1936 auch in der Kap-Provinz das Wahlrecht verloren, boten die Weißen ihnen als Ausgleich an, einen *Natives' Representative Council* zu wählen. Diese »Eingeborenenvertretung« sollte die Regierung beraten, verfügte jedoch in Wirklichkeit über keinen nennenswerten Einfluss.

Ende der 30er Jahre ist der ANC zu einer kleinen Partei geschrumpft, deren leise Proteste bereits von den Kommunisten übertönt werden. Erst 1940 weckt der neue Präsident, Dr. Xuma, die Organisation aus ihrem Schlummer, wirbt neue Mitglieder und sorgt für eine gefüllte Kasse. Er schafft das *House of Chiefs* ab und damit auch die Stammesgrenzen, die den ANC in verschiedene Lager spalteten. Dr. Xuma verfügt über gute Kontakte zu weißen Regierungsbeamten und nutzt diese, um seinen Einfluss auszudehnen. Der ANC erlebt eine Phase des Aufschwungs und beschreitet neue Wege. Nachdem Theodore Roosevelt und Winston Churchill 1941 die *Atlantic Charta* unterzeichnet hatten, in der die Würde des Menschen als oberstes Gut bezeichnet wird, verfassen die ANC-Funktionäre eine eigene Grundsatzerklärung, die *African Claims*, in der sie volle Staatsbürgerrechte für alle Schwarzen fordern und die Abschaffung aller diskriminierenden Gesetze verlangen.

Die Clique um Lembede, Sisulu, Tambo und Mandela wird von der Aufbruchstimmung angesteckt. Die jungen Männer beschließen nun ihrerseits, dem ANC Tempo zu machen. Sie suchen Dr. Xuma in seinem großen Haus in der *township* Sophiatown auf und unterbreiten ihm ihre Pläne: Eine Jugendliga wollen sie gründen, die sich zur Aufgabe macht, Massenaktionen zu planen und die Menschen zum Mitmachen zu mobilisieren. Von den bereits im Detail ausgearbeiteten Plänen überrascht und überrumpelt, wehrt der Vorsitzende ab: Davon will er nichts hören und das würde doch ohnehin alles nicht funktionieren. Die tatendurstige Gruppe gibt nicht auf und trägt ihre Ideen auf der Jahreskonferenz des ANC in Bloemfontain vor. Dort werden ihre Vorschläge mit großer Mehrheit angenommen.

Die Jugendliga wird 1944 gegründet und Anton Lembede zu ihrem ersten Präsidenten gewählt. Oliver Tambo wird Sekretär, Walter Sisulu Schatzmeister und der 26-jährige Nelson Mandela bildet zusammen mit vier weiteren Mitgliedern das Exekutivkomitee. Bald entstehen in allen Provinzen Südafrikas Zweigstellen der Jugendliga. Ihr Slogan lautet: »Afrikanischer Nationalismus«. Alle Stämme sind dazu aufgerufen, sich zu einer Nation, einem schwarzen Volk zusammenzuschließen.

Das Manifest der Jugendliga beginnt mit einer demonstrativen Unterscheidung von schwarzer und weißer Weltsicht: »Die Weißen betrachten das Universum als eine riesige Maschine, die durch Zeit und Raum letztlich ihrer eigenen Zerstörung entgegenfliegt: die darin existierenden Individuen sind winzige

Organismen, und Leben und Sterben sind ihre Privatangelegenheiten ... Die Afrikaner betrachten ihrerseits das Universum als ein Ganzes, als eine organische Einheit, die sich in Richtung größerer Harmonie und Einheit weiterentwickelt, dessen einzelne Teile ausschließlich als miteinander verwobene Aspekte eines großen Ganzen existieren.«[3] Weiter heißt es: »Die Jugendliga des Kongresses muß der geistige Motor und das Kraftzentrum des afrikanischen Nationalbewußtseins sein; des Bewußtseins von der afrikanischen Selbstbestimmung.«[4]

Was stellen sich die Freiheitskämpfer unter der Freiheit der Schwarzen, der Afrikaner, wie sie sich selbst nennen, vor? Soll die Drohung von Gaur Radebe wahr gemacht und alle Weißen ins Meer getrieben werden? Die gemäßigten Nationalisten, zu denen auch Nelson Mandela gehört, vertreten eine andere Auffassung: Alle Rassen müssen in Südafrika leben können, friedlich, aber ohne weiße Vorherrschaft. Unmissverständlich grenzen sie sich auch von den Kommunisten ab. Das Verhältnis zwischen dem ANC und der *South African Communist Party* (SACP) ist problematisch, seitdem die Kommunisten sich 1922 zusammen mit der weißen *Labour Party* für den Streik weißer Bergleute gegen die Einstellung von billigen schwarzen Arbeitskräften stark gemacht und für ein »weißes Südafrika« gekämpft hatten. Inzwischen hat die SACP diese Haltung abgelegt und bemüht sich verstärkt um schwarze Mitglieder und Parteifunktionäre. Auch im ANC gibt es viele schwarze Kommunisten. Doch die meisten Mitglieder des ANC, vor allem die jungen, halten den Kommunismus für eine europäische Ideologie und nicht geeignet für ihr Land.

Kaum ist das Dokument über das Selbstverständnis der ANC-Jugendliga zu aller Zufriedenheit ausgearbeitet, da erfasst Nelson Mandela ein nervöses Gefühl. Worauf hat er sich da bloß eingelassen? Hatte er nicht schon mit seinem Job und dem Studium genug am Hals? Wie soll er denn jetzt auch noch die politische Arbeit bewältigen können? Und außerdem sind alle anderen, so scheint es ihm, viel kompetenter als er.

Im Haus der Sisulus lernt Mandela die hübsche, stille Evelyn Mase kennen, eine Cousine von Walter. Sie arbeitet als Krankenschwester, einer der wenigen anerkannten Berufe für schwarze Frauen. Evelyn stammt aus der Transkei und verlor schon früh beide Eltern. Sie wurde daher mit zwölf Jahren zu ihrem Bruder Sam Mase, der bei Sisulus wohnt, nach Johannesburg geschickt. Die politischen Diskussionen und das ständige Kommen und Gehen der Aktivisten im Haus scheint sie wenig zu beeindrucken. Nelson fühlt sich sofort zu ihr hingezogen und nach wenigen Tagen sind sie ein Paar. 1944 heiraten sie im *Native Commissioner's Court* – ohne Kirchenglocken und Hochzeitsfest. Dafür haben sie kein Geld.

Auch für eine eigene Wohnung reicht es nicht. Die beiden leben daher zunächst bei Evelyns Bruder, dann bei ihrer Schwester. Erst nach der Geburt ihres ersten Sohnes Thembi, im Jahre 1945, ziehen sie in eine der »Streichholzschachteln«, wie die unzähligen identischen Häuschen der *townships* genannt werden. In East Orlando bewohnen sie in der Nummer 8115 drei Zimmer. Es gibt nur eine Außentoilette und keinen Strom, doch seit der Zeit in Mqhekezweni ist es das erste richtige Zuhause für Mandela. Ihm ist es egal, wie klein und eng das Haus ist, Gäste haben immer Platz. Aber oft ist er gar nicht zu Hause, denn die Politik zieht ihn immer stärker in ihren Bann. 1946 sind es vor allem zwei wichtige Ereignisse, die Mandelas Weg in den Freiheitskampf vorantreiben.

In den Minen am Reef schuften zu dieser Zeit 400 000 Afrikaner, die meisten für zwei Shilling pro Tag. Vergeblich kämpft ihre Gewerkschaft, die *African Mineworker's Union* (AMWU), für einen Mindestlohn von zehn Shilling pro Tag, für Familienunterkünfte, einen zweiwöchigen bezahlten Urlaub und bessere Verpflegung. Die Minengesellschaften lehnen alle Forderungen rundweg ab. Die Folge davon ist einer der größten Streiks in der südafrikanischen Geschichte: 70 000 Arbeiter legen für eine Woche die Arbeit nieder und bewahren die volle Solidarität. Der Staat greift brutal ein. Polizisten drängen die Arbeiter mit Bajonetten in die Schächte zurück und töten dabei neun von ihnen. Die Polizei umstellt die Unterkünfte der Arbeiter und durchsucht die Büros der Gewerkschaft, alle Streikführer landen im Gefängnis. Mit diesem Vorgehen unterdrückt die Regierung nicht nur den Streik, sondern sie zerschlägt auch die Gewerkschaft, die bis in die 80er Jahre keine wichtige politische Größe mehr darstellt.

Nelson Mandela ist von den Vorgängen zutiefst bestürzt. Er besucht die Streikenden auf den Minen und führt Gespräche mit dem Gewerkschaftspräsidenten J. B. Marks, ANC-Mitglied und Kommunist. Insgesamt werden 52 Männer verhaftet und wegen »Unruhestiftung und Aufwiegelung« angeklagt.

Das zweite für Mandela wegweisende Ereignis betrifft den Befreiungskampf der Inder in Südafrika. Seit 1869 lockten die Engländer indische Wanderarbeiter ins Land, weil sie diese vor allem für ihre Zuckerrohrplantagen in Natal brauchten. Die Inder mussten sich damals verpflichten, drei Jahre im Land zu bleiben, bevor sie entscheiden konnten, ob sie in ihre Heimat zurückkehren wollten oder nicht. Viele von ihnen blieben und machten sich als Kleinbauern oder Händler selbstständig. In Natal erhielten sie das Bürgerrecht, galten jedoch in anderen Republiken immer als Nicht-Weiße.

Einflussreichster Politiker der indischen Gemeinschaft war der junge Rechtsanwalt Mohandas Karamchand (Mahatma) Gandhi, der 1894 den *Natal Indian Congress* (NIC) gründete, Vorbild für den später entstandenen *South African Indian Congress* (SAIC). Mit seinen Vorstellungen vom gewaltfreien Widerstand prägte Gandhi für viele Jahre alle Befreiungsbewegungen im südlichen Afrika.

1946 erlässt die Regierung von Jan Smuts die *Asiatic Land Tenure Bill*, welche die Bewegungsfreiheit der Inder dramatisch beschneidet, indem sie spezielle Gebiete festlegt, in denen Inder leben und Handel treiben dürfen. Auch ihr Zugang zu Grundbesitzerwerb wird eingeschränkt. Das Gesetz, das bald den abfälligen Namen *Ghetto-Act* trägt, erniedrigt die indische Bevölkerung. Sofort protestiert sie heftig. Zwei Jahre lang führen die Inder nun eine landesweite, friedliche Kampagne durch: Sie besetzen genau das Land, das die Regierung ihnen weggenommen hat, sie halten Versammlungen ab und lassen sich freiwillig für zivilen Ungehorsam einsperren. 2000 Menschen gehen ins Gefängnis. Die Anführer der indischen Organisationen werden für ihre Aufrufe zu gewaltfreiem Widerstand mit Strafen bis zu sechs Monaten Zwangsarbeit belegt.

Nelson Mandela ist davon beeindruckt, wie indische Hausfrauen, Anwälte, Studenten, Ärzte, Priester, Händler und Arbeiter aus Protest ins Gefängnis gehen, denn es »erinnerte uns daran, daß der Freiheitskampf nicht nur darin bestehen konnte, auf Versammlungen Reden zu halten, Resolutionen zu verabschieden und Abordnungen zu entsenden. Entscheidend waren vielmehr präzise Organisation, militante Massenaktion und vor allem die Bereitschaft, Leiden und Opfer auf sich zu nehmen«[5].

Der ANC sichert den Indern seine volle moralische Unterstützung zu. Beide Freiheitsbewegungen vereinbaren, ihre Aktionen in Zukunft miteinander zu koordinieren, allerdings will der ANC sich nur an den Kampagnen beteiligen, bei denen er selbst die Fäden in der Hand hält. Die Verbundenheit des indischen und des schwarzen Freiheitskampfes kommt ein Jahr später darin zum Ausdruck, dass Indien nach seiner Unabhängigkeit 1947 das erste Land der Welt ist, das Sanktionen über Südafrika verhängt.

Mandela hat sein drittes Ausbildungsjahr bei Witkin, Sidelsky und Eidelmann beendet und will nun endlich auch sein Studium abschließen, um sich als Rechtsanwalt niederlassen zu können. Evelyn erwartet gerade ihr zweites Kind. Die Tochter Makaziwe kommt sehr schwach zur Welt und stirbt trotz aufopfernder Pflege nach neun Monaten. Während Evelyn Mandela sich voller Trauer in die Bibel vergräbt, engagiert ihr Mann sich noch stärker als zuvor in der Politik.

Er wird in das Exekutivkomitee des ANC in der Provinz Transvaal gewählt und übernimmt damit seine erste verantwortungsvolle Position in der Partei.

Nun wird es ernst. Bisher konnte Mandela sich als aufmüpfiger Neuling der Jugendliga in Rage reden, jetzt aber muss er Kompromissbereitschaft zeigen und offen sein für die Argumente anderer. Mandela beherrscht das Vokabular des Politikers bereits perfekt, und nicht immer verhält er sich fair, insbesondere Kommunisten gegenüber, die er als Gegner betrachtet. So unterbricht er eines Tages während einer Versammlung die Rede des Kommunisten J. B. Marks und ruft der Menge zu: »In diesem *kraal* gibt es zwei Bullen. Es ist ein schwarzer und ein weißer Bulle. J. B. Marks sagt, daß der weiße Bulle diesen *kraal* regieren muß. Ich sage, der schwarze Bulle muß regieren. Was sagt ihr?« Die Menschen, die gerade noch den Worten von Marks applaudiert hatten, schwenken sofort um und rufen: »Der schwarze Bulle, der schwarze Bulle!«[6] Mandela gibt diese Geschichte später immer gerne zum Besten, aber nicht weil er stolz darauf gewesen wäre, den Gegner ausgetrickst zu haben, sondern weil er darin ein perfektes Beispiel für seine damaligen Schwächen sieht: Arroganz und Kurzsichtigkeit.

Der weiße Würgegriff: Apartheid

1948 passiert das Unglaubliche, was kaum ein Schwarzer für möglich gehalten hatte: In den »allgemeinen«, sprich weißen, Wahlen unterliegt Premierminister General Jan Smuts und seine *United Party* (UP) der burischen *National Party* (NP), einer Partei, die sich hitlerfreundlich, faschistisch und nationalistisch gibt. Der neue Mann an der Spitze Südafrikas heißt Dr. Daniel Malan, ein Name, der mit einem der grausamsten Programme rassistischer Unterdrückung untrennbar verbunden ist: Das System der »Apartheid«, wörtlich übersetzt »Getrenntheit« oder »getrennte Entwicklung«, wird zur offiziellen Staatspolitik. Auch wenn einige Regeln schon seit der Zeit der *segregation* gelten, erhalten sie erst jetzt den Charakter von Gesetzen und finden sogar religiöse Rechtfertigung durch die Vertreter der *Dutch Reform Church*. Sie legen die Geschichte vom Turmbau zu Babel auf eigene Weise aus: Gott habe die Buren ausgewählt, um über die »minderwertigen« Rassen, die Schwarzen, Farbigen und Inder, zu herrschen. Die weitschweifigen Belehrungen der Pfarrer werden von den Politikern auf den Punkt gebracht: »*Die Kaffer op sy plek!*« – Die Kaffer auf ihren Platz!

Viele ausländische Beobachter nehmen die Drohungen der Buren zunächst nicht ernst. Die englische

Zeitung *Economist* zum Beispiel zweifelt daran, dass Malan für seine düsteren Pläne eine Mehrheit findet. Und es gibt sogar Schwarze, welche die Wahl Malans begrüßen, weil sie denken, jetzt sei es leichter, den wahren Feind zu identifizieren. Mandela gehört nicht zu ihnen. In der Wahlnacht fühlt er sich wie gelähmt vor Sorge.

Malan beginnt nach wenigen Wochen damit, sein Schreckenssystem aufzubauen. Die wichtigsten Gesetze werden wie große Pflöcke in die Gesellschaft gerammt, dazwischen spannt sich bald ein undurchlässiges Netz. Allein die Aufzählung der Apartheidgesetze würde mehrere Seiten füllen. Es beginnt 1949 mit dem *Prohibition of Mixed Marriages Act*, dem Verbot von Mischehen. Darauf folgt der *Immorality Amendment Act,* der sexuelle Beziehungen zwischen Weißen und Mischlingen unter Gefängnisstrafe stellt. Bisher hatte dieses Verbot nur für Weiße und Schwarze gegolten. Seit dem *Population Registration Act* von 1950 werden alle Bewohner Südafrikas nach Rassenzugehörigkeit unterschieden, die Hautfarbe bleibt dabei das wichtigste Kriterium. Es kommt zu tragischen Folgen, wenn Angehörige derselben Familie unterschiedlich klassifiziert werden, weil die Kinder vielleicht eine hellere Hautfarbe haben als ihre Eltern. Auch die Kräuselung der Haare und die Größe der Lippen gilt als Rassenmerkmal und kann darüber entscheiden, ob ein Mensch als »schwarz« oder »farbig« gilt, und damit auch über die existenzielle Frage, wo er leben darf. Denn der *Group Areas Act* von 1950, für Malan selbst die »Essenz der Apartheid«, bestimmt, dass Schwarze, Farbige und Inder getrennt voneinander nur noch in einem vorgegebenen Gebiet wohnen, nur dort Land besitzen und Gewerbe betreiben dürfen. Dem zu erwartenden Widerstand, was die neuen Gesetze betrifft, stemmt sich der *Suppression of Communism Act* von 1950 entgegen. Darin wird nicht nur der Kommunismus verboten, sondern alle oppositionellen Organisationen, Gruppen und Versammlungen.

Als Reaktion auf die Apartheidsgesetze greift der ANC zu neuen Methoden der Massenmobilisierung: Boykotts, *stay-at-homes*, also Arbeitsverweigerung, passiver Widerstand, Protestdemonstrationen. Der alte, zögerliche Präsident Dr. Xuma wird auf der Jahreskonferenz des ANC von Dr. Moroka abgelöst, ein Hoffnungsträger für die jungen, hitzigen Kämpfer. Walter Sisulu steigt zum Generalsekretär auf, Oliver Tambo wird ins Nationale Exekutivkomitee gewählt. Mandela wohnt der Konferenz nicht bei, denn er hat gerade einen neuen Job bei einer Anwaltskanzlei angefangen und bekommt keinen Urlaub. Die Stelle aufs Spiel zu setzen, kann er sich nicht leisten.

Weiße und Schwarze begegnen sich in Südafrika nur als Herren und Diener, als Reiche und Arme, *Baas* (Boss) und *Kaffer*. Und so verschieden wie ihre Hautfarben, so verschieden sind ihre Lebensweisen. Während in den teuren, weißen Vororten elegant gekleidete Menschen in luxuriösen Villen gediegen speisen, schwarze Dienstboten mit weißen Handschuhen feine Köstlichkeiten servieren, sind viele Menschen in der *township* froh, wenn sie ihre großen Familien satt kriegen. Während auf den Partys der vornehmen Weißen Champagner und Canapés gereicht werden, ziehen die Schwarzen in großen Gruppen durch die wenigen kleinen Restaurants oder die *shebeens* mit Namen wie »Thirty-Nine Steps« oder »Back o' the Moon« oder sie tanzen ausgelassen in den Jazzkneipen. Der Township-Jazz, der *kwela* und die Musik der *penny-whistles* locken in den 50er Jahren sogar Weiße in die Zentren schwarzer Lebensfreude wie Sophiatown bei Johannesburg oder den District Six bei Kapstadt. Musik verbindet aber nicht nur die begeisterten Gäste, sondern auch die Künstler verschiedener Hautfarben. Weil nach den neuen Gesetzen weiße und schwarze Musiker nicht auf derselben Bühne stehen dürfen, hängen sie einfach einen Vorhang in der Mitte auf und spielen auf beiden Seiten ungerührt weiter. Als auch das verboten wird, erscheinen die schwarzen Musiker zur nächsten Jazz-Session in blauen Overalls und halten einen Besen in der Hand.

Denn weiße Künstler und schwarze Reinigungskräfte auf einer Bühne – damit haben die Behörden kein Problem.

In den *townships* ist alles Mode, was in der westlichen Welt auch angesagt ist. Das Publikum liebt Swing und Jazz, drängt sich in die Sporthallen, wenn Boxkämpfe veranstaltet werden, man verfolgt das Gehabe der Filmstars und liest alle Neuerscheinungen, die man kriegen kann. Nat Nakasa oder Casey Motsisi schildern diese hektische, aufregende Zeit in ihren Büchern und auch die ersten Kurzgeschichten der noch unbekannten weißen Autorin Nadine Gordimer erzählen davon. Die *townships* scheinen vor Originalität und Optimismus zu sprühen. Niemand hier kann glauben, dass die Zeit der Schrecken gerade erst begonnen hat.

Nelson Mandela gehört inzwischen zur wohlhabenderen Schicht in West Orlando. Als Anwalt verdient er gut. Er fährt ein Oldsmobile, geht abends in eines der wenigen Restaurants für Schwarze in der City und kauft seine Lebensmittel im Delikatessengeschäft. Er liebt die Jazzlokale, hält sich aber von den *shebeens* fern, Alkohol lehnt er strikt ab. Mandela leistet sich einen anspruchsvollen Geschmack und pflegt einen extravaganten Stil. Er hat seine Schüchternheit verloren und strahlt jetzt das Selbstvertrauen eines erfolgreichen Lebemannes aus, er besitzt ein gewinnendes Lächeln und viel Charme. Mit seinen 1,88 Meter wirkt er kraftvoll und stattlich, ein attraktiver Mann, der seine gute Figur regelmäßigem Training verdankt. Als Schwergewichtsboxer fehlt ihm zwar die Schnelligkeit, um wirklich erfolgreich zu sein, aber er eignet sich die Techniken an, die er auch im politischen Kampf einsetzen kann: das Decken und Zurückweichen, das spielerische Tänzeln, das Vortäuschen – und auch das Durchhalten.

Am 1. Mai 1950 rufen die Kommunisten in Transvaal zum Streik auf und die Hälfte aller Minenarbeiter legt die Arbeit nieder, ein beachtlicher Erfolg. Der ANC unterstützt diese Kampagne nicht, denn ein Streik ist eine gefährliche Angelegenheit. Schwarze laufen dabei immer Gefahr, ihre Arbeitsstelle und damit ihr Wohnrecht in der *township* zu verlieren. Nur aus Neugierde besucht Mandela am Abend desselben Tages eine der Protestkundgebungen in Orlando und wird Zeuge eines brutalen Angriffs. Die berittene Polizei galoppiert ohne Warnung in die aufgebrachte Menge hinein und schlägt mit Stöcken um sich. Mandela und seine Freunde können gerade noch weglaufen, bevor die Polizei völlig unkontrolliert auf die Menschen schießt. »Dieser Tag war ein Wendepunkt in meinem Leben, ich erlebte das brutale Vorgehen der Polizei aus erster Hand, und ich war beeindruckt von der Unterstützung des 1.-Mai-Aufrufs durch die afrikanischen Arbeiter«[1], schreibt Mandela später. 18 Schwarze werden getötet, viele schwer verletzt. Der Protest über das Verhalten der Polizei hat Folgen: Die Unterdrückung wird noch brutaler.

Ende Mai tritt der *Suppression of Communism Act* in Kraft. Dieses Gesetz definiert alles als Kommunismus, was darauf abzielt, »durch die Förderung von Unruhen oder Unordnung, durch unrechtmäßiges Handeln oder Unterlassungen oder durch die Androhung solcher Handlungen oder Unterlassungen, politische, industrielle, gesellschaftliche oder wirtschaftliche Veränderungen in der Union herbeizuführen«[2]. Mit diesem Gesetz kann die Regierung jede Organisation, die ihr nicht passt, verbieten.

Erst jetzt sieht Mandela ein, was andere lange vor ihm verstanden haben: Es hat keinen Sinn, sich von anderen Gruppen zu distanzieren, solange die Regierung alle Freiheitsbewegungen gleichermaßen unterdrückt. Indische, kommunistische, farbige und schwarze Befreiung kann nur gemeinsam erreicht werden. Der ANC plant deshalb die erste gemeinsame Aktion mit den indischen Organisationen, den Kommunisten und der *African People's Organization* (APO), einem Zusammenschluss von Farbigen. Für den 26. Juni 1950 wird ein Tag des nationalen Protests ausgerufen: gegen die Ermordung von 18 Afrikanern am 1. Mai und gegen das Verbot der Kommunistischen Partei.

Mandela betreut das ANC-Büro in Johannesburg und ist ohne Unterbrechung damit beschäftigt, diesen wichtigen Tag vorzubereiten. Das Ergebnis ist nicht umwerfend, aber es stärkt das Selbstbewusstsein: Die Mehrheit der Arbeiter bleibt zu Hause, 5000 Menschen demonstrieren. Bis heute wird der 26. Juni als Gedenktag der Freiheitsbewegung gefeiert.

Währenddessen kriselt es in der Ehe der Mandelas. Ihr Haus in Orlando ist kein Heim, kein Ort des Glücks. Zwischen den Ehegatten herrscht eine ungute Spannung. Anders als bei ihren Freunden, den Sisulus oder Tambos, sind Evelyn und Nelson Mandela sich uneins über die elementaren Fragen ihres Lebens. Evelyn missbilligt die politische Karriere ihres Mannes – er kann mit ihrem religiösen Eifer als Zeugin Jehovas nichts anfangen. Mandela ist auch kaum mehr zu Hause. Sein zweiter Sohn, Makgatho, wird ausgerechnet am nationalen Protesttag geboren und nur für kurze Zeit eilt der Vater ins Krankenhaus. Der inzwischen fünfjährige Thembi fragt seine Mutter: »Wo wohnt Daddy?«

Damals, so sagt Nelson Mandela heute, wusste er besser, wogegen er war, als wofür. Um seinen kommunistischen Freunden in der Debatte gewachsen zu sein, liest er »Das Kapital«, »Das kommunistische Manifest« und andere Standardwerke zum Kommunismus.

Ein paar Ideen gefallen ihm, die klassenlose Gesellschaft zum Beispiel oder die Analyse des Kapitalismus und der Ausbeutung, die ja in Südafrika beispielhaft zu beobachten sind. Auch vom Aufruf zur Revolution fühlt er sich angezogen, und bald hat er nichts mehr dagegen, dass es Kommunisten im ANC gibt. Dieser Meinungswandel entspringt nicht nur theoretischen Überlegungen, sondern auch seiner persönlichen Erfahrung. Die Kommunisten vertreten im damaligen Südafrika die einzige Partei, die für Menschen aller Hautfarben offen ist. Sie behandeln die schwarzen Afrikaner als Menschen mit gleichen Rechten und nehmen sie ernst. Sie verschanzen sich nicht hinter ihren Privilegien als Weiße und haben den Kampf gegen die Unterdrückung der Rassen zu ihrem eigenen gemacht.

Im Dezember 1951 verabschiedet der ANC eine Resolution, in der er die Regierung auffordert, die schlimmsten Apartheidsgesetze aufzuheben. Sollte das nicht geschehen, so drohen der ANC, die indische Freiheitsbewegung und die Kommunistische Partei mit einer landesweiten Missachtungskampagne. Premierminister Daniel Malan weist die Forderungen zurück und erklärt, die Weißen hätten ein Recht darauf, Maßnahmen zur Wahrung ihrer eigenen Identität als eigenständige Gemeinschaft zu treffen. Deshalb würde die Regierung alles unternehmen, um die geplanten Aktionen zu unterbinden. Diese schrillen Töne richten sich auch an die eigenen Landsleute. Immer mehr Weiße haben Angst, wenn auch nur wenige verstehen wollen, dass das System der Apartheid auch ihnen eines Tages schaden kann.

Der weiße Schriftsteller Alan Paton gibt seinen dunklen Vorahnungen Gestalt in dem Roman »Cry, The Beloved Country«, erschienen 1948. »Von einem Tag auf den anderen leben wir, wir hängen noch mehr Schlösser an unsere Türen, wir schaffen uns einen schönen, scharfen Hund an ... und wir klemmen unsere Handtaschen fester unter den Arm; und auf die Schönheit der Bäume bei Nacht, das Verzücktsein Verliebter unter dem Sternenhimmel, darauf müssen wir eben verzichten. Wir verzichten darauf, durch mitternächtige Straßen so schön betrunken nach Hause zu gehen, und auch auf den Abendgang übers Feld im Sternenlicht verzichten wir. Wir werden immer auf der Hut sein und dies und jenes aus unserem Leben ausschalten und uns mit Sicherheit und Vorsicht umzäunen. Unser Leben wird enger und ärmer sein, aber es wird noch ein Herrenleben sein.«[3]

Der ANC macht seine Drohung wahr und beginnt mit der Organisation einer landesweiten Missachtungskampagne. Nelson Mandela steht im Zentrum der Planungen und wirkt nun bereits wie ein nationaler Anführer, strahlt Zuversicht und Siegeswillen aus. Am 22. Juni 1952, dem »Day of Volunteers«, spricht er zum ersten Mal in seiner Laufbahn als einer der Hauptredner vor einer riesigen Menschenmenge. Über 10 000 Menschen jubeln ihm zu, als er ruft: »Jetzt können wir sagen, daß die Vereinigung der nichteuropäischen Menschen in diesem Land zur Realität geworden ist.«[4]

Während der ersten Tage der Missachtungskampagne ist die Stimmung fast schon fröhlich. Überall im Land übertreten kleine Gruppen von Freiwilligen gezielt die Apartheidgesetze: Sie setzen sich in Eisenbahnabteile oder Wartezimmer, die für Weiße reserviert sind, sie benutzen für Weiße vorgesehene Eingänge zu Postämtern oder öffentliche Toiletten. Auch das Betreten von Stadtvierteln, die für Nicht-Weiße verboten sind, oder der Aufenthalt in Innenstädten nach der Sperrstunde gehören zum Plan. Jede Gruppe hat einen Anführer, der die örtliche Polizei vorab über die geplanten Aktionen informiert und dafür Sorge trägt, dass von den Freiwilligen keine Gewalt ausgeht, nicht einmal wenn die Polizei sie angreift.

Singend lassen die Freiwilligen sich verhaften, aus den vergitterten Gefangenentransportern der Polizei tönt ihr hoffnungsvolles Rufen: »*Mayibue Afrika!*« – Lasst Afrika zurückkehren!

Die Gesetzesübertretungen sind harmlos und die Strafen entsprechend gering. Auch Mandela wird gleich zu Beginn verhaftet, was ihn etwas überrumpelt, denn seine Gefangennahme war eigentlich für später geplant. Als er aber eine Gruppe von Freiwilligen beobachtet und die Polizisten ihn kurzerhand mit in den Transporter verfrachten, findet er sich amüsiert in die neue Lage und stimmt aus voller Brust in den Gesang der anderen mit ein: »*Nkosi Sikel' iAfrika!*« – Gott segne Afrika! Es ist seine erste Nacht im Gefängnis und er verbringt sie ohne Schlaf. Die düstere Gemeinschaftszelle von Marshall Square stinkt nach Unrat. Einer der Schwarzen wird von einem Wärter gestoßen, stolpert ein paar Stufen hinunter und bricht sich den Knöchel. Mandela beschwert sich über diese brutale Behandlung und kassiert einen Tritt gegen das Schienbein.

In den nächsten fünf Monaten wird die Missachtungskampagne in ganz Südafrika von 8500 Menschen unterstützt, quer durch alle Berufe. Der ANC zählt plötzlich statt 20 000 Mitgliedern das Fünffache. Mit wachsendem Unmut registriert die Regierung den Protest der Allianz aus Schwarzen, Kommunisten und Indern. Für Daniel Malan kann es darauf nur eine Antwort geben: massive Einschüchterung.

Der *Public Safety Act* und der *Criminal Laws Act* von 1953 ermächtigen die Regierung dazu, jederzeit das Kriegsrecht zu verkünden, Menschen ohne Prozess einzusperren und körperliche Strafen wie das Auspeitschen anzuwenden. Auf jegliche Form von Widerstand gegen das Regime steht eine Gefängnisstrafe von bis zu drei Jahren. Die Freiheitskämpfer sind fassungslos angesichts derart drastischer Strafen. Viele resignieren, denn wie soll man jetzt noch gegen die Übermacht der Weißen ankommen?

Niemand hat ernsthaft damit gerechnet, dass die Regierung durch die Missachtungskampagne dazu gebracht werden könnte, die Apartheidgesetze wieder abzuschaffen. Doch obwohl die neuen Gesetze die Aussicht auf ein Ende der Apartheid in weite Ferne rücken, fühlt Mandela sich bestärkt. Denn die Missachtungskampagne hat dem ANC eine solide Massenbasis verschafft, und die Parteiführung konnte beweisen, dass sie zum Handeln fähig ist. Außerdem verlief die Kampagne ohne Gewalt und nahm vielen Menschen die Angst vor dem Gefängnis. Mandela selbst hat seine letzten Zweifel und Minderwertigkeitsgefühle verloren: »Denn jetzt hatte der weiße Mann die Kraft meiner Schläge zu spüren bekommen, und jetzt konnte ich aufrecht gehen wie ein Mann und jedem ins Auge blicken mit der Würde dessen, der sich der Unterdrückung und der Angst nicht ergeben hat.«[5]

Gebannte Kraft

Das Messingschild am Eingang von *Chancellor House*, einem kleinen Haus gegenüber des Johannesburger Gerichtsgebäudes, weist den Weg zur ersten schwarzen Anwaltskanzlei in Südafrika: »Mandela & Tambo«. Endlich konnte Mandela 1952 die Zulassungsprüfung als Anwalt ablegen, obwohl er mehrfach durch das Jura-Examen gefallen war. »Mandela & Tambo« wird seit dem ersten Tag von Mandanten belagert, die geduldig bis in den Hausflur Schlange stehen und lange warten müssen, bis sie ihre Anliegen vorbringen können. In einem Land penibler Rassentrennung, dessen Regierung sich ständig neue Regeln ausdenkt, ist es für einen nicht-weißen Menschen fast unmöglich, *nicht* mit der Justiz in Berührung zu kommen, denn, wie Mandela täglich feststellt: »Es war ein Verbrechen, durch eine ›Nur-für-Weiße‹-Tür in Regierungsgebäude zu gehen, ein Verbrechen, in einem ›Nur-für-Weiße‹- Bus zu fahren, ein Verbrechen, einen ›Nur-für-Weiße‹-Trinkbrunnen zu benutzen, ein Verbrechen, an einem ›Nur-für-Weiße‹-Strand spazieren zu gehen, ein Verbrechen, kein Paßbuch bei sich zu haben, ein Verbrechen, in dem Buch die falsche Unterschrift zu haben, ein Verbrechen, arbeitslos zu sein, ein Verbrechen, nicht den richtigen Arbeitsplatz zu haben, ein Verbrechen, an bestimmten Orten zu leben, und ein Verbrechen, keinen Platz zum Leben zu haben.«[1]

Tambo und Mandela ergänzen sich als Partner ihrer Kanzlei perfekt. Tambo ist ruhig und nachdenklich, handelt erst nach sorgfältiger Überlegung und vergräbt sich bis in die Nacht in seine Akten. Mandela hingegen übernimmt mit großem Geschick den schillernden Part; für ihn ist der Gerichtssaal eine Bühne, die er mit seiner natürlichen Begabung für dramatische Auftritte beherrscht. Oft drängeln sich die Menschen auf der Zuschauerbank, wenn Mandela einen Mandanten in dem ihm eigenen Stil aggressiv und leidenschaftlich verteidigt. Nelsons Gegner beschimpfen ihn als hochnäsig, aber den Schwarzen flößt er Mut ein, wie einer seiner politischen Gefährten erstaunt beobachtet: »Er brauchte sich nur umzudrehen und aufzusehen, dann leuchtete es fast um ihn herum.«[2]

Einmal betritt er den Gerichtssaal durch eine Tür, die Weißen vorbehalten ist, woraufhin ihn ein junger, weißer Schreiber mit dunkler Hautfarbe anspricht: »Der ist nur für Weiße.« Die Antwort Mandelas lautet: »Was haben Sie dann hier zu suchen?«[3] Er lässt sich nicht mehr einschüchtern, egal ob weiße Zeugen sich weigern, einem »Kaffernanwalt« Fragen zu beantworten, oder ein penetranter Magistrat nach seinem Anwaltszertifikat fragt. Wenn es sein muss, bringt Mandela einen Fall bis zum obersten Gerichtshof. Bei vielen weißen Richtern genießt Mandela Respekt, denn er ist ein hervorragender Anwalt, der nicht nur Kreuzverhöre geschickt führen kann, sondern auch die Gesetze genauestens kennt. Wenn er aufs Land reist, um einen Mandanten vor dem dortigen Gericht zu verteidigen, strömen die Menschen zusammen und bestaunen ihn wie ein seltenes Tier.

Ende 1952 wählt der ANC auf seiner Jahreskonferenz den Zulu-Häuptling Albert Luthuli zum neuen Präsidenten. Luthuli ist ein Mann von besonderer Klugheit und Wärme, ein tiefgläubiger Christ, der sich viele Jahre im *Native's Representative Council* für die Rechte der Schwarzen eingesetzt hat. Die Regierung enthebt Luthuli der Häuptlingswürde, weil er sich weigert, aus dem ANC auszutreten. Sein erfolgloses Bemühen um Freiheit und Gleichberechtigung fasst Luthuli in einem berühmt gewordenen Satz zusammen: »Wer könnte leugnen, daß ich dreißig Jahre meines Lebens vergeblich, geduldig und bescheiden an eine verschlossene und verriegelte Tür geklopft habe?«[4]

Auch Mandela erhält ein neues Amt: Die Konferenz wählt ihn zum Präsidenten des ANC in der Provinz Transvaal. Er selbst ist gar nicht anwesend, denn wenige Tage zuvor hat die Regierung über ihn und 51 andere ANC-Führer den Bann ausgesprochen. Das bedeutet, sie dürfen sechs Monate lang keine politischen oder privaten Zusammenkünfte besuchen und ihren Distrikt nicht verlassen. Keiner der Gebannten darf mit mehr als einer Person gleichzeitig im Gespräch gesehen werden. Damit erreicht die Regierung gleich mehrere Ziele auf einmal: Sie isoliert ausgewählte Anführer, hält sie von Freunden und politischen Aktivitäten fern und beschränkt ihre Bewegungsfreiheit auf ein Mindestmaß.

Um sich trotz Bannung auf der Jahreskonferenz zu Wort melden zu können, lässt Mandela als neuer ANC-Präsident für Transvaal seine Ansprache verlesen. Darin skizziert er auch den »M-Plan«, ein nach ihm benanntes Konzept, das es dem ANC ermöglichen soll, eines Tages auch im Untergrund fortbestehen und agieren zu können. Mandela geht es aber weniger um die Details der Organisation als um die richtige Haltung und so heißt es in seiner Erklärung: »Wenn man euch nicht erlaubt, öffentliche Versammlungen abzuhalten, dann müßt ihr sie an eure Maschinen in der Fabrik und in die Busse und Bahnen auf dem Nachhauseweg verlegen. Ihr müßt sie in den Dörfern und Shantytowns abhalten. Jedes Haus, jede Baracke und jede Hütte, wo unser Volk lebt, muß zu einer Keimzelle der Gewerkschaftsbewegung werden, und davon dürft ihr euch *niemals* abbringen lassen.«[5]

Der M-Plan wird nicht konsequent umgesetzt, weil viele Führer seine Notwendigkeit nicht einsehen. Der ANC ist daher nicht gut vorbereitet, als er einige Jahre später tatsächlich zu einer illegalen Organisation erklärt wird.

Unter den *townships* rund um Johannesburg gibt es eines, das die schwarzen Afrikaner besonders lieben, weil es eine einzigartige Atmosphäre besitzt: Sophiatown. Ursprünglich war es als weißer Vorort angelegt, aber der Gestank der nahen Müllhalden vertrieb die Weißen schnell wieder und so mussten die Bauspekulanten ihre hübschen kleinen Häuschen widerstrebend an Schwarze verkaufen. Sophiatown ist somit der einzige Teil von Johannesburg, in dem Schwarze eigenen Grundbesitz erwerben können. Dies zieht Ärzte und Anwälte an, aber auch Künstler und Intellektuelle, Gangster und brave Bürger. Sophiatown ist für Schwarze das, was das *Rive Gauche* für die Pariser ist, ein Spielplatz der Boheme, ein Brennpunkt der Intellektuellen, Herz aller Freiheitsbewegungen. Und schließlich gibt es hier den einzigen Swimmingpool in Johannesburg, in dem schwarze Kinder baden dürfen. Doch auch in Sophiatown finden sich die gleichen armseligen *shanties*, die Hütten wie in allen *townships*. Überfüllung und mangelnde Versorgung ist der Standard, 40 Familien teilen sich einen Wasserhahn.

Als die Regierung in Pretoria 1953 beschließt, Sophiatown wieder zu einem weißen Gebiet zu erklären, bedeutet das die Zwangsumsiedelung von 60 000 größtenteils schwarzen Bewohnern. Es kommt zur zweiten großen Machtprobe zwischen ANC und Regierung seit der Missachtungskampagne. Praktischerweise ist gerade die Zeit der Bannung für einige ANC-Führer abgelaufen, auch Mandela ist wieder frei für die politische Arbeit. Aber nicht nur der ANC, auch die Kirche mischt sich diesmal mutig ein. Ihr wichtigster Vertreter ist der englische Mönch Pater Trevor Huddleston, Leiter der größten Gemeinde in Sophiatown und viele Jahre später Präsident der britischen Anti-Apartheid-Bewegung. Und noch ein anderer Kirchenmann wird den Kampf um Sophiatown als wegweisend für sein ganzes Leben empfinden: Der spätere Bischof Desmond Tutu geht in diesen Jahren hier zur Schule.

Jede Woche findet im Kino oder auf dem Freedom Square von Sophiatown eine Versammlung statt, in der die Redner zum passiven Widerstand aufrufen. »Wir gehen nicht weg!«, brüllen die aufgebrachten Menschen voller Zorn die Polizisten an, die am Rande der Veranstaltungen stehen, das Geschehen beobachten und ihre scharfen Schusswaffen auf die Menge richten. Es bräuchte nicht viel, um die Stimmung umschlagen zu lassen. Ein einziger Stein würde genügen. Oft kann der Unmut der Menschen nur durch das Anstimmen von Protestliedern aufgefangen werden.

Mandelas Rolle in diesem Kampf ist nicht immer glücklich und eines Abends begeht er einen schweren Fehler. Während er vor der Menge spricht, verspürt er einen unwiderstehlichen Zwang, die Menschen noch mehr gegen das Regime aufzubringen, die Hitze anzufachen, endlich, endlich den Aggressionen freien Lauf zu lassen. Und so ruft er, die Zeit des passiven Widerstandes sei vorbei, Gewaltlosigkeit eine zwecklose Strategie, die niemals zum Ziel, zum Sturz der weißen Minderheitsregierung, führen könne. Als Mandela zu allem Übel noch ein Lied anstimmt, in dem es heißt: »Dort stehen die Feinde, laßt uns unsere Waffen nehmen und sie angreifen«, und er dabei auf die Polizisten zeigt, wird es wirklich gefährlich. Glücklicherweise passiert nichts. Doch Mandelas Alleingang widerspricht zutiefst der friedlichen ANC-Strategie und hätte fatale Folgen haben können. Er muss eine strenge Rüge des Nationalen Exekutivkomitees dafür einstecken.

Noch öfter ist Mandela in diesen Jahren gezwungen, sich für voreilige Worte zu entschuldigen. Disziplin und Warten gehen ihm auf die Nerven. Im Rückblick sieht er den Grund für seine Ungeduld: »Ich war ein junger Mann, der versuchte, seine Ignoranz durch Militanz wettzumachen.«[6]

Heftig trifft es ihn, als er am 3. September 1953 erneut gebannt wird, diesmal sogar für zwei Jahre. Außerdem verlangt die Regierung, er solle aus dem ANC austreten. Nach zehn Jahren intensiver Arbeit für den ANC, einer Zeit, in der er sich mit Herz und Seele dem Freiheitskampf verschrieben hat, rückt er nun wieder an den Rand der Organisation. Widerstrebend gibt er sein Amt auf. Es würde ja nichts nützen, sich gegen die Gesetze zu stellen, um dann endgültig durch eine Gefängnisstrafe von der Bildfläche zu verschwinden.

Inzwischen versucht die Anwaltsvereinigung von Transvaal, die *Law Society*, Nelson Mandela wegen seiner politischen Aktivitäten von ihrer Liste akkreditierter Anwälte streichen zu lassen. Doch damit kommt sie nicht durch. Viele weiße Anwälte, darunter auch ein paar sehr berühmte aus burischen Familien, protestieren gegen den Ausschluss und bieten Mandela sogar an, ihn in dem Verfahren zu vertreten. Die berufliche Solidarität scheint auf einmal mehr zu wiegen als die Hautfarbe. Mandela gewinnt den Prozess, ein kleines Hoffnungszeichen in einer Zeit großer Enttäuschungen.

Denn die Menschen von Sophiatown verlieren nun endgültig ihre Heimat. Ein zäher, aber aussichtsloser Kampf geht zu Ende. Der ANC kann nur noch versuchen, das Schlimmste zu verhindern, und schickt 500 Jugendliche nach Hause, die sich in der Nacht vor der offiziellen Räumung versammelt haben, um Barrikaden zu errichten und gegen Regierungstruppen zu kämpfen.

Im Morgengrauen kommen zuerst die Laster, verladen Hausrat und Menschen und bringen sie nach Meadowlands, wo noch lange nicht alle neuen Unterkünfte fertig gestellt sind. Nach den Lastern kommen die Bulldozer und walzen das leere Sophiatown platt.

Rückblickend ist es leicht, die Fehler zu benennen, vor allem für diejenigen, findet Mandela, die Politik nur aus der Zeitung kennen und nie vor Ort und unter Druck Entscheidungen treffen mussten. Er selbst zieht eine Lehre, die nicht nur für sein Leben, sondern für die Entwicklung Südafrikas von großer Bedeutung sein wird. Es ist die »Einsicht, daß wir am Ende keine Alternative zum bewaffneten, gewaltsamen Widerstand hatten. Immer und immer wieder hatten wir all die gewaltlosen Waffen aus unserem Arsenal eingesetzt – Reden, Abordnungen, Drohungen, Märsche, Streiks, Demonstrationen, freiwillige Gefängnishaft –, alle ohne Erfolg, denn was auch immer wir unternahmen, prallte an einer eisernen Faust ab.«[7] Die Freiheitskämpfer müssen einsehen, dass es die Unterdrücker sind, welche die Waffen wählen. Ihnen bleibt kein anderer Weg, als Feuer mit Feuer zu bekämpfen.

Aber noch wollen die meisten Freiheitskämpfer unbedingt an ihrem Ideal der Gewaltlosigkeit festhalten und starten 1955 einen neuen Versuch, ihren Forderungen auf friedliche Weise Gehör zu verschaffen. Der ANC, die Kommunistische Partei, farbige und indische Freiheitsbewegung sowie die weißen Demokraten des *Congress of Democrats* (COD) berufen einen afrikanischen Volkskongress ein, in dem 200 Organisationen aller Nationen und Hautfarben vertreten sind. Jeder Bürger im Land ist dazu aufgerufen, seine Ideen und Wünsche für eine afrikanische Freiheits-Charta einzubringen. Der Kommunistenführer Joe Slovo erinnert sich: »Wir wurden von Zehntausenden Fetzen Papier überschwemmt: ein Durcheinander aus weichem Papier von einem Schreibblock, ausgerissene, mit Tintenflecken übersäte Seiten aus einem Schulheft, Stücke von Pappdeckeln, ungleichmäßige Stücke brauner und weißer Papiertüten, sogar Streifen nicht bedruckter Zeitungsränder.«[8] Die häufigste Forderung lautet: *One-Man-One-Vote* – gleiches Stimmrecht für alle.

Am 25. und 26. Juni 1955 treffen sich 3000 Delegierte des Afrikanischen Volkskongresses in Kliptown, südlich von Johannesburg. Misstrauische Polizisten knipsen wild ihre »Verbrecherfotos« und begreifen nicht, was hier vorgeht, warum plötzlich Weiße und Schwarze, Farbige und Inder einträchtig miteinander debattieren. Eine friedliche Menschenmenge vor Plakaten mit der Aufschrift: »Freiheit zu unseren Lebzeiten! Lang lebe der Kampf!«.

Zwei Tage lang stimmen die Delegierten über die Freiheits-Charta ab. Absatz für Absatz wird verlesen, diskutiert und mit dem Ruf »*Afrika! Mayibuye!*« bestätigt. Am Abend werden die aus dem ganzen Land angereisten Delegierten in private Unterkünfte verteilt. Als sich die Menge am Ende der Veranstaltung gerade auflösen will, stürmen die Polizisten das Podium, reißen das Mikrofon an sich und rufen, es bestehe Verdacht auf Hochverrat, niemand dürfe sich ohne polizeiliche Erlaubnis entfernen. Papiere werden beschlagnahmt, Fotografien, Akten, Flugblätter, sogar die Schilder vom Büffet mit der Aufschrift »Suppe mit Fleisch« und »Suppe ohne Fleisch«. Nelson Mandela, der sich wegen seines Bannes nur vorsichtig am Rande der Versammlung bewegt hatte, taucht während der Razzia schnell unter und flieht vor einer Verhaftung.

Das Ende des Volkskongresses geht im Chaos unter, aber die Freiheits-Charta wird im ganzen Land bekannt gemacht. In ihrer Präambel heißt es:

»Wir, das Volk von Südafrika, erklären vor dem ganzen Land und vor aller Welt:

daß Südafrika allen gehört, die darin leben, Schwarzen und Weißen, und daß wir die Autorität keiner Regierung anerkennen, die sich nicht auf den Willen des Volkes stützt;

daß unser Volk seines unveräußerlichen Rechts auf Land, Freiheit und Frieden durch eine Regierung beraubt wurde, die sich auf Ungerechtigkeit und Ungleichheit gründet; ...

daß nur ein demokratischer Staat, der auf dem Volkswillen beruht, das unveräußerliche Recht jedes einzelnen unabhängig von Hautfarbe, Rasse, Geschlecht oder Überzeugung sichern kann;

deshalb verabschieden wir, das Volk von Südafrika, Schwarze und Weiße, gemeinsam diese

FREIHEITSCHARTA als Gleiche, Landsleute und Brüder.«[9]

Die Freiheits-Charta fordert eine demokratische Regierung, das Wahlrecht für alle, die Möglichkeit für jeden Bürger, an der demokratischen Verwaltung des Landes mitzuwirken, die Gleichberechtigung in Schulen, vor Gerichten und allen staatlichen Einrichtungen. Ferner Gesetze zum Schutz gegen Rassismus und die Abschaffung aller Apartheidsgesetze.

Auch eine Umverteilung des Reichtums wird gefordert, dafür sollen Minen, Banken und Teile der Großindustrie verstaatlicht werden. Auf diese Passage gründet sich der Vorwurf, die Kommunisten hätten in der Charta deutliche Spuren hinterlassen. Mandela hält dem immer wieder entgegen, dass die Charta nicht die Beseitigung allen Privateigentums verlange, sondern sogar in Aussicht stelle, auch Schwarze könnten an dem System des Kapitalismus teilhaben.[10]

Ob kommunistisch oder nicht, die Freiheits-Charta ist ein revolutionäres Dokument. Denn weder Freiheit noch Gerechtigkeit oder Gleichberechtigung können erreicht werden, bevor das Apartheidsregime untergegangen ist. Die Regierung interpretiert das Schriftstück daher ganz richtig als einen Angriff. Noch bleibt es allerdings ein Angriff auf dem Papier.

Als Mandelas Bann Ende September 1955 endlich abgelaufen ist, möchte er so schnell wie möglich die wiedererlangte Freiheit auskosten und seine Familie in der Transkei besuchen. Auch will er für den ANC die politisch beunruhigenden Entwicklungen ausloten.

In Qunu ist die Wiedersehensfreude getrübt, als Mandela voller Entsetzen sieht, wie ärmlich seine Mutter als einfache Bauersfrau lebt. Ob sie nicht mit ihm nach Johannesburg ziehen wolle, fragt er. Aber sie kann sich nicht vorstellen, jemals die Transkei zu verlassen. Das muss er akzeptieren, denn auch er könnte sein Leben in Johannesburg nicht aufgeben. Sein Platz ist in der Freiheitsbewegung, er fühlt sich dazu verpflichtet, für das gesamte Volk der Unterdrückten zu kämpfen.

Diesen Standpunkt vertritt er auch gegenüber seinem Neffen und ehemaligen Studienfreund Kaizer Matanzima, der nun Mandelas politischer Gegner geworden ist. Als oberster Häuptling im westlichen Thembuland begrüßt Matanzima das neue Apartheidgesetz, den *Bantu Authorities Act*. Darin wird den Häuptlingen zwar auf regionaler Ebene mehr Macht eingeräumt, dafür unterstehen sie nun vollständig der Regierung in Pretoria. Die *Bungha*, ein Rat von Schwarzen und Weißen, der bis dahin auf die Regierung Einfluss hatte, soll nun aufgelöst werden. Nelson versucht, Matanzima davon zu überzeugen, dass der *Bantu Authorities Act* die alten Stammesrivalitäten verstärken und niemals zur Gleichberechtigung der Schwarzen führen werde. Aber Matanzima hat sich längst auf den Kurs der Kollaboration festgelegt. Auch bei anderen Häuptlingen, mit denen Mandela in Umtata spricht, stößt er auf Ablehnung und muss enttäuscht feststellen, wie wenig Anhänger der ANC hier gefunden hat.

Während einem Treffen in Mandelas Hotel erscheint plötzlich ein Sergeant und fordert ihn ohne Angabe von Gründen auf, mit aufs Revier zu kommen. Doch Mandela, entnervt und gereizt, weigert sich höflich, aber unmissverständlich. Die anwesenden Häuptlinge tadeln ihn für seine »Grobheit«, und obwohl er ihnen erklärt, dass er im Recht sei, schütteln sie die Köpfe über sein Verhalten. Warum will er nicht mit dem Polizisten mitgehen, um zu sehen, was vorliegt? Mandela verzichtet auf weitere Erklärungen. Ihm ist klar geworden, wie sehr er sich inzwischen verändert hat. In diese Welt passt er nicht mehr hinein.

Zurück in Johannesburg, eilt Mandela sofort zum ANC-Büro, um über seine Reise zu berichten. Er hat lange über die Meinungsverschiedenheiten in der Transkei nachgedacht und schlägt seinen Mitstreitern etwas Ungewöhnliches vor: Sollte der ANC nicht vielleicht doch die neuen Bantu-Behörden auf dem Land akzeptieren, um wenigstens mit den Menschen dort im Gespräch zu bleiben? Aber die anderen lehnen ab.

Große Wut entfacht der *Bantu Education Act* von 1953. Er stellt alle schwarzen Schulen unter die Kontrolle der Regierung, und zwar mit dem einzigen Ziel, die Bildung der Schwarzen zu verschlechtern, denn, so formuliert es der neue Minister für Eingeborenen-Angelegenheiten, Dr. Henrik Verwoerd, vor dem Parlament: »Die Rassenbeziehungen können sich nicht bessern, solange man den Eingeborenen die falsche Art von Erziehung angedeihen lässt ... Menschen, die an die Gleichheit glauben, sind keine wünschenswerten Lehrer für die Eingeborenen ... Für den Eingeborenen ist in der europäischen Gemeinschaft kein Platz oberhalb bestimmter Arten von Arbeit ... Wozu soll einem Bantu-Kind Mathematik gelehrt werden, wenn es das in der Praxis ohnehin nicht anwenden kann? Das ist doch absurd.«[11] Mit anderen Worten: Wer eine geringere Bildung genießt, hat auch geringere Erwartungen. Oder: Je »dümmer« die Eingeborenen sind, desto leichter sind sie zu regieren. In ihrer geradezu pervers anmutenden Genauigkeit führt die Regierung alle Arbeiten auf, die für Schwarze verboten sind, eine Liste, auf der zehn Jahre später noch 158 000 einzelne Jobs genannt sind.[12]

Unter der Regierung der Engländer und ihrer *United Party* war der Lehrplan für weiße und schwarze Schulkinder gleich; zwar gab es nie genug Schulen für Schwarze, wohl aber guten Unterricht. Doch schon damals gab der Staat für ein schwarzes Schulkind lediglich ein Sechstel von dem aus, was für ein weißes Schulkind aufgewendet wurde. Der Eingriff des *Ban-*

tu Education Act in die Zukunft ihrer Kinder ruft nun in den schwarzen Afrikanern einen enormen Hass hervor, denn die Erziehung zu einer minderwertigen Rolle in der Gesellschaft sei schlimmer als gar keine Bildung, finden viele Eltern.

Alle Missionsschulen sprechen sich gegen das neue System aus, mit einer Ausnahme, der *Dutch Reformed Church*, die ja für die religiöse Rechtfertigung der Apartheid zuständig ist. Dennoch unterstehen bald fast alle Schulen der Oberaufsicht Pretorias. Es ist der einzige Weg, die staatlichen Gelder nicht zu verlieren, ohne die man die Schulen ohnehin schließen müsste. Einzelne Einrichtungen, wie die anglikanischen Schulen unter der Leitung des Bischofs Ambrose Reeves in Johannesburg, werden aus Protest geschlossen, wodurch in diesem Fall 10 000 Schulkinder auf der Straße stehen.

Das Exekutivkomitee des ANC entscheidet sich für einen einwöchigen Boykott des neuen Schulsystems, der am 1. April 1954 beginnt. Doch auf der Jahreskonferenz des ANC, welche die höchste Autorität in der Partei besitzt, wird der Boykott auf unbegrenzte Zeit verlängert, eine unglückliche Entscheidung, die kaum durchzuhalten ist. Damit der Boykott überhaupt Sinn hat, muss den Schulkindern ein alternativer Unterricht geboten werden. Das ist auf die Schnelle kaum zu bewerkstelligen, vor allem seitdem Verwoerd angekündigt hatte, dass Kinder, die dem

Unterricht der Regierungsschulen fern blieben, später nicht mehr zugelassen würden. Die Eltern haben Angst, viele schwenken um und meinen nun doch, kein Unterricht sei noch schlimmer als ein schlechter. Insgesamt hat die Boykott-Aktion keinen Erfolg und muss bald aufgegeben werden. Niemand ahnt zu diesem Zeitpunkt, dass es 20 Jahre später zur schrecklichen Vergeltung kommen würde. Dann wird eine Generation vernachlässigter schwarzer Jugendlicher auf der Straße auftauchen, mit deren Zorn und Gewaltbereitschaft die Apartheidsregierung nicht gerechnet hat.

1956 kauft Mandela sich ein Stück Land in der Transkei. »Ich habe immer gedacht, ein Mann sollte in Sichtweite seines Geburtsortes ein Haus besitzen, wo er die Ruhe schöpfen kann, die er anderswo nicht findet.«[13] Aber von Ruhe ist noch lange nicht die Rede in seinem Leben. Er wird zum dritten Mal gebannt, diesmal für fünf Jahre. Eigentlich eine niederschmetternde Aussicht, aber Nelson Mandela hat inzwischen nur noch Verachtung für die Sanktionen des Apartheidregimes übrig. Er ist fest entschlossen, sich so wenig wie möglich einzuschränken und sich, nur, um der Verhaftung zu entgehen, im Hintergrund zu halten. Keine Sekunde denkt er daran, die politische Arbeit aufzugeben.

Hochverrat und Liebe

5. Dezember 1956. Die Beamten der Sicherheitspolizei kommen im Morgengrauen. Mit lautem Hämmern an der Tür reißen sie die Familie Mandela aus dem Schlaf. Nelson Mandela kann sich gerade noch anziehen, da stürmen die Polizisten schon ins Schlafzimmer und halten ihm einen Haftbefehl unter die Nase. Die Anklage lautet auf Hochverrat. Bevor sie ihn mitnehmen, untersuchen sie jeden Schrank, jede Schublade, durchwühlen das ganze Haus, während die Kinder verschreckt und stumm zuschauen. Vor den Augen der Kinder abgeführt zu werden, empfindet Mandela als besonders demütigend, auch wenn er davon überzeugt ist, unschuldig zu sein. Man bringt ihn ins Gefängnis Marshall Square, wo bereits viele Kampfgenossen sitzen.

In der Nachmittagsausgabe des *Star*, die einer von ihnen in die Gemeinschaftszelle geschmuggelt hat, lesen die Männer aufgebracht, dass die Regierung in der vergangenen Nacht 144 Menschen verhaftet hat, eine Großaktion, die offenbar schon lange geplant gewesen war. Die Zahl der Verhaftungen steigt in den nächsten Tagen auf 156. Darunter sind 105 Schwarze, 21 Inder, 23 Weiße und 7 Farbige. Walter Sisulu, Häuptling Luthuli, fast die gesamte Exekutive des ANC sitzt im Gefängnis, Gebannte und Nicht-Gebannte, auch

Frauen, wie Lilian Ngoyi, die Führerin der *ANC Women's League*, und die weiße Gewerkschafterin Helen Joseph.

Alle nicht-weißen Männer werden in ein Gefängnis verlegt, das unter dem Namen *The Fort* bekannt und gefürchtet ist. Dort müssen sie sich im Hof versammeln und nackt ausziehen. Über eine Stunde stehen sie dort, Priester, Anwälte, Ärzte, Arbeiter, Professoren und Geschäftsleute, Junge und Alte. Endlich kommt ein Arzt und fragt, ob jemand krank sei. Als sich niemand meldet, dürfen sie sich wieder anziehen. Man führt sie in zwei große Gemeinschaftszellen, jeder erhält eine Sisalmatte und drei dünne Wolldecken. In der Mitte der Zelle befindet sich ein stinkendes Loch, die Latrine.

Mandela entdeckt an diesem Tag einen neuen, hässlichen Charakterzug seines Landes: »Es heißt, daß man eine Nation erst dann wirklich kennt, wenn man in ihren Gefängnissen gewesen ist. Eine Nation sollte nicht danach beurteilt werden, wie sie ihre höchsten Bürger behandelt, sondern ihre niedrigsten – und Südafrika behandelte seine inhaftierten Bürger wie Tiere.«[1]

Die Untersuchungshaft hat auch eine positive Seite: Es treffen Freiheitskämpfer aufeinander, die unter normalen Umständen keinen Kontakt miteinander haben dürften, weil sie unter Bann stehen. Jetzt aber hat das Gefängnis eine der größten Zusammenkünfte von ANC-Aktivisten ermöglicht. Die Männer tauschen Erfahrungen aus, schmieden Pläne für die Zukunft und versuchen, die Zeit im Gefängnis sinnvoll zu nutzen.

Der Prozess findet wegen der großen Zahl der Beklagten nicht in einem Gericht statt, sondern in einem tristen Militärgebäude, der *Drill Hall* in Johannesburg. Eskortiert von unzähligen Armeefahrzeugen, werden die Angeklagten in versiegelten Polizeilastwagen dorthin gebracht. Vor dem Gebäude erwartet sie bereits eine aufgeregte Menschenmenge und blockiert die Zufahrt. Verwandte, Freunde und Gesinnungsgenossen der Häftlinge schreien und singen, rufen ihnen Durchhalteparolen zu und recken die Fäuste. Auch im Saal bricht sofort Tumult aus, als die Angeklagten hereinkommen. Sie grüßen nach Sitte des ANC mit erhobenen Daumen. Nelson scheint, so ein Beobachter, vor unterdrückter Wut zu beben.

Die Regierung trägt ihre Sache umständlich vor. Drei Tage lang dauert die Verlesung der umfassenden Anklageschrift, die doch im Wesentlichen nur eine einfache Aussage hat: Die Angeklagten hätten sich in der Missachtungskampagne, in dem Kampf um Sophiatown und beim Volkskongress des Hochverrats schuldig gemacht. Sie stünden im Verdacht, den gewaltsamen Sturz der Regierung vorzubereiten, um sie durch ein kommunistisches Regime zu ersetzen. Sollte die Staatsanwaltschaft damit durchkommen, gäbe es für den Richter keine Wahl, er müsste die Todesstrafe verhängen.

Am zweiten Untersuchungstag finden die Angeklagten eine Art Maschendrahtkäfig vor, den die Wachleute in aller Eile zusammengehämmert haben. Er soll die Angeklagten wegen ihrer verschiedenen Hautfarben von den Zuschauern, den Anwälten und Richtern und schließlich auch untereinander trennen. Die Verteidiger, eine eindrucksvolle Reihe hochrangiger weißer und schwarzer Anwälte, protestieren und drohen damit, den Gerichtssaal zu verlassen, wenn ihre Mandanten weiterhin wie »wilde Tiere« behandelt würden. Daraufhin wird der Käfig wieder abgebaut. Währenddessen kommt es vor der *Drill Hall* zu Handgreiflichkeiten, bei denen 20 Menschen verletzt werden. Das Gericht ordnet deshalb an, die Angeklagten bis zu ihrer Verurteilung oder Freisprechung auf freien Fuß zu setzen, gegen Kaution, versteht sich. Die Höhe der Kautionen spiegelt die Werteskala der Apartheids-Ideologie wieder: Weiße müssen 250 Pfund hinterlegen, Inder 100 Pfund, Afrikaner und Farbige jeweils ganze 25 Pfund.

Als Nelson Mandela aus dem Gefängnis nach Hause kommt, ist seine Frau mit den Kindern ausgezogen und lebt nun bei ihrem Bruder. Sie hat alles mitgenommen, selbst die Vorhänge. Mandela ist nicht wirklich überrascht. In den letzten Wochen hatte es schreckliche Streitereien gegeben und Evelyn hatte schließlich verlangt, Nelson solle zwischen ihr und dem ANC wählen. Hilflos hatten die Kinder dazwischengestanden. Nach der Trennung ihrer Eltern kann der fünfjährige Makgatho nur noch schwer einschlafen, und Thembi, der Älteste, verkriecht sich, unglücklich und einsam, in sich selbst. Seit der Vater für gemeinsame Ausflüge in die Boxhalle keine Zeit mehr hat, bleibt ihm nur eine sehnsuchtsvolle symbolische Geste: Er trägt die abgelegten Jacken Mandelas, die ihm bis zu den Knien reichen.

Der Hochverratsprozess geht erst nach einigen Wochen, am 9. Januar 1957, weiter. Jetzt hat die Verteidigung das Wort. Sie versucht nicht nur zu beweisen, dass kein Hochverrat vorliegt, sie will auch deutlich machen, dass es sich hier um einen politischen Prozess handelt, dass die Regierung Menschen verfolgt, die moralisch im Recht sind. Dann übernimmt die Anklage wieder und legt 12 000 Beweisstücke vor, Briefe, Pamphlete, teilweise kuriose Schriftstücke von der französischen Menschenrechtserklärung bis hin zu einem russischen Kochbuch. Auch die beim Volkskongress konfiszierten Schilder »Suppe mit Fleisch« und »Suppe ohne Fleisch« tauchen wieder auf.

Die ersten Zeugen der Anklage sind weiße und schwarze Polizisten. Sie lesen aus Notizen vor, die sie während verschiedener ANC-Veranstaltungen mitgeschrieben haben. Es ist leicht für die Verteidiger, die Aussagen als lückenhaft, falsch und größtenteils ohnehin sinnlos zu entlarven, denn die meisten der Polizeibeamten verstehen überhaupt kein Englisch und können daher kaum einen treffenden Eindruck von den Reden und Aufrufen gewinnen, die ausnahmslos auf Englisch gehalten werden.

Auch der Hauptankläger, Professor Andrew Murray von der Universität Kapstadt, der den ANC als kommunistisch unterwandert entlarven will, wird bald in die Enge getrieben. Im Kreuzverhör liest der Verteidiger aus mehreren Dokumenten vor, die Murray als kommunistisch oder nicht-kommunistisch bezeichnen soll, eine Aufgabe, die ihn völlig überfordert: Der Politologe stuft ohne Zögern die falschen Texte als kommunistisch ein, wie etwa Passagen aus Reden von Daniel Malan, Abraham Lincoln, Woodrow Wilson und sogar eine Erklärung von sich selbst aus den 30er Jahren – einer der peinlichen Höhepunkte des Prozesses.

Als die Voruntersuchung im September 1957 endlich abgeschlossen ist, werden 61 Angeklagte freigesprochen, aber die anderen müssen sich auf einen langwierigen Prozess gefasst machen. Neuer Hauptankläger ist Oswald Pirow, ein Mann, der sich offen zu den deutschen Nazis bekennt und Hitler als »größten Mann seines Zeitalters« bezeichnet.

Nelson Mandela spielt zwar für den ANC bereits eine wichtige Rolle, aber aus der Sicht der Journalisten und liberalen Weißen ist er kaum die zentrale Figur. Anthony Sampson, später Freund und Biograph Mandelas, beobachtet den Hochverratsprozess damals als Reporter für die liberale Zeitung *New Age*. Ihn beeindruckt Mandela wenig: »Seine hohe Gestalt, tadellos gekleidet mit Aktentasche, langsam und mit Bedacht sprechend, schien immer abseits von den anderen zu stehen. Er hatte noch etwas vom Stil eines stolzen Häuptlings an sich, der mit einer Menge wenig angesehener Städter zusammen aufgegriffen worden war.«[2] Auch Mandelas spätere Biographin Mary Benson nimmt ihn zur Zeit des Hochverratsprozesses als aalglatten jungen Mann »nicht sehr ernst«[3].

Nelson Mandela selbst durchlebt eine schwierige Zeit voller Selbstzweifel. Er ist jetzt 38 Jahre alt und sieht sich gefangen in einem unüberschaubar langen Prozess mit ungewissem Ausgang. Stunden und Stunden der Beweisaufnahme, Verhöre und Reden muss er über sich ergehen lassen und dafür die wichtigen Dinge, die Arbeit als Anwalt und Freiheitskämpfer, vernachlässigen. Er kann kaum noch Geld verdienen und seine Familie ist zerbrochen. Ein wenig Trost findet er in Affären. Ruth Mompati, Sekretärin aus der Kanzlei, ist einige Zeit an seiner Seite und auch Lilian Ngoyi, die sich ebenfalls noch im Hochverratsprozess verteidigen muss. Doch dann lernt Mandela eine junge, bildhübsche Frau kennen, die ihn mehr als alle Frauen zuvor anzieht.

Sie heißt Nomzamo Winnifred Madikizela und arbeitet als erste schwarze Sozialarbeiterin im Baragwanath Hospital, der größten Klinik für Schwarze in Johannesburg. Sie wartet gerade an einer Bushaltestelle, als Mandela im Auto vorbeifährt und am liebsten auf der Stelle angehalten hätte, um sie anzusprechen. Wie eine Fügung des Schicksals erscheint es ihm, dass er dieselbe junge Frau bald darauf in der Kanzlei wieder sieht: »Ich muß gestehen, daß ich … ihrem juristischen Problem wenig Aufmerksamkeit schenkte, denn ihre Gegenwart rührte tief in mir etwas an. Ich dachte vor allem daran, wie ich sie bitten konnte, mit mir auszugehen.«[4]

Winnie Madikizela wuchs in der Transkei auf, im Bezirk Bizana. Sie ist die Tochter von methodistischen Missionsschullehrern, die ihre neun Kinder mit Strenge und Schlägen einschüchterten. Winnie war ein starkes, wildes Kind, das am liebsten mit Jungen spielte und zu heftigen Aggressionen neigte. Als ihre Mutter starb, war Winnie neun Jahre alt und musste sich nun um ihre jüngeren Geschwister kümmern. Vielleicht ist sie dadurch etwas ruhiger geworden. Auf der Internatsschule machte sie einen viel versprechenden Eindruck und erlangte nach dem Abitur die Zulassung zur angesehenen Jan-Hofmeyr-Schule für Sozialarbeit in Johannesburg. Das barfüßige, wilde Mädchen vom

Land verwandelt sich hier in eine schicke Stadtschönheit, der die Männer entzückt hinterherstarren. Ihre Kommilitoninnen schätzen sie als hilfsbereite, fröhliche Freundin.

Das erste Rendezvous der 22-Jährigen mit dem 16 Jahre älteren Mandela geht ein bisschen daneben. Er führt sie in ein indisches Restaurant, wo ihr vom scharfen Essen die Tränen übers Gesicht laufen und sie lernen muss, was es heißt, mit einem prominenten Anwalt und Freiheitskämpfer auszugehen. Ständig drängeln sich Leute an ihren Tisch, die unbedingt Rat oder Hilfe brauchen. Selbst auf dem Weg zum Auto werden sie die Menschentraube nicht los. Schließlich fahren sie aus der Stadt heraus und spazieren über das offene *veld*. Hier gewinnt die erste Verabredung doch noch an Romantik. Nach ihrem ersten Kuss weiß Mandela, dass er sie heiraten will. Winnie Madikizela hingegen ahnt, dass ihr Leben von nun an eine ganz neue Richtung nehmen wird.

Die Momente der Zweisamkeit sind äußerst selten. Die junge Frau hat gar keine Gelegenheit, sich Illusionen über die Zukunft zu machen. Wenn Mandela Zeit hat, schickt er ihr ein Auto oder holt sie selbst ab, dann nimmt er sie mit zu politischen Treffen, zu seinen Kindern oder zum Training. »Er gab nicht einmal vor, daß ich ein ›Extra‹ seiner Zeit beanspruchen könnte … Man konnte ihn einfach nicht wegholen von den Menschen, die ihn brauchten, und schon gar nicht ... vom Freiheitskampf.«[5]

Winnie Madikizela glaubt zu wissen, worauf sie sich einlässt, als sie den Heiratsantrag des Freiheitskämpfers annimmt. Für Evelyn Mandela ist es ein Schock, als sie erfährt, dass ihr Mann sich von ihr scheiden lassen will. Sie hatte gehofft, wenigstens offiziell mit ihm verheiratet bleiben zu können. Auch die Kinder quält die Vorstellung, dass ihnen jemand den Vater wegnehmen könnte. Dennoch kann man Winnie Madikizela kaum den Vorwurf machen, sie habe eine Ehe zerstört, die nur noch auf dem Papier bestand.

Winnie und Nelson heiraten am 14. Juni 1958 bei Winnies Familie in Bizana, nachdem der Bräutigam auf Grund einer Sondergenehmigung für sechs Tage vom Bann und auch von der Anwesenheitspflicht vor Gericht entbunden wurde. Bei der Hochzeitsfeier warnt Vater Madikizela seine Tochter, sie heirate einen Mann, der bereits mit dem Kampf verheiratet sei. Doch wenn sie es nun einmal so haben wolle, sollte sie sich dazu entschließen, ihm überallhin zu folgen. »Wenn dein Mann ein Hexer ist, mußt du eine Hexe werden!«[6]

Die Zeit reicht nicht aus, um auch Mandelas Familie zu besuchen, wie es der Hochzeitsbrauch vorschreibt. Zurück in Orlando, feiert das Paar mit den Johannesburger Freunden und bewahrt sorgfältig ein Stück von der Hochzeitstorte auf, um es eines Tages mit Nelsons Familie zu teilen. Dass es dazu niemals kommen wird, ahnen sie nicht.

Mandela ist voller Optimismus: »Obwohl ich mitten in einem Hochverratsprozeß stand, gab Winnie mir Grund zur Hoffnung. Ich hatte das Gefühl, im Leben eine neue, eine zweite Chance zu haben. Meine Liebe zu ihr verlieh mir zusätzliche Kraft für zukünftige Kämpfe.«[7] Und Winnie selbst? Angesichts der eher trüben Lebensaussichten ist es bemerkenswert, wie positiv sie in die Zukunft blickt: »Angst hatte ich überhaupt nicht ... Wenn man mit Nelson zusammen war, wurde man so sehr Teil von ihm, daß man immer damit rechnete, alles, was ihm zustieß, könnte einem auch selbst zustoßen. Aber das war ganz unwichtig ... Er gab einem soviel Vertrauen, soviel Glauben und solchen Mut, daß alles hätte passieren können, und es wäre gleichgültig gewesen.«[8]

Das junge Paar fühlt sich wohl in Orlando, einer *township*, die mit anderen bald unter dem Namen South-Western-Townships, Soweto, zusammengelegt wird. Dort gibt es nicht nur Streichholzschachtel-Häuschen und Wellblechhütten, Slums und Armensiedlungen, sondern auch Luxusviertel mit großen Häusern und Doppelgaragen, vor denen Limousinen stehen. Das Haus der Mandelas, Orlando 8115, ist immer noch bescheiden, aber inzwischen haben sie Strom und heißes Wasser, ein Badezimmer und ein Telefon. Ein Teil des Wohnzimmers wurde als »Arbeitszimmer« abgetrennt. Dort stehen eine Couch und ein paar Stühle, so dass Mandela Besucher empfangen und sich ungestört mit ihnen unterhalten kann. Seine Frau lässt später noch zwei Zimmer anbauen, streicht das Haus neu und verwandelt das öde Grundstück in einen hübschen Garten. Ab und zu kommt die Polizei und durchsucht die Zimmer, meist in der Nacht. Mandela nimmt das eher gelassen hin, seine Frau dagegen leidet darunter.

Die Apartheid hat sich inzwischen durch zahlreiche Gesetze und Verfügungen in jedem erdenklichen Lebensbereich der Menschen breit gemacht: beim Arbeitsrecht und Wohnungsbau, in Krankenhäusern, im öffentlichen Transportwesen, bei der Erziehung, in Ehe und Sexualität. Die Menschen werden in öffentlichen Gebäuden, in Kinos, Theatern, Hotels und Restaurants nach ihrer Hautfarbe getrennt, ebenso in Bussen, Straßenbahnen und auf Flughäfen, an Stränden und auf Friedhöfen. Schilder mit der Aufschrift *Blanke* (Weiße) und *Nie-Blanke* prangen deutlich sichtbar an Parkbänken, Aufzügen, öffentlichen Toiletten, Taxis und Geschäften. Selbst die Kirchen schließen sich dem irrsinnigen Prinzip an.

Um die allerhöchste gerichtliche Instanz zu kontrollieren, verleiht die Regierung dem Parlament die Befugnisse eines hohen Gerichts, das über allen anderen Gerichten im Land steht, vor allem über jenen, an denen sich noch liberale Richter befinden. Als das Berufungsgericht diesen Vorgang für ungültig erklärt, wird es selbst kurzerhand aufgelöst und neu besetzt. Zusätzlich bläht die Regierung das Parlament mit eigenen Anhängern so weit auf, dass sie immer eine Mehrheit hinter sich hat, auch wenn es um Verfassungsänderungen geht. Unter diesen Bedingungen kann das Wahlrecht der Farbigen am Kap 1956 aufgehoben und der *Urban Areas Act* mit einem Zusatz versehen werden, der den Aufenthalt von Schwarzen in städtischen »weißen« Gebieten noch stärker als bisher einschränkt.

1956 wird der Passzwang auf Frauen ausgedehnt, da erhebt sich eine neue Welle des Protests. 20 000 Frauen marschieren zum Büro von Premierminister Hans Strijdom in den Union Buildings in Pretoria und skandieren: »Strijdom, du hast dich an die Frauen herangewagt. Jetzt beißt du auf Granit.«

Die Frauen protestieren jahrelang. In Port Elizabeth legen sie eine ganze Behörde lahm und verjagen sowohl die Beamten als auch die Frauen, die ihre Pässe abholen wollen. Hunderte werden verhaftet.

Im Oktober 1958, vier Monate nach ihrer Heirat, will Winnie Mandela an einem öffentlichen Protest vor dem Passamt in der City von Johannesburg teilnehmen. Ihr Mann schwankt zwischen Stolz und Sorge. Natürlich hat er versucht, Winnie zu politisieren, und er ist froh darüber, dass sie sich der ANC-Frauenliga in West-Orlando angeschlossen hat, aber er fürchtet, dass sie durch die Teilnahme am Protest womöglich ihren Job verlieren könnte, den Job, der sie schließlich beide ernährt – und das Kind, das sie erwartet. Weiß sie, was sie riskiert, was es bedeutet, wenn ihr Leben durch eine einzige derartige Demonstration aus dem geordneten Rahmen herausfällt?

Aber Winnie Mandela ist fest entschlossen, nicht die Rolle der braven Ehefrau zu spielen, sondern ein eigenes Profil zu entwickeln. »In der kurzen Zeit, die wir miteinander verbrachten, entdeckte ich nur allzubald, wie schnell ich meine eigene Identität dank seiner übermächtigen Persönlichkeit verlieren würde – man schrumpfte zu seinem bloßen Anhängsel, man besaß keinen Namen und keine Individualität neben Mandela … In seinem Ruhm gedeihen hieß, sich am besten in einen Kokon einspinnen, der einen vom gleißenden Licht der Öffentlichkeit abschirmen würde, oder das in Wahrheit längst erloschene Ego aufzublasen. Ich schwor mir, daß ich mich auf keines von beiden einlassen wollte.«[9]

Wie erwartet landen die Demonstrantinnen nach dem Protest im Gefängnis. Als Mandela seine Frau dort besucht, glaubt er, glücklichen Stolz in ihren Augen zu entdecken: »Es war, als habe sie mir ein großes Geschenk gemacht, von dem sie wußte, daß es mich erfreuen würde.«[10] Diese väterliche Bemerkung zeigt, dass die Mandelas noch keine wirklich gleichberechtigten Partner sind, aber es wird nicht lange dauern, bis Winnie Mandela sich als eine der unerschrockensten Frauen im ANC entpuppt. Es ist jetzt auch ihr Kampf und wird es immer bleiben.

Nicht in aller Augen gewinnt Mandela durch die neue Frau an seiner Seite, manche der Freunde halten sie für leichtgläubig und unbedacht. Aber selbst die Kritiker müssen zugeben, dass Nelson und Winnie ein attraktives Paar abgeben, sie so hübsch und strahlend, leidenschaftlich und temperamentvoll, er dagegen voller Würde und Autorität. Politik braucht immer auch ein wenig Show und die Mandelas setzen ihre Wirkung bewusst ein. Sie verkörpern für viele Menschen, deren düsterer Alltag von Armut und Elend geprägt ist, die Hoffnung auf eine bessere Zukunft.

Im Februar 1959 bringt Winnie Mandela ihr erstes Kind zur Welt, sie nennen es Zenani, was so viel heißt wie: »Was hast du in die Welt gebracht?« Winnie widersetzt sich erfolgreich den Ratschlägen ihrer Schwiegermutter, die gekommen ist, um ihr zu helfen, und die eine Xhosa-Taufe ausrichten will, bei der ein Stammesheiler dem Baby das traditionelle Kräuterbad verabreichen soll. Winnie schwört stattdessen auf Dr. Johnson's Babypuder und Olivenöl.

Als der Hochverratsprozess nun von Johannesburg in das etwa 100 Kilometer entfernte Pretoria verlegt wird, stehen die Angeklagten und die Verteidiger vor einem Problem, denn die größere Entfernung kostet Zeit und Geld. Mit dem Bus dauert die Fahrt zwei Stunden, sinnlos vertane Zeit, die man besser zum Arbeiten und Geldverdienen nutzen könnte. Mandela hat schon lange kein eigenes Auto mehr, aber er kann jeden Morgen bei Helen Joseph mitfahren. Die weiße Gewerkschaftssekretärin hat ihr Leben ebenso wie alle anderen neu organisiert: Nur während der Vertagungen des Gerichts kann sie ihre Arbeitszeiten einhalten, sonst muss sie in jeder Woche 36 Arbeitsstunden abends oder am Wochenende nachholen, um den Job nicht zu verlieren. Helen geht schon früh für einige Zeit ins Büro, dann holt sie den ebenfalls angeklagten Reporter Robert Resha ab, und an einer anderen Ecke wartet Mandela, der dafür von Orlando erst in die Stadt kommen muss. Das Gericht macht nachmittags um 16 Uhr Schluss und mit etwas Glück sind sie um 17 Uhr wieder in Johannesburg.

Helen Joseph, die ein Leben in Wohlstand und Sicherheit dem Kampf für die Freiheit aller Rassen in Südafrika opferte, hat ihre letzten Ersparnisse in ein kleines Auto gesteckt, das sie »Treason Trixie« nennt, nach *treason*, Verrat. Sie lernt Nelson Mandela auf den täglichen Fahrten zwischen Johannesburg und Pretoria gut kennen. »Vor Gericht war er Nelson Mandela, Führer des Afrikanischen Nationalkongresses, eine hochgewachsene, stolze und sehr eindrucksvolle Erscheinung … In unserem Auto war er jedoch einfach nur Nelson – Nelson, mit dem wir zusammen lachten und Pfirsiche aßen, die wir unterwegs am Straßenrand kauften. Auch sonst verband uns sehr viel: lange, politische Diskussionen, Kommentare über den Prozeß, den wir inzwischen schon als eine Lebensform akzeptiert hatten. Ich erinnere mich an keine Klagen, keine Beschwerden.«[11]

Am Abend treffen sich die Angeklagten oft in den illegalen *shebeens* oder bei dem einen oder anderen zu Hause. Joe Slovo und seine Frau Ruth First geben Partys, zu denen sie indische, schwarze, weiße und farbige Freiheitskämpfer einladen. Die bunte Gesellschaft trinkt, tanzt, diskutiert, als ob es keine Gefahr gäbe, dabei sind diese Treffen nach Apartheidgesetzen verboten. Auch die weißen Liberalen im Umkreis des Unternehmers Harry Oppenheimer kennen keine Farbschranken und suchen das Gespräch mit den Freiheitskämpfern. Bei einem gemeinsamen Essen bitten sie Häuptling Luthuli, von der Forderung der allgemeinen Wahlen abzurücken, denn das ginge ihnen zu weit. Der ANC-Chef und seine Mitstreiter lehnen höflich ab.

Oppenheimer spendet dennoch 40 000 Pfund für den *Treason Trial Defence Fund*, einen Fond, der die Familien der Anklagten unterstützt, die während des Prozesses nicht arbeiten und kein Geld verdienen können. Der Fond übernimmt Teile der Fahrtkosten und Anwaltsgebühren. Auch aus dem Ausland kommt finanzielle Hilfe, zum Beispiel von dem Sänger Sammy Davis Jr.

Die Riege der Verteidiger, die nun in der zum Gerichtssaal umfunktionierten alten Synagoge Pretorias plädiert, hat inzwischen zwei ausgezeichnete neue Mitglieder bekommen, Israel Maisels und Bram Fischer. Fischer gilt den ANC-Mitgliedern schon lange als Held, denn er ist ein waschechter Bure, Sohn eines Gerichtspräsidenten im Oranje Vrystaat. Er hat in Oxford Jura studiert und sich dann den Kommunisten angeschlossen. Für die Befreiungsbewegung der Schwarzen wird er einer der wichtigsten Anwälte, für Mandela ist er seit der Universität ein enger Freund.

Der Hochverratsprozess zieht sich weiter in die Länge. Nachdem eine neue Anklageschrift verfasst wurde, bleiben nur noch 30 Angeklagte übrig, alles Mitglieder des ANC. Die Verschleppungstaktik der Regierung ist offensichtlich und vom Justizminister ist der Ausspruch überliefert: »Dieser Prozeß wird fortgeführt werden, gleichgültig, wie viele Millionen Pfund er kostet. Was spielt es für eine Rolle, wie lange er dauert?«[12]

Der ANC ist deutlich geschwächt. Seine Führer sind gebannt oder im Hochverratsprozess angeklagt. Keiner ist mehr in der Lage, den »afrikanistischen« Flügel der Partei unter Kontrolle zu halten, also jene Mitglieder, welche die Zusammenarbeit mit Weißen,

Indern und Farbigen ablehnen und auch die Politik der Gewaltlosigkeit nicht mehr mittragen wollen.

Der ideologische Streit führt zur Abspaltung der Gruppe, die am 6. April 1959 den *Pan African Congress* (PAC) gründet. Der PAC versteht sich selbst als Vertretung der schwarzen Afrikaner, distanziert sich ausdrücklich von der pazifistischen, multirassischen Haltung des ANC, dem er vorwirft, von nicht-afrikanischen Kommunisten beherrscht zu werden. Erster Präsident des PAC ist Robert Sobukwe, Sprachdozent an der Universität von Witwatersrand, der – ebenso wie der erste Sekretär Potlako Leballo – früher der Jugendliga des ANC angehört hatte. Auch Gaur Radebe, Mandelas erster Mentor, schließt sich dem PAC an.

Mit dem Schlachtruf »Afrika den Afrikanern!« kann der PAC schnell eine große Anhängerschaft hinter sich bringen. Weiße und Inder hätten demnach keinen natürlichen Platz in Südafrika und sollten aus dem Land vertrieben werden. Nelson Mandela hält das Programm des PAC für unreif, nicht zuletzt vielleicht auch deshalb, weil es teilweise dem entspricht, was er selbst als junger Mann vertreten hat. Unausgereift ist aber auf jeden Fall das Versprechen des PAC, bis 1963 die Befreiung Südafrikas von der weißen Herrschaft erreichen zu wollen.

Typischerweise führt der ausgesprochen anti-kommunistische Ton des PAC dazu, dass er von der westlichen Presse besonders freundlich betrachtet wird. Sogar die *National Party* liebäugelt mit einem Bündnis, weil sie im PAC einen potentiellen Partner gegen Multirassismus und Kommunismus sieht. Wenn der PAC den Mitgliedern des ANC vorwirft, auf Partys mit weißen Frauen zu tanzen, ist das ein Ton, den man in der Burenpartei gut versteht. Das Verhältnis zwischen ANC und PAC ist also von Beginn an durch Rivalität gekennzeichnet, wie Nelson Mandela sich erinnert: »Obwohl wir jeden willkommen hießen, der durch den PAC dem Kampf zugeführt wurde, beschränkte sich die Rolle der Organisation fast ausschließlich auf die eines Quertreibers. Sie spaltete das Volk in einem kritischen Moment, und das war schwer zu vergessen.«[13] Mandela hofft dennoch darauf, dass beide Organisationen bald zusammenarbeiten werden, weil sie so viel verbindet. Aber darin sollte er sich täuschen.

Die Regierung macht jetzt Ernst mit ihrer Idee der *Grand Apartheid*, der Großen Apartheid. Sie treibt die Rassentrennung 1959 einen großen Schritt voran. Acht *homelands*, auch *Bantustans* genannt, werden gegründet, in denen 70 Prozent der Bevölkerung auf 13 Prozent des Bodens beschränkt werden, grob getrennt nach Stammeszugehörigkeit. Vier *homelands* – Transkei, Ciskei, Venda und Bophuthatswana – gelten in Pretoria fortan als autonome Staaten, die anderen als selbst verwaltete Reservate. Jeder Schwarze ist automatisch Bürger eines *homelands* und genießt dort – und nur dort – Bürgerrechte und Sozialleistungen, die von der jeweiligen *homeland*-Regierung erbracht werden müssen. In den Gebieten der Weißen ist der Schwarze ab sofort ein Ausländer, ein Gastarbeiter. Er muss sich jederzeit und überall außerhalb des *homelands* ausweisen können und darf nur bestimmte Grenzstellen passieren, die in seinem Pass vermerkt sind. Wer ohne Ausweis aufgegriffen wird, kann auf gewisse Zeit an einen burischen Farmer verliehen werden.

Hendrik Verwoerd, seit dem Tod von Hans Strijdom im Jahr 1958 neuer Premierminister, bezeichnet sich selbst voller Stolz als »Architekt der Grand Apartheid«. Er spricht von »blühenden schwarzen *homelands*«, die friedlich neben wohlhabenden weißen Territorien gedeihen könnten. Dahinter steht vor allem der Gedanke, die schwarze Bevölkerung von den Errungenschaften der weißen Gesellschaften fern zu halten, seien sie administrativer, politischer, kultureller oder technischer Natur. Diesem Zweck dient ja bereits das *Bantu Education System*, das Schwarze auf einem niedrigen Bildungsniveau hält. Und die Universitäten sind schon 1957 nach Schwarz und Weiß getrennt worden.

Aber die Schwarzen sind nicht dankbar für ihre *homelands*, wie Verwoerd es absurderweise erwartet hat. Zwei Drittel von ihnen leben bereits in weißen Gebieten, sei es als Industriearbeiter oder als Personal in den Hinterhäusern der großen Villen. Diese Menschen wollen nicht einfach ausgebürgert werden. Die *homelands* sind außerdem zu klein, ihre Böden weitgehend unfruchtbar und ihre Pseudo-Selbstverwaltungen nichts anderes als von Pretoria abhängige Marionettenregime. Es kommt zum Aufruhr: In Zeerust und Sekhukhuneland regt sich Widerstand, in Ost-Pondoland ermorden aufgebrachte Gegner der *Grand Apartheid* Regierungsbeamte. Daraufhin werden Demonstranten verhaftet, deportiert, geschlagen, gefoltert und getötet.

Der ANC plant für den 31. März 1960 einen landesweiten Protest gegen die Passgesetze, der in einer öffentlichen Passverbrennung gipfeln soll. Um den ANC zu übertrumpfen, kündigt der PAC für den 21. März eine eigene Demonstration an. In Langa, einer *township* nahe Kapstadt, bringt der Aufruf des PAC immerhin 30 000 Menschen auf die Beine. Mit Schlagstöcken versucht die Polizei die Menge zu vertreiben, zwei Menschen sterben in den Auseinandersetzungen. Etwa 10 000 Menschen versammeln sich in der *township* Sharpville, südlich von Johannesburg. Die friedlichen Demonstranten stehen unbewaffnet vor der Polizeistation, die mit 75 Mann besetzt ist. Nur ein Zaun trennt die Polizisten von der Menschenmenge.

Die Stimmung ist gespannt, obwohl es keine Anzeichen für Gewalt gibt. Plötzlich verlieren die Polizisten die Nerven und eröffnen das Feuer. Voller Panik rennen die Menschen um ihr Leben. Die Polizisten schießen weiter, sie schießen von hinten auf fliehende Männer, Frauen und Kinder. 69 schwarze Menschen sterben in dem Massaker, über 400 werden verletzt. Am nächsten Tag gehen die Pressefotos um die Welt und entlarven die »Fratze der Apartheid«[14].

Die Ereignisse in Sharpville führen zu nationalen Unruhen und einer Regierungskrise. Der ANC erklärt seine Solidarität mit den Opfern. Für den 28. März kündigt er einen nationalen Tag der Trauer an und fordert die Menschen auf, zu Hause zu bleiben. Hunderttausende folgen dem Aufruf. Zum ersten Mal äußert das amerikanische Außenministerium Kritik an der südafrikanischen Regierung und macht sie allein für das Massaker verantwortlich. Das Apartheidsregime aber schiebt die Verantwortung auf eine kommunistische Verschwörung und bleibt auf hartem Kurs. Es verhängt den Ausnahmezustand und setzt das Kriegsrecht in Kraft. Über 2000 Menschen aller Rassen und Anti-Apartheids-Gruppen werden ohne Anhörung verhaftet, auch Mandela und viele seiner Mitangeklagten im Hochverratsprozess gehören dazu. Am 8. April erklärt die Regierung den ANC und den PAC zu illegalen Organisationen. Wer Mitglied ist, wird mit Gefängnis oder Geldstrafe belegt. Oliver

Tambo geht ins Ausland, um ein ANC-Büro in Ghana aufzubauen. Er wird erst 30 Jahre später zurückkehren können.

Am 9. April 1960 schießt ein weißer Farmer Premierminister Hendrik Verwoerd nieder, und für einen Atemzug der Geschichte sieht es so aus, als ob die südafrikanische Welt sich jetzt doch noch wandeln könnte: Minister Paul Sauer hält vor dem Parlament eine Rede, in der er ankündigt, dass nun eine neue Seite im südafrikanischen Geschichtsbuch aufgeschlagen werden würde, die Rassenbeziehungen müssten überdacht werden, ehrlich und ernsthaft. Aber dann erholt sich Hendrik Verwoerd und regiert das Land härter als je zuvor.

Mandela sitzt nun in einem Gefängnis in Pretoria, wo die Haftbedingungen entwürdigend sind. Die Schlafdecken wimmeln von Ungeziefer und stinken nach Blut und Erbrochenem. Fünf Häftlinge teilen sich eine Zelle von 2,70 mal 2,10 Meter mit einer trüben Lichtquelle und einem Toiletteneimer in der Mitte. Unermüdlich protestieren die Gefangenen gegen diese Bedingungen, und wenn sie auch voller Verachtung behandelt werden, erreichen sie doch, dass die Zellen frisch gestrichen, Schlafdecken und Toiletteneimer erneuert werden. Diejenigen, die sich im Hochverratsprozess verteidigen müssen, dürfen eine eigene Zelle für ihre Beratungen mit den Anwälten nutzen, wo sie auch ihre juristischen Bücher aufbewahren. In den nächsten Wochen werden diese Angeklagten morgens zum Prozess gehen, nachmittags ins Gefängnis.

Die Haftbedingungen der Frauen sind nicht viel besser. Hier sitzen zwar alle im selben Gefängnis, aber sie werden nach Hautfarben verschieden behandelt, wie Lilian Ngoyi verbittert zu ihrer Freundin Helen Joseph sagt: »Du bist immer besser dran mit deiner rosa Haut!«[15] Helen teilt ihre Zelle mit Ruth First, sie haben jede ein Bett, es gibt Stühle und sogar einen Schrank. Als sie einen Blick auf ihre schwarzen Freundinnen erhaschen, sehen sie bedrückt, dass diese in winzigen, dunklen Löchern auf dem Steinfußboden sitzen und nur eine Matte zum Schlafen bekommen haben.

Im Gefängnis ist die Vorbereitung auf Verhöre und Aussagen extrem schwierig. Kontakte zwischen Angeklagten verschiedener Hautfarben oder Geschlechter sind streng verboten. Nach langen Verhandlungen mit der Gefängnisleitung setzen die Häftlinge aber ein paar Zugeständnisse durch. Nelson Mandela etwa darf für bestimmte Zeiten seine Zelle verlassen und Helen Joseph im Gefängnis aufsuchen, um sie vor ihrer Aussage im Prozess juristisch zu beraten. Mandela erinnert sich daran, wie freundlich und interessiert die weißen Gefängniswärterinnen bei seinen Besuchen wirkten: »Einmal, während eines langen Gesprächs mit Helen, wandte ich mich an die Wärterin, deren

Aufgabe es war, unserer Besprechung beizuwohnen: ›Tut mir leid, Sie mit dieser endlosen Konsultation zu langweilen.‹ – ›Nein‹, sagte sie, ›Sie langweilen mich überhaupt nicht, ich genieße es.‹ Ich konnte sehen, daß sie unser Gespräch verfolgte, und ein- oder zweimal machte sie sogar kleine Vorschläge.«[16] In solchen Momenten wird Mandela immer wieder klar, warum die *National Party* die Apartheid so fanatisch verfolgt: Würde man die Menschen miteinander reden lassen, ihnen die Möglichkeit geben, die Anliegen und Probleme des anderen zu verstehen, dann wäre eine ganz andere Gesellschaft denkbar, dann gäbe es viel mehr Solidarität mit den Armen und Unterdrückten. Aber genau das will die Regierung verhindern.

Als der Ausnahmezustand im August 1960 nach fünf Monaten wieder aufgehoben wird, dürfen die Angeklagten das Gefängnis verlassen und beginnen wieder mit ihren täglichen Fahrten von Johannesburg nach Pretoria zum Hochverratsprozess. Nun ist Nelson Mandelas Aussage an der Reihe. Er legt die ANC-Politik dar: die Strategie des ökonomischen Drucks durch *stay-at-homes*, das Bekenntnis zur Gewaltfreiheit, die Vision von Demokratie und der Beteiligung aller Rassen an einer Regierung und schließlich die Klärung des pragmatischen Verhältnisses des ANC zum Kommunismus. Sein Anwalt, der begabte Stephen Kentridge, der später in Südafrika und Großbritannien eine glänzende Karriere machen wird, ist voller Bewunderung für seinen Mandanten: »Damals erkannte ich zum ersten Mal, daß er ein geborener Führer von Menschen war. Er war bestimmt, höflich, stützte sich immer auf sein Denken und seine Vernunft. Sein wahrer politischer Intellekt kam bei seinen Antworten auf Fragen zum Vorschein.«[17]

Mandela löst die Kanzlei auf, denn alleine kann er sie nicht weiterführen. Doch arbeitet er weiter als Anwalt und nutzt dazu häufig das Büro seines Freundes, des indischen Freiheitskämpfers Achmed Kathadra. Zwischen der Vorbereitung auf den neuen Prozesstag, Mandantengesprächen und Aktenstudium bleibt wie immer kaum Zeit für seine junge Familie. Als Winnie ihre zweite Tochter zur Welt bringt, ist er nicht da. Sie bekommt den Namen Zindziswa, »Du bist wohlgelungen«.

Mandelas Bann läuft aus und zum ersten Mal nach fünf Jahren darf er Johannesburg offiziell verlassen. Er fährt nach Pietermaritzburg, zur so genannten *All-in-conference*, einem Treffen von 1400 Delegierten, die 150 verschiedenen schwarzen Organisationen angehören. Alle sind alarmiert von der Nachricht, die Regierung werde Südafrika am 31. Mai zur Republik erklären und den Commonwealth verlassen. Mandela wird als Hauptredner begeistert von der Menschenmenge empfangen und er ruft ihnen zu: »Wir fordern, daß die südafrikanische Regierung ... eine Nationalversammlung aus gewählten und gleichberechtigten Vertretern aller erwachsenen Männer und Frauen unabhängig von Rasse, Hautfarbe, Überzeugung oder anderer Einschränkungen einberuft; daß diese Versammlung bevollmächtigt ist, durch Mehrheitsentscheid eine neue, nicht-rassische demokratische Verfassung für Südafrika auszuarbeiten.«[18] Die Delegierten bestehen auf Gesprächen mit der Regierung, Mandela verfasst einen offiziellen Brief an den Premierminister, aber die einzige Antwort sind neue Razzien, Bannungen und Verhaftungen.

Endlich setzt die Urteilsverkündung dem Hochverratsprozess nach fünf Jahren ein Ende. Am 29. März 1961 drängt sich eine große Menge vor der alten Synagoge in Pretoria. Verwandte der Angeklagten, Presseleute und hunderte von ANC-Anhängern versuchen hineinzukommen, rasch sind die Zuschauergalerie und die Pressebank voll besetzt. Der Gerichtsdiener bittet um Ruhe und plötzlich ist es ganz still. Richter Franz Rumpff, der den inzwischen verstorbenen Oswald Pirow abgelöst hat, führt aus, der ANC habe durchaus darauf hingearbeitet, die Regierung durch eine völlig andere Staatsform zu ersetzen. Er habe sich mit der Missachtungskampagne ungesetzlicher Mittel bedient, Reden geduldet, die sich für Gewalt aussprechen, und linke Tendenzen in den eigenen Reihen toleriert. Dennoch reiche das dem Gericht vorliegende

Material nicht aus, zu beweisen, dass der ANC seine Mitglieder zu Gewaltakten gegen den Staat aufgerufen oder den gewaltsamen Sturz der Regierung geplant habe.

Dann spricht der Richter die erlösenden Worte: »Damit werden die Angeklagten für nicht schuldig befunden und freigesprochen.«[19]

Die Zuschauer springen von ihren Bänken auf, jubelnd werfen sie die Hüte in die Luft, singen, lachen und weinen vor Freude. Menschen fallen sich in die Arme, die Freigesprochenen heben ihre Verteidiger auf die Schultern und drängen nach draußen. Winnie schmiegt sich glücklich an Nelson und zusammen singen sie »*Nkosi Sikelel' iAfrika!*« – Gott segne Afrika.

Dieses Urteil zeigt, dass es auch im rassistischen Südafrika vorurteilsfreie, unabhängige Richter gibt, die noch an rechtsstaatliche Prinzipien glauben. Der Apartheidstaat hat eine Niederlage erlitten, die er nicht vergessen wird. In Zukunft wird er seine Richter besser auswählen.

Der Freispruch gewährt Mandela nur eine kurze Atempause. Jeder weiß, dass die Polizei ihn in Zukunft nicht mehr aus den Augen lassen wird. Auf einem Geheimtreffen der ANC-Führung ist daher schon vor Wochen entschieden worden, dass er im Falle eines Freispruchs in den Untergrund gehen würde: »Ich wußte, daß ich es tun mußte. Es würde ein gefährliches Leben sein, und es würde mich fernhalten von meiner Familie, doch wenn einem Menschen verweigert wird, das Leben zu leben, an das er glaubt, so bleibt ihm keine Wahl, als ein Gesetzloser zu werden.«[20]

Ich wurde ein Wesen der Nacht

Am Abend nach der Urteilsverkündung verabschiedet Mandela sich von seiner Frau und taucht sofort unter. Seine Verstecke, leer stehende Wohnungen und Häuser, sind jeweils nur einem oder zwei Verbindungsleuten bekannt. Häufig wechselt er seinen Aufenthaltsort, bleibt am Tag meistens im Unterschlupf verborgen und wagt sich erst in der Dunkelheit hervor. Wenn er unter Menschen ist, versucht er sich unsichtbar zu machen, hält sich krumm, spricht leise, versteckt sich hinter einem Bart und der Verkleidung eines Gärtners oder im blauen Overall eines Landarbeiters. Mit Nickelbrille, Chauffeursmütze und Auto kann er sogar ab und zu von Johannesburg fort. Er gibt dann vor, er müsse seinen *Baas* irgendwo abholen.

»Das Leben im Untergrund erfordert ein seismisches psychologisches Gespür«, schreibt er später, »man muß jede Handlung planen, so geringfügig und scheinbar unbedeutend sie auch sei. Nichts ist harmlos. Alles ist fraglich. Du kannst nicht du selbst sein; du mußt voll verkörpern, was immer die von dir angenommene Rolle vorschreibt. In mancher Hinsicht erfordert dies für einen Schwarzen in Südafrika keine große Anpassung. Unter der Apartheid lebt der Schwarze ein schattenhaftes Leben zwischen Legalität und Illegalität, zwischen Offenheit und Tarnung. In Südafrika ein Schwarzer zu sein bedeutet, allem zu mißtrauen, und das ist nicht viel anders, als sein gesamtes Leben im Untergrund zu verbringen.«[1] Die Einsamkeit macht ihm nichts aus, in der ersten Zeit genießt er sogar, in Ruhe nachdenken und planen zu können. Nur Frau und Kinder fehlen ihm sehr.

Seine erste Aufgabe als Untergrundkämpfer ist es, die Presse über den geplanten Streik vom 29. Mai 1961 zu informieren. Heimlich besucht er die Redaktionen der *Rand Daily Mail*, der *Evening Post* und in Kapstadt der *Cape Times*. Er will sie dazu bringen, eine Nachricht über den geplanten *stay-at-home* zu drucken und ihre Vorstellungen von der kommunistischen Unterwanderung des ANC zu korrigieren. Victor Norton von der *Cape Times* ist von Mandelas Auftreten beeindruckt und bedauert, dass die wenigsten weißen Südafrikaner wissen, von welchem Format die schwarzen Führer sind, mit denen sie es eines Tages zu tun haben werden.

Auch wenn sich im Volk die Rufe nach Gewalt mehren, hält der ANC an seinem Entschluss fest, den Kampf gegen die weiße Vorherrschaft gewaltfrei zu führen. Mit dieser Überzeugung kann Mandela die Unterstützung vieler weißer Redakteure von englischsprachigen Zeitungen gewinnen. Sie berichten über die geplante Kampagne und veröffentlichen erstmals eine Kurzbiographie und ein Foto von Mandela. Aber kurz vor dem 29. Mai stellt die Presse auf Druck der Regierung ihre mutige Berichterstattung wieder ein. Ein neues Gesetz, im Eilverfahren vom Parlament verabschiedet, ermächtigt die Polizei, jeden Verdächtigen zwölf Tage in Untersuchungshaft zu behalten, ohne dass eine Kaution hinterlegt werden kann. Für die nächsten Wochen werden alle politischen Zusammenkünfte verboten, die Urlaube der Polizisten und Militärs gestrichen: Die Regierung von Südafrika demonstriert ihre Schlagkraft, indem sie ihr größtes militärisches Aufgebot in Friedenszeiten zusammenzieht. Die Presse gibt nach und fordert die Menschen auf, am 29. Mai doch zur Arbeit zu gehen.

Am Morgen des großen Tages kreisen Hubschrauber über den *townships*, Panzer fahren Patrouille, es kommt zu Massenverhaftungen. Die Zeitungen melden wider besseres Wissen, es habe keinen nennenswerten Streik gegeben, denn die ganze Aktion sei abgeblasen worden. Manche Journalisten entschuldigen sich später dafür, als Mandela sie empört anruft. Denn in Wirklichkeit war die Zahl der Streikenden sehr hoch: In Johannesburg blieb die Hälfte der Arbeiter zu Hause, in Port Elizabeth waren es sogar noch mehr.

Ungeachtet dessen vollzieht sich die Verwandlung Südafrikas in eine vom Commonwealth unabhängige Republik am 31. Mai 1961 ohne die geringste Beteiligung der nicht-weißen Bevölkerung. Das englische

Pfund wird von der neuen Währung, dem südafrikanischen Rand, abgelöst.

Die massive Einschüchterungspolitik der südafrikanischen Regierung bringt Mandela endgültig zu der Einsicht, dass dieser Staat mit friedlichen Mitteln nicht erfolgreich zu bekämpfen ist. In seinem ersten Fernsehinterview, heimlich im Privathaus eines Freundes für das englische Fernsehen aufgenommen, sagt er: »Wenn die Reaktion der Regierung darin besteht, mit nackter Gewalt unseren gewaltlosen Kampf zu zermalmen, so werden wir unsere Taktik zu überdenken haben. Nach meiner Vorstellung schließen wir ein Kapitel über die Frage einer gewaltlosen Politik ab.«[2]

Für diese Worte muss er wieder eine Rüge vom Exekutivkomitee einstecken, aber diesmal schert er sich nicht viel darum. Manchmal, so denkt er, ist es eben nötig, als Einzelner vorzupreschen, um die träge Mannschaft hinter sich in Bewegung zu bringen. Bei der nächsten Besprechung des Exekutivkomitees trägt er seine Ideen voller Elan vor: Eine illegale Organisation wie der ANC könne es sich nicht leisten, auf »Lehrbuchbedingungen« zu warten, bevor sie mit der Revolution beginne. Außerdem könne man die Leute nicht daran hindern, parteiunabhängige militärische Einheiten zu bilden, und wer sollte diese dann noch kontrollieren?

In der Tat haben einzelne Gruppierungen des südafrikanischen Volkes damit angefangen, den gewaltsamen Widerstand auf eigene Faust zu organisieren. Der PAC gründete in der Kap-Provinz eine Truppe mit Namen *Poqo*, die als Vergeltungsmaßnahme Weiße töten soll. Weiße Liberale schufen das *African Resistance Movement*, ARM, das zum Ziel hat, Gebäude in die Luft zu jagen. Auch die SACP, die verbotene Kommunistische Partei, gründete paramilitärische Einheiten, die sich durch das Zerstören von Stromleitungen hervortun. In Pondoland haben die Bauern eine Kämpfertruppe aufgestellt und einen verzweifelten Guerillakrieg begonnen. Mandela dringt auf seine Gefährten ein: Wenn die Gewalt ohnehin schon ihren Anfang genommen hat, wäre es dann nicht besser, der ANC würde versuchen, sie selbst in den Griff zu bekommen, um sie zum Beispiel auf Symbole zu lenken statt auf Menschen? Wenn der ANC jetzt nicht handle und sich an die Spitze der neuen Bewegung setze, könne er bald nur noch einem schrecklichen Bürgerkrieg zuschauen.

Häuptling Luthuli, der Präsident des ANC, ist wie erwartet gegen jede Gewalt, aber schließlich sieht auch er ein, dass die Situation neue Mittel erfordert. Es kommt zu einer folgenreichen Konsultation: Die Führungen der schwarzen, farbigen und indischen Freiheitsbewegungen, der Kommunisten, Gewerkschaften und der Demokraten debattieren viele Stunden über den neuen Kurs, den der ANC vorschlägt. Nach hitzigen Wortgefechten, Vorwürfen, Erklärun-

Nelson Mandela mit 19 Jahren, Student am College Healdtown

Die Regierung beschließt 1953, die schwarze *township* Sophiatown zu einem weißen Gebiet zu erklären und damit 60 000 Menschen zum Umzug zu zwingen.

Nelson Mandela spricht den Frauen Mut zu, die sich zu einem Protestmarsch gegen die Passgesetze in Pretoria zusammengefunden haben.

Nelson Mandela mit seiner zweiten Ehefrau Nomzamo Winnifred (Winnie) Madikizela am Tag ihrer Hochzeit, 14. Juni 1958

Die Angeklagten des Hochverratsprozesses (1956–1961) treffen vor dem Gericht ein. Erst nach fünf Jahren werden die letzten von ihnen freigesprochen.

Addis Abbeba 1962: Nelson Mandela und Oliver Tambo werben auf einer internationalen Konferenz für die Ziele des ANC.

Nelson Mandelas Mutter hat ihren zu lebenslanger Haft verurteilten Sohn nur einmal, 1968, im Gefängnis auf Robben Island besuchen können. Sie stirbt wenige Wochen später.

Zwangsarbeit auf Robben Island. Die politischen Rivonia-Häftlinge müssen in den ersten Jahren stundenlang Steine klopfen.

1976 brechen die Aufstände der schwarzen Schulkinder aus. Die Polizei geht mit brutaler Gewalt dagegen vor. Dabei wird der 13-jährige Hector Petersen erschossen.

Nach seiner Freilassung muss Nelson Mandela mit Frederik Willem de Klerk zusammenarbeiten, die Beziehung der beiden bleibt jedoch immer äußerst gespannt ...

... denn wie Mandela ganz richtig vermutet, werden die gewalttätigen Ausschreitungen der Inkatha-Anhänger, hier in der *township* Boipatong 1992, von Regierungstruppen im Geheimen unterstützt.

Nelson Mandela mit Erzbischof Desmond Mpilo Tutu, dem ersten schwarzen Oberhaupt der anglikanischen Kirche in Südafrika, der 1984 für seinen gewaltlosen Einsatz gegen das Apartheidregime mit dem Friedensnobelpreis ausgezeichnet wird.

1998: An seinem 80. Geburtstag heiratet Nelson Mandela seine dritte Lebensgefährtin, Graca Machel, die Witwe des Präsidenten von Mosambik.

gen und Ansprachen liegt im Morgengrauen doch ein Ergebnis auf dem Tisch, das einen Schlussstrich unter 50 Jahre friedlichen Widerstand zieht: Nelson Mandela wird bevollmächtigt, eine militärische, dem ANC unterstellte, aber getrennt von ihm agierende Organisation zu gründen.

Mandela nennt die neue Organisation *Umkhonto We Sizwe*, kurz MK. Übersetzt heißt das »Der Speer der Nation«, denn der Speer ist das Symbol für die einzige Waffe, welche die Schwarzen in früheren Jahrhunderten gegen die weiße Vorherrschaft in der Hand hielten.

Mandela beruft als Ersten den weißen Kommunisten Joe Slovo in das Oberkommando des MK, bevor er die anderen Mitglieder rekrutiert. Dann wendet er sich direkt an sein Volk, mit einer Presseerklärung, die am 26. Juni 1961, dem Freiheitstag der Apartheidgegner, in London veröffentlicht wird: »Schulter an Schulter mit Euch werde ich die Regierung bekämpfen, um jeden Fußbreit Boden, um jeden Meter werden wir mit ihnen kämpfen, bis der Sieg unser ist. Was wirst Du tun? Wirst Du mit uns gehen oder wirst Du mit der Regierung zusammenarbeiten und sie in ihren Bemühungen, die Forderungen und Wünsche Deines eigenen Volkes zu unterdrücken, unterstützen? Oder willst Du Dich in einer Frage von Leben und Tod für mein Volk, für unser Volk, still und neutral verhalten? Ich für meinen Teil habe meine Wahl getroffen. Weder werde ich Südafrika verlassen noch werde ich mich ergeben. Nur in einem entbehrungsvollen und opferreichen Kampf kann die Freiheit gewonnen werden. Der Kampf ist mein Leben. Ich werde für die Freiheit kämpfen, solange ich lebe.«[3]

Nach dieser Erklärung läuft die Fahndung der Polizei auf Hochtouren, aber Mandela bleibt unauffindbar. Die Presse rätselt öffentlich, wo er sein könnte, abenteuerliche Gerüchte kursieren. Im ganzen Land werden Straßensperren errichtet, um den »Black Pimpernel« zu erwischen. Der neue Spitzname Mandelas stammt von der Romanfigur »Scarlet Pimpernel«, die während der Französischen Revolution immer wieder der Gefangennahme entging.

Nelson weicht den Häschern geschickt aus. Er reist quer durchs Land, nach Durban, Port Elizabeth, zurück nach Johannesburg, meldet sich zwischendurch von öffentlichen Telefonzellen aus bei Zeitungen und berichtet von den Plänen des ANC. Nur knapp entgeht er manchmal der Verhaftung. An einer roten Ampel hält eines Tages ein Wagen neben ihm, in dem der Chef des Sicherheitsdienstes von Witwatersrand sitzt. Mehrere Male retten ihn schwarze Polizisten, die ihn geflissentlich übersehen, aber auch sein Aufzug als verwahrloster Arbeiter schützt ihn. Selbst die Leute, die ihn verstecken sollen, schlagen ihm manchmal die Tür vor der Nase zu, wenn er unrasiert und abgerissen vor ihnen steht.

Eine Zeit lang wohnt Mandela im Apartment des Journalisten Wolfie Kodesh im weißen Vorort Berea bei Johannesburg. Jeden Morgen bringt er Kodesh zur Verzweiflung, weil er um halb fünf aufsteht und eine Stunde auf der Stelle läuft, um im Training zu bleiben. Draußen zu laufen wäre zu gefährlich. Mandela lässt sich von Kodesh mit Büchern aus der Bibliothek versorgen, die er als Führer einer Untergrundarmee lesen zu müssen glaubt. Bei heruntergelassenen Jalousien arbeitet er sich durch die Werke des preußischen Offiziers Carl von Clausewitz, liest Betrachtungen über die militärischen Leistungen von Mao Zedong und Fidel Castro. Auch die afrikanischen Kriege studiert er nun unter dem Gesichtspunkt militärischer Fragen und eignet sich detaillierte Kenntnisse über das Transport- und Kommunikationssystem Südafrikas und seiner Bodenschätze an.

Manchmal kann Winnie Mandela ihren Mann in Berea besuchen. Die Fahrt ist gefährlich, denn natürlich steht sie unter Beobachtung und muss mehrfach das Auto wechseln, um die Leute vom Sicherheitsdienst abzuschütteln. Wenn das Treffen platzt, ist Mandela in seiner Enttäuschung unberechenbar. Einmal fährt er einfach los, um sie zu suchen – ein Wahnsinn, finden seine Freunde. Nach zwei Monaten wechselt Mandela die Wohnung und zieht in das Dienstbotenquartier eines weißen Arztes im Vorort Norwood, wo er den Gärtner spielt. Später mimt er einen Landwirtschaftsexperten auf einer Zuckerrohrplantage in Natal, und im Oktober 1961 zieht er auf die Lilisleaf Farm in Rivonia, nördlich von Johannesburg. Die Farm soll zu einem Vorbereitungslager für MK-Leute umgewandelt werden, die von hier aus zu ihrer militärischen Ausbildung ins Ausland gehen. Mandela übernimmt während der Bauarbeiten die Rolle eines Hausdieners und Verwalters. Er ist der *boy*, der niedrigste unter den schwarzen Arbeitern, die ihn auch nicht immer freundlich behandeln und sich von ihm bedienen lassen.

Nach Abschluss der Umbauten bekommt Lilisleaf Farm durch den Einzug von Arthur Goldreich und seiner Familie eine perfekte Tarnung. Goldreich ist Künstler, Designer und ein völlig unverdächtiges Mitglied des MK. Für Mandela ist er ein wichtiger Gesprächspartner, denn er hat für die Nationalbewegung in Palästina gekämpft und verfügt über umfassende militärische Erfahrung, anders als Mandela, der das alles nur aus Büchern kennt. Mandela muss sich nun auch nicht mehr als *boy* ausgeben und kann sich in die Ausarbeitung neuer Pläne für den MK vertiefen. Er bewohnt auf der Farm ein kleines Cottage, in das er Winnie und die Mädchen ab und zu für ein ganzes Wochenende einladen kann.

Tag für Tag gibt es mehr Leute, die das Versteck in Rivonia kennen, Fahrer, Helfer, Kontaktleute. Winnie

Mandela fährt von Nelson oft direkt zu ihren indischen Freunden Paul und Adelaide Joseph, eine riskante Angewohnheit, denn die Häuser von Aktivisten sind unter Beobachtung und an den Autos, die von Lilisleaf Farm kommen, klebt immer rote Erde. »Sie waren alle schrecklich sorglos. Es waren jedoch die frühen Tage der Untergrundbewegung mit einem Schuß Romantik«[4], erinnert sich ein Freund. Auch Mandelas Spaß an Verkleidungen treibt ihn manchmal zu Unvorsichtigkeiten: Eines Abends betritt er als dreckiger Tankwart eine Versammlung indischer Aktivisten und befiehlt den verblüfften Männern: »Setzt euch, Genossen.« Erst da erkennen sie ihn.

Der MK muss sich zu Beginn seiner Arbeit für eine der Formen von Gewalt entscheiden. Offene Revolution, Guerillakrieg und Terrorismus lehnen die Aktivisten ab, weil jede dieser Methoden Menschenleben kostet. Sabotage hingegen ist für Menschen relativ ungefährlich und trifft – wenn sie gut platziert ist – die Regierung dennoch empfindlich. Die Ausschaltung von militärischen Einrichtungen, Kraftwerken, Telefonleitungen und Transportverbindungen würde den Staat – wenn auch nur vorübergehend – lähmen und die Investoren aus dem Ausland abschrecken, womit der Staat wirtschaftlich geschwächt würde. Und dann, so hoffen die MK-Aktivisten, muss die Regierung mit der Befreiungsbewegung verhandeln.

Häuptling Luthuli erhält 1961 den Friedensnobelpreis in Oslo, eine außerordentliche Anerkennung für die ganze Freiheitsbewegung und eine Ohrfeige für die *National Party*, die Luthuli ständig als gefährlichen Agitator und Verschwörer hinzustellen versucht. Als Luthuli auf dem Weg zur Preisverleihung in London zwischenlandet, zeigt sich, dass die Briten immer noch keine Konfrontation mit dem Apartheidsstaat riskieren wollen. Ein Regierungsbeamter erläutert, man habe keine Begegnung mit Luthuli vorgesehen, weil ein solches Gespräch von der südafrikanischen Regierung sicherlich äußerst schlecht aufgenommen würde und im Übrigen Luthulis Sache auch nichts nütze.

Es musste für die Weltöffentlichkeit äußerst befremdlich wirken, gibt Nelson Mandela später zu, dass der MK ausgerechnet einen Tag nach der Rückkehr Luthulis aus Oslo auf seine Gründung aufmerksam macht. Am 16. Dezember, *Dingaanstag*, dem Jahrestag der Schlacht am Blood River, zünden selbstgebaute Bomben in den Regierungsbüros von Johannesburg, Port Elizabeth und Durban. Ein MK-Soldat kommt dabei ums Leben. Auf Flugblättern wird die Geburt einer neuen Widerstandsorganisation verkündet: »Im Laufe ihrer Geschichte wird jede Nation einmal vor die Entscheidung gestellt: sich zu unterwerfen oder zu kämpfen. Dieser Zeitpunkt ist nun in Südafrika gekommen. Wir werden uns nicht unterwerfen, und wir haben keine andere Wahl, als mit allen uns zur Verfügung stehenden Mitteln zurückzuschlagen, um unser Volk, unsere Zukunft und unsere Freiheit zu verteidigen.«[5]

Die Armee des MK ist klein, aber schlagbereit. Einige der weißen Aktivisten sind schon in kommunistischen Lagern zu Sabotagespezialisten ausgebildet worden. Mandela lernt von ihnen, ohne sich die Führung abnehmen zu lassen. Silvester 1961 gehen erneut Bomben hoch. Schaurig tönen die Glocken mit den Feuerwehrsirenen um die Wette.

1962 verlässt Mandela Südafrika, um Verbündete für den bewaffneten Freiheitskampf zu werben. Es ist die erste Auslandsreise in seinem Leben. Sechs Monate lang ist er in Afrika unterwegs, trifft sich mit Parteichefs und Präsidenten, hält flammende Reden vor Parlamenten und kann schließlich viele Staaten dazu bewegen, dem MK Geld, Waffen oder militärische Ausbildungslager zur Verfügung zu stellen.

Außerdem erlebt Mandela seine Hautfarbe auf neue Weise. In Tanganjika, dem heutigen Tansania, steigt er in einem Hotel ab, in dem Weiße und Schwarze gemeinsam auf der Veranda sitzen – eine völlig neue Erfahrung für ihn. »Zum erstenmal in meinem Leben war ich ein freier Mann. Obwohl ich Flüchtling war, gesucht in meinem eigenen Land, fühlte ich, wie die Last der Unterdrückung von meinen Schultern abfiel.

Wohin ich auch ging in Tanganjika, überall wurde meine Hautfarbe sofort akzeptiert und nicht mechanisch abgelehnt. Zum erstenmal wurde ich nicht nach meiner Hautfarbe beurteilt, sondern nach Verstand und Charakter.«[6]

Auch andere Eindrücke wird er nicht vergessen: Sorglos besteigt er das Flugzeug der Ethiopian Airways, als er einen Anflug von Panik verspürt, denn im Cockpit sitzt ein schwarzer Pilot. Ein Schwarzer fliegt ein Flugzeug? Nur kurz währt die Angst, dann wird ihm klar, wie sehr selbst er vom Denken der Apartheid beeinflusst ist.

Wo immer Mandela auftaucht, begegnet man ihm freundlich, aber vorsichtig, denn der Rivale PAC hat dafür gesorgt, dass haarsträubende Gerüchte über den ANC im Umlauf sind. So heißt es, weiße Kommunisten hätten den MK gegründet, um die Schwarzen als Kanonenfutter zu benutzen. Diese Geschichten kann Mandela schnell entkräften. Aber es gibt noch andere Vorbehalte gegen den ANC, die er akzeptieren muss. In vielen Ländern hält man nichts von der Zusammenarbeit der schwarzen Afrikaner mit Indern, Farbigen und Weißen. Und überall dort findet der PAC schneller Freunde als der ANC.

Der südafrikanische Geheimdienst weiß zwar, dass Mandela das Land verlassen hat, kann ihn aber nicht aufspüren, auch in London nicht, wo er sich unter falschem Namen aufhält. Zum Abschluss der Reise begibt er sich in ein Militärlager in Addis Abeba, um sich dort ausbilden zu lassen, doch nach wenigen Wochen ruft ihn der ANC zurück, weil er in Südafrika dringend gebraucht wird. Denn der Befreiungskampf gerät ins Stocken, die letzten Sabotageakte waren erfolglos, stümperhaft durchgeführt und hinterließen keine nennenswerten Schäden. Die Angst vor neuen Anschlägen hat die Apartheidsregierung auch nicht an den Verhandlungstisch geführt, sondern sie im Gegenteil dazu veranlasst, im Juli 1962 ein Gesetz zu erlassen, das selbst kleinere Sabotageakte unter Todesstrafe stellt.

Mandela berichtet nach seiner Ankunft in Rivonia Walter Sisulu, Moses Kotane, Govan Mbeki und anderen ANC-Führern von seiner Reise und den Geld- und Ausbildungsangeboten. Dann fährt er nach Natal, um in verschiedenen Geheimtreffen die Gerüchte zu zerstreuen, er sei Mitglied des PAC geworden. Am Abend des 4. August 1962 besucht Mandela in Durban eine große Party des Fotoreporters G. R. Naidoo, ein unnötiges Risiko, das keiner seiner Freunde gutheißt. Am nächsten Tag fährt Mandela in der Verkleidung eines Chauffeurs nach Johannesburg zurück und wird kurz hinter Pietermaritzburg von der Polizei angehalten. Wer ihn verraten hat, ist bis heute nicht geklärt. Fest steht aber, dass Mandela in Durban unachtsam gewesen ist, er gibt es selbst offen zu. Später wird gerätselt, ob Mandela wohl einen Rausch der

Unverletzlichkeit verspürt habe oder ob er der unerträglichen Situation im Untergrund ein Ende habe setzen wollen. Die Zeit im Untergrund ist jedenfalls vorbei. Nach 17 Monaten wird Nelson Mandela verhaftet.

Im Schatten des Galgens

Als Mandela am nächsten Tag dem Magistrat vorgeführt wird, guckt dieser betreten zur Seite. Auch die anderen weißen Juristen wirken verlegen. Sie kennen ihn als Anwalt, als Kollegen, vor dem sie Respekt haben, nun sollen sie ihn ins Gefängnis stecken.

Mandela erkennt sofort die Chance, die in seiner Rolle als Angeklagter steckt: »Ich war das Symbol der Gerechtigkeit im Gericht des Unterdrückers, der Vertreter der großen Ideale von Freiheit, Fairneß und Demokratie in einer Gesellschaft, die diese Tugenden mit Füßen trat. Damals begriff ich, daß ich den Kampf selbst innerhalb der Festung des Feindes fortführen konnte.«[1]

Mandela hat Glück, es wird ihm nur vorgeworfen, unerlaubt und ohne Pass das Land verlassen und zum Streik aufgerufen zu haben. Die Verhandlung wird danach erst einmal verschoben. Aber er bleibt in Haft. Als Winnie Mandela ihn besucht, besprechen sie in Eile, wie sie für sich und die Kinder sorgen wird, wer helfen kann und welcher Mandant ihnen noch Geld schuldet. Trotz aller Verzagtheit bemüht sich Winnie um eine mutige Haltung. Als sie geht, trägt sie den Kopf oben und demonstriert Entschlossenheit und Stärke.

Der ANC ruft seine Anhänger dazu auf, den

Kampf unvermindert weiterzuführen. Joe Slovo plant die Befreiung seines Freundes, aber als dieser nach Pretoria verlegt wird, lässt sich die Flucht nicht mehr durchführen. Mandela bereitet sich gut auf seinen Prozess vor und beantragt auch ein Fernstudium an der Universität London, was ihm bewilligt wird. David Astor, der Herausgeber des *Observer*, den er in London kennen gelernt hat, sorgt dafür, dass er die nötigen Bücher bekommt.

Am ersten Verhandlungstag, am 15. Oktober 1962, erscheint Mandela in traditioneller Xhosa-Kleidung und trägt auf dem Rücken den *kaross*, ein Leopardenfell. Als er den Saal betritt, hebt er die Faust und ruft: »*Amandla!*« – Die Macht! Worauf der Saal zurückbrüllt: »*Ngawethu!*« – Gehört uns!

Das Gericht fühlt sich provoziert und will Mandela verbieten, den *kaross* zu tragen. Der Gerichtssaal ist voll besetzt, auch Winnie Mandela ist in traditioneller Xhosa-Tracht erschienen. Staatsanwalt Bosch, den Mandela noch von früher kennt, tritt an ihn heran und sagt leise: »Zum ersten Mal in meiner Laufbahn verabscheue ich, was ich tue. Es tut mir weh, daß ich das Gericht dazu auffordern muss, Sie ins Gefängnis zu schicken.«[2]

Mandela ist jedoch optimistisch. Die Vollversammlung der Vereinten Nationen in New York hat gerade für Sanktionen gegen Südafrika gestimmt. Ist das nicht ein gutes Zeichen?

Bei der Urteilsverkündung sind die 150 Plätze für nicht-weiße Besucher alle besetzt, hunderte Demonstranten stehen vor dem Gerichtsgebäude. Mandela verzichtet auf seine Verteidigung, weil er weiß, dass er keine Chance hat, schließlich sind die Anklagen zutreffend. Stattdessen nutzt er das Plädoyer zur Strafmilderung für eine einstündige Rede, in der er das Gericht angreift: »Es ist unzulässig und widerspricht den elementarsten Grundsätzen von Gerechtigkeit, wenn Weiße mit Fällen betraut werden, in denen es um die Verweigerung von Grundrechten für Afrikaner eben durch Weiße geht.«[3] Darauf der Richter: »Ich überlege, ob ich Sie nicht bereits hier unterbrechen sollte, Mr. Mandela. Geht dies nicht über den Rahmen dieses Prozesses hinaus? Schließlich gibt es heute nur ein Gericht, und das ist das Gericht der Weißen. Es gibt kein anderes Gericht.«[4]

Mandela aber trägt nun eine eloquente, leidenschaftliche Abrechnung mit dem Apartheidssystem vor, unterbrochen durch ein paar hilflose Einwände des Richters. Doch der Angeklagte lässt sich nicht aufhalten und endet schließlich mit den flammenden Worten: »Ich zweifle nicht daran, daß die Nachwelt zu dem Urteil kommen wird, daß ich unschuldig war und daß die Mitglieder der Verwoerd-Regierung als die wahren Verbrecher vor dieses Gericht hätten gestellt werden müssen.«[5]

Das Gericht berät sich zehn Minuten und fällt dann

ein unerwartet hartes Urteil: drei Jahre Haft für die Anstiftung zum Streik und zwei Jahre für das Verlassen des Landes ohne Pass. Fünf Jahre insgesamt, die härteste Strafe, die in Südafrika bis dahin je für ein politisches Vergehen verhängt worden ist. Unter den Zuschauern bricht Wehklagen aus, Mandela wird abgeführt, darf sich nur kurz am Fuß der Treppe von seiner Frau verabschieden, die wieder ihre beherrschte Haltung zeigt, keine Tränen. Als Mandela im Polizeiwagen fortgebracht wird, hört er noch lange die Menge singen: »*Nkosi Sikelel' iAfrika*« – Gott segne Afrika!

Kein Zeitungsleser wird am nächsten Tag erfahren, was im Gerichtssaal genau vor sich gegangen ist, denn die Regierung sorgt dafür, dass nur zensierte Berichte erscheinen.

Die ersten Wochen im Gefängnis sind die Hölle. Mandela weigert sich, die für schwarze Häftlinge übliche Kleidung zu tragen: kurze Hosen, ein großes Khakihemd, Socken, Sandalen und eine Stoffkappe. Er verlangt lange Hosen und will das kalte, steife Porridge nicht essen. Der zuständige Colonel bietet ihm einen Tausch an: eigene Mahlzeiten, lange Hosen, aber dafür Einzelhaft. Mandela nimmt an, erst als er vor Einsamkeit nach ein paar Wochen beginnt, mit den Kakerlaken zu reden, gibt er nach.

Nun kommt er mit anderen Häftlingen in Kontakt

und bemüht sich vor allem um Gespräche mit dem PAC-Führer Robert Sobukwe, weil er hofft, hier die Verständigung herstellen zu können, die er bisher nicht erreichen konnte. Doch die beiden finden keinen gemeinsamen Nenner.

Draußen geht der Kampf weiter. Am 1. Mai 1963 erlässt die Regierung das so genannte »90-Tage-Haft-Gesetz«. Es ermächtigt die Polizei, jede Person aufgrund eines politischen Vergehens ohne Haftbefehl festzunehmen und ohne Prozess, Anklage oder Rechtsbeistand bis zu 90 Tage in Haft zu behalten. In Einzelhaft wohlgemerkt. Danach könnte die Haft verlängert werden »bis zur Ewigkeit«, wie der neue Justizminister John Vorster androht.

Damit ist die Entwicklung Südafrikas zum Polizeistaat abgeschlossen. Gefangene werden geschlagen, gefoltert, mit Elektroschocks, Vergewaltigung und anderen grausamen Methoden zum Reden gebracht. Die Strafen für die Mitgliedschaft in einer illegalen Organisation werden verschärft, selbst für die »Förderung der Ziele« von Kommunisten und anderen verbotenen Parteien drohen fünf Jahre Haft bis Todesstrafe.

Verboten ist es schließlich auch, Erklärungen, Fotos und Reden von Verurteilten zu veröffentlichen. Nichts, was Mandela je gesagt oder geschrieben hatte, darf irgendwo erscheinen. Aber die einzigen liberalen Zeitungen, wie *New Age* oder *Drum*, die dies hätten drucken wollen, sind sowieso längst verboten. Es gibt zwar noch englischsprachige Zeitungen, die sich trauen, die Apartheidspolitik und ihre brutalen Folgen offen zu legen, aber der Druck der Regierung wird immer stärker. Das Radio ist ohnehin zensiert und Fernsehen wird in Südafrika vor 1974 erst gar nicht eingeführt, weil die Regierung die mangelnde Kontrolle fürchtet.

Ein Kritiker bringt die Gängelung der Weißen so auf den Punkt: »Sich der Apartheid zu widersetzen ist schlimmer, als ein paar Afrikaner zu töten. Wer sich weigert, sich anzupassen, bringt die Nation in Gefahr.«[6]

Im Mai 1963 wird Mandela mitten in der Nacht geweckt und aufgefordert, seine Sachen zu packen. An drei andere Gefangene gefesselt, wird er in einen Polizeiwagen geschoben und die ganze Nacht ohne Halt durchs Land gefahren, bevor man ihn in Kapstadt in den Laderaum einer alten Holzfähre stößt. Während die Wärter sich damit vergnügen, auf die Gefangenen hinunterzupinkeln, bringt die Fähre sie an einen der schrecklichsten Orte in Südafrika: ins Staatsgefängnis auf Robben Island.

Ein paar Wochen später, am Nachmittag des 11. Juli 1963, rumpelt der Lieferwagen einer Wäscherei die Auffahrt zur Lilisleaf Farm in Rivonia hinauf. Ein Dutzend schwer bewaffneter Polizisten springt heraus und dringt ins Haus ein, wo fast das gesamte Oberkommando des MK über ein wichtiges Papier gebeugt an einem Tisch versammelt sitzt. Das Versteck ist aufgeflogen. Walter Sisulu, Govan Mbeki, Ahmed Kathadra und Elias Motsoaledi vom MK, dazu Dennis Goldberg, Rusty Bernstein vom *Congress of Democrats* und der Anwalt Jimmy Kantor werden festgenommen und ins Pretoria-Local-Gefängnis gebracht.

Die Polizei stellt jede Menge belastender Dokumente sicher. Als Erstes fallen ihr die Aufzeichnungen über eine *Operation Mayibuye* in die Hände. Der erst skizzenhaft ausgearbeitete Plan sieht vor, dass U-Boote und Flugzeuge vom Ausland her Südafrika angreifen. Die Polizei stößt auch auf Papiere, die Mandelas führende Rolle im MK beweisen. Er wird sofort von Robben Island zurückgeholt und avanciert zum Hauptangeklagten in dem nun folgenden Prozess, der bis heute als einer der wichtigsten in die Geschichte der schwarzen Befreiungsbewegung eingegangen ist: »Der Staat gegen Nelson Mandela und andere« (*The State versus Nelson Mandela and Others*) wurde der Prozess offiziell genannt, aber die Welt kennt ihn bis heute unter dem Namen »Rivonia-Prozess«.

Im Gerichtssaal drängen sich am ersten Tag der Verhandlung die Anhänger des ANC, aber neben Angehörigen der Botschaften auch viele südafrikanische und ausländische Journalisten. Dieser Prozess bewegt die Weltöffentlichkeit wie kaum ein anderer, denn er wird endgültig zeigen: Wie geht das Regime mit seinen Gegnern um? In London, Washington und New York, in Moskau, Algier und Addis Abeba wird der Fortgang der Verhandlungen täglich verfolgt. In Südafrika führt die nationalistische Presse ihren eigenen Krieg gegen die Angeklagten, indem sie die Horrorvision einer militärischen Revolution beschwört und damit eine irrationale, an Hysterie grenzende Angst bei der weißen Bevölkerung schürt.

Mit versteinertem Gesicht sitzt Richter Quartus de Wet, ein strenger, hoch geachteter Bure, in seiner roten Robe im Gerichtssaal. Er ist der letzte Richter, den noch die englische *United Party* eingesetzt hatte, ein souveräner, ruhiger Mann, der leeres Gerede ebenso verabscheut wie Ungenauigkeiten in der Beweisführung. Pech für den Hauptvertreter der Anklage, Dr. Percy Yutar, ein kleiner, lebhafter Staatsanwalt mit großen Ambitionen, dramatischen Gesten und einer häufig unklaren Sprache.

Die Anklage wiegt schwer: Über 200 Sabotageakte werden den Führern des MK zur Last gelegt, dazu die Vorbereitung eines Guerillakriegs und die Planung einer Invasion durch ausländische Truppen. Auf Sabotage und Verschwörung steht der Tod durch Erhängen. Bram Fischer, der nur durch Zufall der Razzia in Rivonia entgangen ist, übernimmt die Verteidigung der Angeklagten. Er sieht kaum eine Chance, die Todesstrafe von ihnen abwenden zu können, zu überwältigend sind die Beweise.

Mandela sieht bemitleidenswert aus in der lächerlichen Gefängniskluft. Man erkennt die Spuren von Einzelhaft und schlechter Ernährung. Angestrengt versucht er zu lächeln, als die ANC-Anhänger ihn mit *Mayibuye-Afrika*-Rufen empfangen. Sein Blick irrt suchend umher. Wo bleibt Winnie? Er weiß nicht, dass sie zusammen mit den Frauen anderer Angeklagter festgenommen wurde.

Nach der Verlesung der Anklage werden die Häftlinge ein paar Wochen Zeit haben, ihre Verteidigung vorzubereiten. Die Anklageschrift ist schlecht abgefasst und so chaotisch zusammengestellt, dass Bram Fischer sie ohne Probleme zurückweisen kann, und auch Richter de Wet lehnt die Klage ungehalten ab. In den nächsten drei Monaten werden 172 Zeugen verhört und unzähliges Beweismaterial gesichtet. Auch wenn der Chefankläger grobe Fehler macht und zum Beispiel den ANC häufiger mit dem PAC verwechselt, ist es klar, dass die Angeklagten auf jeden Fall schuldig gesprochen werden. Sie sind es ja auch. Es gibt nur eine Chance: Man müsste versuchen, den Rivonia-Prozess dahingehend zu benutzen, dass dem Richter, den Journalisten und der Welt der Weißen klar wird, worum es hier eigentlich geht. Nämlich darum, dass ein unterdrücktes Volk sich irgendwann wehren muss.

In den Verhandlungspausen ist die Stimmung der Angeklagten düster. Manchmal versuchen sie, sich mit

Witzen abzulenken. Argwöhnisch vom Dienst habenden Officer Swanepoel beobachtet, schreiben die Gefangenen einen Zettel und schieben ihn sich mit Verschwörermiene scheinbar heimlich zu, bis der Officer anbeißt und den Zettel triumphierend im Glauben an sich nimmt, eine wichtige Information abgefangen zu haben. Doch dann liest er nur: »Ist Swanepoel nicht ein hübsches Kerlchen?«[7]

Die Beweise dafür, dass Mandela der Kopf des MK ist, dass er die Ausbildung der Aktivisten zu Guerillakämpfern organisiert hat, sind nicht zu widerlegen. Mandela nimmt die Hauptanklagepunkte daher auch auf sich. Konzentriert, auf alles gefasst, bereitet er seinen großen Auftritt im Prozess vor. Am 20. April 1964 hat die Verteidigung das Wort. Bram Fischer erklärt, er werde nachweisen, dass es noch keine konkreten Vorbereitungen für den Guerillakrieg gegeben habe und dass die »Operation Mayibuye« zum Zeitpunkt der Festnahme nicht vom gesamten MK gebilligt worden sei. Dann kündigt er an, er verzichte auf die Befragung des Hauptangeklagten, dieser werde eine Erklärung von der Anklagebank abgeben. Voller Wut springt der Staatsanwalt auf und protestiert. Er hatte sich sorgfältig auf das Kreuzverhör mit Mandela vorbereitet und sieht sich getäuscht.

Eine Erklärung von der Anklagebank darf nicht unterbrochen werden, und nur darum geht es Mandela, der nun vier Stunden lang seine berühmt gewordene Verteidigungsrede im Rivonia-Prozess hält. Sie ist eine der gelungensten, klarsichtigsten politischen Grundsatzerklärungen, die der schwarze Befreiungskampf hervorgebracht hat, ein Manifest für alle Anti-Apartheid-Kämpfer: »Ich bin der Angeklagte Nummer eins ... Ich gebe offen zu, daß ich an der Gründung von *Umkhonto we Sizwe* aktiv beteiligt war und bis zu meiner Verhaftung im August 1962 eine führende Rolle in dieser Organisation gespielt habe ... Aber die Gewalt, zu der wir griffen, war kein Terrorismus. Die Gründungsmitglieder von *Umkhonto* waren, wie ich, alle Mitglieder des Afrikanischen Nationalkongresses und standen in der Tradition des ANC, der für Gewaltlosigkeit und Verhandlungen zur Lösung politischer Konflikte eintrat. Wir glauben, daß Südafrika allen Menschen gehört, die darin leben, und nicht nur einer Gruppe, sei sie nun schwarz oder weiß. Wir wollten keinen Rassenkrieg, und wir versuchten ihn bis zur letzten Minute zu vermeiden.«

50 Jahre des gewaltlosen Widerstandes gegen die Unterdrückung hätten den schwarzen Afrikanern nichts gebracht als immer schärfere Gesetze, führt Mandela aus. Doch während viele Menschen die Herrschaft der Weißen mit Gewalt hätten brechen wollen, habe der ANC immer wieder dazu aufgerufen, friedliche Mittel einzusetzen.

»Erst, als alles andere gescheitert war, als uns alle

Möglichkeiten des friedlichen Protestes verbaut waren, faßten wir den Beschluß, zu gewaltsamen Formen des politischen Kampfes überzugehen.«[8]

Später kommt Mandela auf den Kommunismus zu sprechen. Er selbst sei niemals Kommunist gewesen: »Es ist vielleicht für weiße Südafrikaner mit ihren eingefleischten Vorurteilen gegen den Kommunismus schwer zu verstehen, warum erfahrene afrikanische Politiker so bereitwillig Kommunisten als Freunde akzeptieren. Aber für uns ist der Grund leicht einsehbar. Theoretische Differenzen zwischen denen, die gegen die Unterdrückung kämpfen, sind ein Luxus, den wir uns in diesem Stadium nicht erlauben können. Außerdem waren viele Jahrzehnte lang die Kommunisten die einzige politische Gruppe in Südafrika, die bereit war, Afrikaner als Menschen und als ihresgleichen zu behandeln, die bereit war, mit uns zu essen, mit uns zu reden, mit uns zu leben und mit uns zu arbeiten. Sie waren die einzige politische Gruppe, die bereit war, mit den Afrikanern für die Erlangung ihrer politischen Rechte und die Durchsetzung ihrer Interessen in der Gesellschaft zusammenzuarbeiten. Daher neigen viele Afrikaner dazu, Freiheit mit Kommunismus gleichzusetzen. In dieser Auffassung werden sie durch eine Gesetzgebung unterstützt, die alle Verfechter einer demokratischen Regierungsform und einer afrikanischen Befreiung als Kommunisten brandmarkt, und viele von ihnen (die nicht Kommunisten sind) auf der Grundlage des ›Gesetzes zur Unterdrückung des Kommunismus‹ unter Bann stellt.«[9]

Schließlich geht Mandela ausführlich auf die unwürdigen Lebensbedingungen der Schwarzen ein, auf die Armut und Krankheiten, den Schmutz, die mangelnde hygienische Versorgung, das schlechte Schulsystem und die Wohngesetze. Die Aufzählung gipfelt in einem leidenschaftlichen Aufruf: »Die von den Afrikanern erfahrene Mißachtung ihrer Menschenwürde ist das direkte Ergebnis der Politik der weißen Vorherrschaft. Weiße Vorherrschaft setzt schwarze Unterlegenheit voraus ... Aufgrund dieser Einstellung neigen die Weißen dazu, Afrikaner als eine besondere Gattung Mensch zu betrachten. Sie sehen sie nicht als Menschen an, die ihre eigenen Familien zu versorgen haben; sie nehmen nicht zur Kenntnis, daß sie Gefühle haben – daß sie sich ebenso wie Weiße verlieben, daß sie ebenso wie die Weißen mit ihren Frauen und Kindern zusammenleben möchten; daß sie genug Geld verdienen möchten, um ihre Kinder anständig zu versorgen, zu ernähren, zu kleiden und zur Schule zu schicken ... Afrikaner brauchen für ihre Arbeit einen Lohn, von dem sie leben können. Afrikaner wollen Arbeiten verrichten, zu denen sie fähig sind, und keine Arbeiten, zu denen sie die Regierung für fähig erklärt ... Afrikaner möchten Teil der allgemeinen Bevölkerung und nicht gezwungen sein, in Gettos zu leben. Afrikanische Männer möchten mit ihren Frauen und Kindern dort zusammenleben, wo sie arbeiten, und nicht zu einem unnatürlichen Leben in Männerwohnheimen gezwungen werden ... Afrikaner möchten auch nach elf Uhr abends noch ausgehen dürfen und nicht wie kleine Kinder auf ihren Zimmern bleiben müssen ... Afrikaner möchten einen gerechten Anteil an ganz Südafrika; sie möchten Sicherheit und eine anerkannte Stellung in der Gesellschaft.

Vor allem wollen wir gleiche politische Rechte, weil sich ohne diese an unserer Benachteiligung nichts ändern wird ... Es ist nicht wahr, daß das Wahlrecht für alle zur Vorherrschaft einer Rasse führen wird. Unterschiedliche politische Rechte, die auf der Hautfarbe basieren, sind etwas völlig Künstliches, und wenn sie abgeschafft werden, so wird auch die Herrschaft einer Rasse über die andere verschwinden.

Dafür kämpft der ANC. Das ist ein wahrhaft nationaler Kampf. Es ist der Kampf des afrikanischen Volkes, der aus eigenen Leiden und eigenen Erfahrungen hervorgegangen ist. Es ist ein Kampf für das Recht auf Leben.«[10]

Mandela schweigt und legt die Papiere weg. Dann blickt er dem Richter in die Augen und spricht seinen Schlusssatz frei: »Ich habe mein Leben dem Kampf des afrikanischen Volkes geweiht. Ich habe gegen weiße Vorherrschaft und ich habe gegen schwarze Vorherrschaft gekämpft. Ich bin stets dem Ideal einer demokratischen und freien Gesellschaft gefolgt, in der alle Menschen friedlich und mit gleichen Möglichkeiten zusammenleben. Für dieses Ideal lebe und kämpfe ich. Aber wenn es sein muß, bin ich bereit, dafür zu sterben.«[11]

Als Mandela sich setzt, ist es totenstill, dann geht ein Seufzen durch die Menge. Richter de Wet ruft sofort den nächsten Zeugen auf, um die dramatische Wirkung der Ansprache abzumildern, aber das ist unmöglich. Nelson Mandela hat gerade Geschichte geschrieben. Die Rede findet weltweit Beachtung und Anerkennung, sogar die *Rand Daily Mail* druckt sie wörtlich ab, obwohl es die Worte eines Gebannten sind. Und die Welt reagiert.

Während in den nächsten Tagen alle anderen Angeklagten ihre Aussagen machen und sich das Gericht zur Urteilsfindung für drei Wochen vertagt, treffen internationale Protestbriefe ein, um die Todesstrafe abzuwenden. UN-Experten schlagen einen Nationalkonvent für Südafrika vor. Der UN-Sicherheitsrat fordert bei nur vier Stimmenthaltungen, darunter Großbritannien und die USA, die südafrikanische Regierung dazu auf, den Rivonia-Prozess zu beenden und die Angeklagten zu begnadigen. Auch internationale Gewerkschaften zeigen Solidarität. Hafenarbeiter in der ganzen Welt weigern sich, Schiffe mit Ladungen aus Südafrika zu entladen. Der russische Präsident Leonid Breschnew bittet Hendrik Verwoerd in einem persönlichen Brief um Milde, Mitglieder des amerikanischen Kongresses protestieren, Angehörige des britischen Parlaments ziehen in einem Protestmarsch durch die Londoner City. Der amerikanische UN-Botschafter bemüht sich um Gnade für die Angeklagten, ebenso der britische Außenminister, dieser allerdings sehr vorsichtig. Die britische Regierung hat zwar den größten Einfluss in Südafrika, aber auch die größte Sorge, Verwoerd vor den Kopf zu stoßen.

In diesen Tagen legt Mandela eine Reihe von schriftlichen Prüfungen für sein Fernstudium an der Londoner Universität ab. Es ist sein persönlicher Weg, um sich abzulenken. Dass man die meisten von ihnen schuldig sprechen würde, ist klar, aber wie wird die Strafe lauten? Die Hauptangeklagten rechnen alle mit der Todesstrafe und beschließen, keine Berufung einzulegen. Kein Preis scheint ihnen zu hoch für die Freiheit.

Am Freitag, den 12. Juni 1964, betreten die Angeklagten zum letzten Mal das Gerichtsgebäude. Die Sicherheitsvorkehrungen sind verschärft, denn 2000 ANC-Anhänger stehen vor dem Gerichtsgebäude und fordern die Freilassung ihrer Führer. Mandelas Mutter sitzt neben seiner Frau auf der Zuschauertribüne. Richter de Wet scheint den Schlussplädoyers der Verteidiger gar nicht mehr zuzuhören, sondern starrt in die Luft, als sammle er jetzt schon Kraft für die Urteilsverkündung. Als es endlich so weit ist, lässt er die Angeklagten aufstehen. Er atmet schwer und wirkt zum ersten Mal in diesem Prozess nervös, dann beginnt er: »Nach reiflicher Überlegung habe ich beschlossen, nicht die Höchststrafe zu verhängen, die in einem Fall wie diesem für gewöhnlich die angemessene Strafe wäre, doch in Anbetracht der Pflicht, die ich zu erfüllen habe, ist dies die einzige Milde, die ich walten lassen kann. Das Urteil für alle Angeklagten lautet lebenslänglich.«[12]

Mandela hat die Rolle des aggressiven Agitators, des sorglosen Untergrundkämpfers und amateurhaften Guerilla-Führers abgelegt. Er wird in dieser Stunde zum Symbol für Freiheit und Gerechtigkeit, nicht nur für sein Volk, sondern für alle Menschen, die den Apartheidstaat in Südafrika ablehnen. Mit ihm geht der wichtigste Unterhändler für einen Versöhnungsprozess zwischen Schwarz und Weiß die nächsten 26 Jahre lang hinter Gitter. Die westlichen Diplomaten, die sich nie um einen Kontakt zu Mandela bemüht haben, erkennen ihr Versäumnis zu spät.

Lebendig begraben

Die Gefängnisinsel Robben Island, zehn Kilometer vor Kapstadt gelegen, blickt auf eine lange, traurige Geschichte zurück. Im 17. Jahrhundert verbannten die holländischen Siedler gefangene Khoi-Khoin-Krieger, Piraten und Räuber dorthin. Später nutzten die Briten die Insel als Kolonie für Geisteskranke, Aussätzige, Prostituierte, Trinker und Kriminelle. Auch unliebsame Xhosa-Anführer setzten sie dort aus. 1936 wurde Robben Island Militärstützpunkt und seit dem Massaker von Sharpville ist sie wieder Gefängnis. Ein Ort der Qual und Trostlosigkeit. Die Schönheit der Sandstrände, die exotischen Vögel und herumtollenden Pinguine können daran nichts ändern und Robben gibt es hier schon lange keine mehr.

Von den acht Männern, die im Rivonia-Prozess zu lebenslanger Haft verurteilt wurden, kommen sieben auf die Insel: Nelson Mandela, Walter Sisulu, Achmed Kathadra, Govan Mbeki, Elias Motsoaledi, Raymond Mhlaha und Andrew Mlangeni.

Sie werden in Block B gesperrt, die Abteilung für politische Gefangene, jeder in eine Einzelzelle von 2,45 mal 2,15 Meter. Neben der Tür hängt ein Schild, auf dem Name, Nummer und das Jahr des Haftbeginns abgelesen werden können: N Mandela 466/64.

Die Gefangenen erhalten kurze Hosen, Schuhe, ein

Unterhemd und eine Drillichjacke. Zum Schlafen gibt man ihnen eine Sisalmatte und drei dünne Decken, kein ausreichender Schutz gegen die Kälte des Winters und die ständige Feuchtigkeit in den schlecht gemauerten Wänden. Der Tagesablauf ist immer der gleiche: Wecken um 5 Uhr 30, Zellen säubern, Matten und Decken zusammenlegen, Waschen mit dem wenigen Wasser, das in dem nach innen gewölbten Porzellandeckel der Toiletteneimer aufbewahrt wird. Danach die Eimer leeren und säubern, ein Moment, der es ermöglicht, kurz miteinander zu flüstern. Auf dem Hof steht ein altes Ölfass mit Maisbrei. Dazu gibt es ein Getränk aus schwarz geröstetem Mais, der mit heißem Wasser überbrüht wurde.

Nach dem Frühstück treten die Häftlinge zur Inspektion an. Sie stellen sich neben ihren Zellen auf, die drei Knöpfe ihrer Jacke geschlossen, die Kappe in der Hand. Ist irgendetwas an ihrem Aufzug nicht in Ordnung, werden sie mit Essensentzug oder Einzelhaft im gefürchteten Isolationstrakt bestraft.

Bis auf eine kleine Mittagspause, in der es wieder Maisbrei gibt, müssen die Gefangenen den Rest des Tages mit harter Arbeit verbringen. Dann wird das Abendessen von den »allgemeinen« Gefangenen in die Zellen gebracht, wieder Maisbrei, manchmal mit einer Karotte oder einer Rübe dazwischen, alle zwei Tage mit einem Stück Knorpel, selten mit Fleisch, wie Mandela sich erinnert: »Die Behörden erklärten gern, wir erhielten eine ausgeglichene Kost; ausgeglichen war sie in der Tat: zwischen ungenießbar und nicht eßbar. Das Essen löste oft Proteste bei uns aus, doch in jenen frühen Tagen pflegten die Aufseher zu sagen: ›Ach, ihr Kaffern eßt im Gefängnis besser, als ihr jemals zu Hause gegessen habt!‹«[1]

Um 20 Uhr schließt sich der Nachtwächter mit den Gefangenen in Block B ein und schiebt den Schlüssel unter der Tür nach draußen. Lesen oder Schreiben ist verboten, auch wenn die Lampen in den Zellen die ganze Nacht lang brennen.

Die Zeit dehnt sich endlos. Um nicht verrückt zu werden, klammern sich die Häftlinge verbissen an den stetig wiederkehrenden Ablauf der Tage. Schlafen, Essen, Arbeiten, Essen, Schlafen – nichts durchbricht die Eintönigkeit des Lebens. Auch die stumpfsinnige Arbeit bietet dem Geist keine Herausforderung. Im ersten Jahr müssen die Gefangenen Steine zu Kies zerklopfen. In vier Reihen, jeweils eineinhalb Meter voneinander entfernt, sitzen sie im Gefängnishof auf dem Boden. Den ganzen Tag hämmern sie auf die Steine ein, Behelfsmasken aus Draht sollen dabei die Augen vor umherfliegenden Splittern schützen. Die Arbeit ist mühselig, langweilig und doch nicht anstrengend genug, um die Männer in den Wintermonaten Juni und Juli aufzuwärmen. Aufseher gehen durch die Reihen, um Gespräche zu verhindern.

Im zweiten Jahr der Gefangenschaft werden die Gefangenen eines Morgens zu einem 20 Minuten entfernten Kalksteinbruch gebracht, wo sie mit dem Pickel die Kalkschichten im Fels freilegen und herausschaufeln müssen. Jeden Abend wanken müde Gestalten, in deren weiße Gesichter Bäche von Schweiß dunkle Rinnen gezogen haben, zurück in den Block B, waschen sich in kaltem Wasser, stolpern in ihre Zellen und schlafen auf der Stelle ein. Man sagt ihnen, diese Arbeit würde nur ein halbes Jahr dauern. Es werden 13 Jahre daraus.

Im Steinbruch sind die Häftlinge Hitze, Kälte, Regen oder Wind schutzlos ausgesetzt. Besonders schädlich ist das gleißende Sonnenlicht, das von dem weißen Kalk reflektiert wird und zur Verblitzung der Hornhaut führt. Die Gefangenen fordern deshalb Sonnenbrillen und bekommen sie auch – nach drei Jahren. Inzwischen sind aber bei vielen, auch bei Nelson Mandela, bereits irreparable Augenschäden entstanden.

Ein einziger Umstand rettet Mandela und seine Gefährten davor, angesichts der ausweglosen Situation durchzudrehen: »Der größte Fehler der Behörden bestand darin, uns zusammenzuhalten, denn das Zusammensein verstärkte unsere Entschlußkraft. Wir unterstützten einander und gewannen Kraft voneinander. Was immer wir lernten, was immer wir erfuhren, wir teilten es miteinander, und indem wir es miteinander teilten, vervielfachten wir, was immer wir an individuellem Mut besaßen.«[2]

Der Kontakt nach außen ist auf ein Minimum beschränkt. In den ersten Jahren dürfen die Gefangenen nur zweimal im Jahr einen Brief von höchstens 500 Wörtern schreiben und einen ebenso langen empfangen. Zensoren schneiden alles Verdächtige heraus und außer der Anrede bleibt von Winnie Mandelas erstem Brief nicht mehr viel übrig. Dennoch löst jeder Brief ein wunderbares Glücksgefühl aus, weshalb die Gefängnisleitung, um die Gefangenen unter Druck zu setzen, ab und zu Briefe zurückhält.

Nach drei Monaten kann Winnie zum ersten Mal auf die Insel kommen. Weil Nelson nur so genannte »Nichtkontaktbesuche« empfangen darf, sitzt sie hinter einer dicken, verdreckten Glasscheibe, in die kleine Löcher gebohrt wurden, damit man sich überhaupt verständigen kann. Es ist für beide schrecklich, sich hier in der Besucherzelle zu sehen, ohne sich berühren zu können. Und es gibt so viel Wichtiges zu besprechen. Winnie Mandela hat nach ihrer zweiten Bannung den Job verloren und muss nun sehen, wie sie sich und die Kinder durchbringt.

In Anwesenheit von zwei Wärtern fällt es ihr schwer, zu sprechen, weil sie weiß, dass schon der geringste Verstoß gegen die Regeln, wie die Erwähnung eines fremden Namens oder einer politischen Angelegenheit, zum sofortigen Ende des Besuches führen würde. Von nun an darf sie alle sechs Monate für eine halbe Stunde zu ihrem Mann, doch ihre Reisen sind schwirig zu organisieren, nicht nur weil Johannesburg 1500 Kilometer von Robben Island entfernt liegt, sondern auch weil die Besuchserlaubnis immer nur kurzfristig für festgelegte Tage erteilt wird. Aber dank ihrer Hartnäckigkeit schafft Winnie Mandela es, regelmäßig zu kommen, während andere Ehefrauen ihre Männer jahrelang nicht sehen.

Die Tage nehmen kein Ende. Mandela ritzt einen Kalender in die Wand seiner Zelle, um das Zeitgefühl nicht zu verlieren, und vom ersten Tag an setzt er sich vehement für eine Verbesserung der Haftbedingungen ein. Zwar dauert es Jahre, bis die Gefängnisleitung sich zu ersten kleinen Zugeständnissen entschließen kann, doch die Bedeutung dieser Erfolge ist kaum zu überschätzen: »Für uns waren solche Kämpfe – um Sonnenbrillen, lange Hosen, Studienprivilegien, gleiche Kost – Zugaben zu dem Kampf, den wir außerhalb des Gefängnisses führten. Der Kampf für verbesserte Bedingungen im Gefängnis war Teil des Kampfes gegen die Apartheid. In diesem Sinn war alles gleich. Wir bekämpften die Ungerechtigkeit, wo immer wir sie antrafen, gleich, wie groß oder klein sie war, und wir bekämpften die Ungerechtigkeit, um unsere Menschlichkeit zu bewahren.«[3]

Im Steinbruch arbeiten die Häftlinge von Block B jetzt mit Vergewaltigern, Räubern und Mördern zusammen, eine Regelung, die sich die Gefängnisleitung ausgedacht hat, um die Politischen einzuschüchtern. Die »allgemeinen« Kriminellen werden dazu ermutigt, den anderen das Essen wegzunehmen, sie zu provozieren. Beim Kalkbrechen grölen sie Parolen gegen die Freiheitskämpfer, woraufhin diese ihre eigenen Lieder anstimmen: Balladen von Guerilla-Soldaten oder Gesänge über die Freiheits-Charta. So geht die Arbeit etwas leichter von der Hand. Sie singen nun jeden Tag und schöpfen daraus neuen Mut – bis ein Aufseher das Singen verbietet.

Selten kommen von der Regierung ausgewählte Beobachter auf die Insel, um sich einen Eindruck von den Haftbedingungen zu verschaffen. Wenn frische Hemden ausgeteilt werden oder plötzlich etwas Fett auf dem Mittagsbrei schwimmt, wissen die Gefangenen, dass ein solcher Besuch bevorsteht. Meistens wird Mandela zum Sprecher von Block B bestimmt, um die Beschwerden vorzutragen. Als er bemängelt, dass Schwarze kein Brot bekommen, muss er sich von einem Vertreter des Roten Kreuzes rassistischen Unsinn anhören: »Brot ist sehr schlecht für Ihre Zähne, wissen Sie, Mandela. Mealies (Mais) sind viel besser für Sie. Sie machen ihre Zähne kräftig.«[4] Später schickt das Internationale Rote Kreuz jedoch Vertreter, die sich ernsthaft um Verbesserungen bemühen und vielen Angehörigen die Reise nach Robben Island wenigstens ab und zu ermöglichen.

Radio, Zeitungen und Bücher gibt es in den ersten Monaten nicht. Überraschend kommt daher plötzlich die Erlaubnis, die Häftlinge dürften sich in ihrer Freizeit weiterbilden. Auch Fernkurse und Fernstudien sind möglich. In kürzester Zeit haben sich praktisch alle Gefangenen aus Block B an einer Schule oder Hochschule eingeschrieben und Mandela nimmt sein begonnenes Aufbaustudium an der Londoner Universität wieder auf.

Natürlich läuft das Ganze nicht ohne drastische Einschränkungen ab. Lange müssen die Häftlinge um Lesepulte und Hocker kämpfen. Jedes Buch, das auch nur ansatzweise Themen wie Politik oder Militärgeschichte streift, ist verboten. Wer kein Geld hat, kann sich die Bücher und Studiengebühren nicht leisten, austauschen darf man die Bücher untereinander aber auch nicht. Bücher und Zeitschriften aus Fernleihen kommen oft erst an, wenn das Rückgabedatum schon überschritten ist, und müssen dann sofort zurückgeschickt werden. Weil die Zensoren mit der Durchsicht der vielen Studienmaterialien völlig überfordert sind, unterläuft ihnen manch willkommene Fehleinschätzung. So lassen sie für kurze Zeit die Zeitschrift *Economist* zu, weil sie übersehen, dass sich darin neben Wirtschaftsnachrichten auch politische Artikel finden.

Zeitungen sind die heißeste und begehrteste Ware im Gefängnis. Manche Politischen lechzen derart danach, dass sie das Zeitungspapier, in das die Wärter ihre Brote gewickelt haben, heimlich aus den Mülleimern fischen. Sie klauen sie den Geistlichen, die am Sonntag zum Gottesdienst kommen, sie bestechen Wärter, ihnen alte Zeitungen zu überlassen, und nehmen damit ein großes Risiko auf sich. Manche Häftlinge kopieren die erbeuteten Nachrichten in winziger Schrift und lassen sie im Block B heimlich von Zelle zu Zelle wandern. Als man sie erwischt, kassieren sie dafür drei Tage Einzelhaft. Auch die Studienprivilegien werden daraufhin zeitweise abgeschafft.

Es kommt ständig vor, dass für ein Vergehen, ein falsches Wort oder einen aufsässigen Blick Einzelhaft verhängt wird, die grausamste Form des Gefängnislebens. Feindseligkeit gegenüber den Aufsehern ist daher selbstzerstörerisch. Mandela wägt sehr genau ab, wann Kooperation und wann Konfrontation angebracht ist. Die meisten Wachleute sind ungebildeter als ihre politischen Gefangenen und kennen nichts anderes als den Befehlston. Daher verblüfft Mandela seine Aufseher immer wieder durch seine Freundlichkeit. Bei einem Besuch seines Anwalts stellt er ihm die Wachleute lächelnd als seine »Ehrengarde« vor und nennt reihum ihre Namen, während sie unsicher um sich blicken. Sie sind es nicht gewöhnt, mit Respekt und Höflichkeit behandelt zu werden. Mandelas Gelassenheit wirkt fast gebieterisch, und er kann sich manchmal Dinge herausnehmen, für die andere bestraft würden. Aber niemals kann er die Aufseher dazu bringen, ihn mit »Mr. Mandela« anzusprechen.

1967 verbringen die Verurteilten des Rivonia-Prozesses bereits ihr drittes Jahr auf Robben Island. Viele neue politische Häftlinge sind in der Zwischenzeit zu ihnen gestoßen: der Kommunist Mac Maharaj, Laloo Chiba vom MK und Eddie Daniels, Mitglied der *Liberal Party*, aber auch Mitglieder des PAC. Da entschließt sich die Gefängnisleitung zu einem kühnen Schritt: Während der Zwangsarbeit im Steinbruch dürfen die Gefangenen ab sofort leise miteinander reden, vorausgesetzt, sie arbeiten zügig weiter.

Nun wird Robben Island ein »politisches Laboratorium, eine politische Werkstatt«[5]. Die Gefangenen erörtern die Chancen des Kampfes und die verschiedenen Methoden, die zur Freiheit des schwarzen Volkes, der Inder und Farbigen führen könnten. Endlich kommt es zu den längst fälligen Gesprächen zwischen ANC, PAC, den Kommunisten und den Liberalen. Die Männer haben nun buchstäblich jahrelang Zeit, ihre Vorstellungen in aller Ruhe miteinander zu vergleichen. Noch immer ist der PAC anti-kommunistisch und anti-indisch eingestellt, dennoch hegt Mandela den Traum, alle Widerstandsgruppen zu einer Einigung zu bringen, was ihm nicht gelingt. Die Parteien zerstreiten sich zeitweise sogar so heftig, auch innerhalb des ANC, dass es zu einer schriftlichen

Grundsatzerklärung kommt, die, aus dem Gefängnis hinausgeschmuggelt, von der ANC-Exilführung in Lusaka (Sambia) gebilligt werden soll. Oliver Tambo segnet das 22-seitige Dokument ab.

Die Zahl der politischen Häftlinge auf Robben Island wächst ständig, 1966 sind es allein 1000 ANC-Mitglieder. Daher entwickeln Mandela und seine Kameraden ein System von Komitees und Verbindungswegen, damit die Partei ihre Mitglieder auch hier betreuen kann. Mandela, Sisulu, Mbeki und Mhlaba sind die unbestrittenen Wortführer des ANC, sie bilden das so genannte *high organ*, bestimmen das Auftreten gegenüber der Gefängnisleitung, sorgen für Disziplin im Block B, organisieren den geheimen Kontakt mit Häftlingen aus anderen Abteilungen des Gefängnisses. Die Kommunikation zwischen den politischen Häftlingen und den »allgemeinen« Kriminellen ist verboten und kann nur mit viel Phantasie und Risikobereitschaft stattfinden, zum Beispiel wenn das Essen gebracht wird. Die Häftlinge tauschen Botschaften aus, die sie in Streichholzschachteln mit doppeltem Boden verstecken oder auf dem Weg zum Steinbruch unter Sträuchern deponieren. Denn treffen sich die Bewohner verschiedener Blocks auf dem Weg zum Steinbruch, müssen die Allgemeinen den Politischen ausweichen und sich vom Weg ins Gebüsch schlagen.

Im Juni 1966, als sie gerade in großen Schwierigkeiten steckt, kommt Winnie Mandela zu Besuch. Nelson ist vorher ein Zeitungsartikel zugespielt worden, deshalb weiß er, dass sie einen Polizisten niedergeschlagen hat, der ihr mit einer Vorladung bis ins Schlafzimmer gefolgt war. Winnie Mandela kann ihr heftiges Temperament nur schwer zügeln. Ihre Wut über die Schikanen des Staates ist unermesslich. Und je mehr man versucht sie einzuschüchtern, desto sicherer wird sie in ihrer Unbeugsamkeit und Furchtlosigkeit. Seit acht Jahren steht sie bereits unter Bann, ihre größte Sorge jedoch gilt den Mädchen, die von jeder Schule verwiesen werden, sobald bekannt wird, wer ihr Vater ist. Schließlich gelingt es ihr, die beiden an einer Schule anzumelden, die für alle Hautfarben offen ist. Das Internat liegt aber außerhalb Südafrikas, im nordöstlich angrenzenden Königreich Swaziland.

Nelson sorgt sich mehr um seine Frau als um die Töchter. Winnie steht nur noch mit wenigen Freunden in Verbindung, denn die meisten sind im Gefängnis, im Exil oder untergetaucht, und Nelson weiß, dass sie sich oft zu vertrauensselig und unvorsichtig verhält. Winnie Mandela betätigt sich weiterhin politisch, hilft Familien von Inhaftierten, organisiert Flugblätter für den ANC und tappt von einer Falle in die nächste. Für den Sicherheitsdienst ist sie leichte Beute. Falsche Freunde scharen sich um sie, darunter Mitarbeiter des CIA oder einfach nur Ganoven. Sie alle benutzen die Ehefrau des Inhaftierten als Informantin und fangen ihre Nachrichten ab. Nach ihrer Rückkehr von Robben Island wird sie aus einem fadenscheinigen Grund verhaftet und verliert ihren neuen Job.

In Südafrika herrscht Friedhofsruhe. Die Widerstandsorganisationen sind aufgerieben und die Welt vergisst die Gefangenen auf Robben Island: Die *New York Times* erwähnt den Namen Mandela 1964, dem Jahr des Rivonia-Prozesses, immerhin 24 Mal, aber 1965 und 1966 überhaupt nicht, 1967 nur einmal – da geht es um Winnie Mandela, nicht Nelson –, 1968 gar nicht. Ähnliches gilt für andere internationale Zeitungen. In Südafrika ist es ohnehin verboten, die Namen Mandelas, Tambos und anderer Führer zu erwähnen, ebenso die Namen der verbotenen Organisationen ANC, PAC oder den der Kommunistischen Partei.

1966 wird die Ermordung von Premierminister Dr. Verwoerd den ANC-Führern zur Last gelegt, obwohl es bekannt ist, dass ein weißer Parlamentsdiener die Tat ohne politischen Hintergrund begangen hat. Auf Robben Island braut sich eine nervöse Stimmung zusammen. Neue Wachleute kommen auf die Insel, die offenbar den Auftrag haben, den Gefangenen das Leben möglichst unerträglich zu gestalten. Ein besonders brutaler Aufseher, mit Spitznamen »Suitcase«, steckt die Männer reihenweise in Einzelhaft oder erlaubt sich kleine widerwärtige »Späße« mit ihnen. Dass Suitcase außerdem strohdumm ist, trägt zwar zur Heiterkeit der Gefangenen bei, aber meistens ist ihnen nicht nach Lachen zumute. Vor allem, seitdem Suitcase ihnen verbietet, im Steinbruch miteinander zu sprechen. Als die liberale Abgeordnete Helen Suzman zu einem offiziellen Besuch auf die Insel kommt, berichtet Mandela ihr im Beisein des Direktors von den Übergriffen. Kurz darauf wird Suitcase versetzt.

Neuer Gefängnisleiter wird Oberst Piet Badenhorst, der seinem Ruf, ein besonders brutaler Mensch zu sein, voll gerecht wird. Auf Robben Island wird jetzt ein regelrechtes »Terrorregime« eingerichtet, alle Anfragen werden automatisch mit Nein beantwortet, alle Erleichterungen gestrichen. Oberst Badenhorst hat ein paar Schlägertypen mitgebracht, die ihre Jobs als Aufseher dazu nutzen, ihre sadistischen Neigungen zu befriedigen. Sie schikanieren die Gefangenen mit allen Mitteln, quälen und foltern sie. Es kommt zu grausamen nächtlichen Übergriffen, wenn die betrunkenen Aufseher sich zu einer »Razzia« entschließen.

Mandela, der vor körperlicher Misshandlung bewahrt bleibt, kann Nachrichten über die katastrophalen Zustände nach draußen schmuggeln. Drei Monate später ist der Spuk vorbei, Badenhorst muss gehen. Für Mandelas Gefährten ist es völlig unbegreiflich und auch abstoßend, dass er von Badenhorst einen versöhnlichen Abschied nimmt. Mandela selbst meint dazu, er habe begriffen, wie aus Menschen Tiere gemacht würden.

Indessen formiert sich der Kampf gegen die weiße Vorherrschaft in den Nachbarländern Südafrikas, den so genannten »Frontstaaten«: In Namibia kämpft die *South West African People's Organization* (SWAPO); in Rhodesien formiert sich die *Simbabwe African People's Union* (ZAPU), die mit dem ANC eine Allianz eingegangen ist. Hendrik Verwoerds Nachfolger John Vorster fühlt sein Land von innen und außen her bedrängt und erlässt 1967 den *Terrorism Act*. Neue Befugnisse animieren die Polizei zu noch mehr Härte. Zwei Jahre später richtet Vorster einen neuen Geheimdienst ein, das skrupellose *Bureau of State Security* (BOSS).

Gleichzeitig erlebt Südafrika einen einzigartigen wirtschaftlichen Aufschwung. Seit Mitte der 60er Jahre fließt das ausländische Kapital in Strömen ins Land. Eine Wachstumsrate von durchschnittlich sechs Prozent lockt Automobilhersteller und multinationale Konzerne an, die in Südafrika ihre Niederlassungen gründen. Die Erhöhung des Verteidigungshaushalts schafft auch für ausländische Waffenlieferanten neue Absatzmöglichkeiten. Schwarze Arbeiter sind wieder gefragt wie eh und je, aber noch immer gibt es kein

Konzept darüber, wo all diese Menschen leben sollen, die in die Städte drängen. Die Verelendung der *townships* schreitet unweigerlich voran.

Alle Hoffnungen auf ausländische Hilfe gegen die Apartheidsregierung zerschlägt sich in diesen Jahren. Die reichen europäischen Länder und die USA wollen hier ihre Geschäfte machen. Wirtschaftssanktionen sind zwar immer wieder einmal im Gespräch, aber die britischen Diplomaten antworten auf eine diesbezügliche Anfrage amerikanischer Kongressabgeordneter, mit Sanktionen könne man doch nichts erreichen. Gleichzeitig findet sich in einem vertraulichen Schriftstück der Grund für die Weigerung: »Großbritannien würde darunter bei weitem am meisten zu leiden haben, angesichts des Ausmaßes unseres Export- und Importhandels mit Südafrika.«[6]

Auch die USA sehen keinen Grund dafür, warum sie sich mit der Apartheidsregierung anlegen sollten. Das Land ist mit Vietnam beschäftigt und kann keine weiteren Konflikte gebrauchen. Nur ein paar schwarze Bürgerrechtsbewegungen protestieren und auch manch ein weißer Politiker kritisiert die Regierung in Pretoria. Robert Kennedy sagt 1966 nach einem Besuch in Südafrika, wenn er hier lebte, würde er alles zusammensuchen, was er besitze, und auf der Stelle abhauen.

Für den ANC ist es keine Frage, dass Südafrika ohne die Unterstützung der alten Kolonialmächte und der USA längst bankrott wäre. Aber auch »schwarze« Regierungen tragen zur Stabilität des Apartheidregimes bei. 1969 erklären 14 afrikanische Staaten im »Manifest von Lusaka«, dass sie es für notwendig halten, mit Südafrika gute Beziehungen zu pflegen, und dafür politische Kompromisse einzugehen bereit sind.

Es wundert daher nicht, dass die Freiheitskämpfer große Hoffnungen auf Moskau setzen, denn hier finden sie ein offenes Ohr, empfangen Geld und Unterstützung. In der DDR wird die ANC-Zeitung gedruckt und viele ANC-Kämpfer studieren an den ostdeutschen Universitäten. Im Gegensatz dazu wahrt die Bundesrepublik als einer der Hauptinvestoren gute Geschäftsbeziehungen zu Südafrika, nur einzelne Politiker schlagen kritische Töne an.

Ende der 60er Jahre führt der ANC nur noch eine Schattenexistenz, kaum jemand kann daran glauben, dass die schwarze Befreiungsbewegung noch eine Chance hat. Auf Robben Island treffen ständig neue Kämpfer ein, die in den Netzen des Geheimdienstes oder der Grenztruppen hängen geblieben sind. Wer ist noch übrig, um die Ideen von Freiheit und Gleichheit hochzuhalten? Winnie Mandela ist eine von ihnen. Allein ihre Existenz versteht die Regierung als ständige Provokation. Sie verhaftet sie 1970 – zum vierten Mal – aufgrund des neuen Terrorismus-Gesetzes. Die Anklage lautet auf Wiederbelebung des ANC und kommunistischer Umtriebe. Für die allein erziehende Mutter ist dies eine brutale Erfahrung von vielen: »Gefängnis – das bedeutet mitten in der Nacht das Hämmern an der Tür. Gefängnis, das bedeutet Scheinwerfer, mit denen man durch alle Fenster geblendet wird, bevor sie die Tür aufstoßen. Gefängnis, das bedeutet das Recht der Sicherheitspolizei ... Teppiche umzudrehen, Betten und Laken herauszureißen, auf denen schlafende Kinder liegen, Kleider aus Schränken und Koffern zu zerren, Taschen zu durchwühlen und schließlich im Morgengrauen mitgenommen zu werden, weggezerrt von kleinen Kindern, die schreiend am Rock der Mutter hängen und den weißen Mann anflehen, Mummy in Ruhe zu lassen.«[7]

Winnie Mandela wird in die Todeszelle gebracht, wo sie völlig allein ist mit sich und ihren quälenden Fragen. Was ist mit den Kindern? Wo sind sie, wer kümmert sich um sie? Wie lange muss sie diesmal im Gefängnis bleiben? In der Zelle befindet sich nichts außer einer Flasche Wasser und einem Plastikeimer. Frische Kleidung hat sie nicht, und das Wasser, das man ihr zum Waschen bringt, stinkt fürchterlich. Während der Menstruation bekommt sie, wie alle Frauen im Gefängnis, nur ein wenig Toilettenpapier und den Tipp: »Benutzt doch eure großen fetten Hände«[8]. Jeden Tag muss Winnie Mandela sich ausziehen und am ganzen Körper untersuchen lassen. Fünf Tage und Nächte lang wird sie mit brutalsten Methoden verhört. Erst als sie ohnmächtig zusammenbricht, bringt man sie zurück in die Zelle. Ihr Körper ist aufgeschwollen und sie uriniert Blut.

Die Sicherheitspolizisten locken sie: Wenn sie der Bewegung abschwört, sich von ihrem Mann lossagt, ist sie sofort frei. Aber sie denkt nicht daran. 17 Monate bleibt sie in Isolationshaft, ohne dass es einen Prozess gegeben hätte. Erst nach sieben Monaten darf ihr Anwalt sie besuchen. Wegen Unterernährung und Ohnmachtsanfällen muss sie im Gefängniskrankenhaus behandelt werden, dann wird sie plötzlich ohne Erklärung freigelassen, aber unter Hausarrest gestellt. Das Los von Winnie Mandela ist das vieler Frauen von Widerstandskämpfern.

Für sie ist es mehr, als sie verkraften kann. Nach den ersten Gefängnisaufenthalten ist sie nicht mehr dieselbe. »Ich habe mich danach als jemanden entdeckt, der anders geworden war. Heute weiß ich, daß ich schießen würde, wenn der Mensch, mit dem ich es zu tun habe, da vor mir erscheinen würde mit einem Gewehr in der Hand. Ich würde schießen, gleichgültig, ob es ein Mann, eine Frau oder ein Kind wäre, ich würde schießen in Verteidigung meiner Prinzipien. Das ist es, was sie mich gelehrt haben. Ich hätte das vorher niemals tun können. Der Haß, der mir im Gefängnis entgegenschlug, den ich erst im Gefängnis so kennengelernt habe, war so überwältigend, daß ich, um mich zu verteidigen, um zu überleben, exakt das gleiche in mir habe entwickeln müssen, ihnen gegenüber.«[9]

Mandela kann seiner Frau nicht helfen. Auch seiner alten Mutter nicht, die ihn einmal auf Robben Island besucht. Kurz darauf stirbt sie, und Mandela darf sie nicht beerdigen, wie es seine Pflicht als Sohn gewesen wäre. Doch das Ausmaß der Verzweiflung ist noch lange nicht erschöpft. Im Juni 1969 wird er in das Hauptbüro von Robben Island gerufen und bekommt ein Telegramm ausgehändigt, in dem nur ein Satz steht. Sein Sohn Thembi ist bei einem Autounfall ums Leben gekommen. Er war gerade 25 Jahre alt, hatte Frau und Kinder. Bis heute fehlen Nelson Mandela die Worte für diesen Schmerz. Er darf auch seinen Sohn nicht zu Grabe tragen. Verzweifelt erinnert er sich daran, wie Thembi ihm als Junge beim Abschied mutig sagte: »Ich kümmere mich um die Familie, während du weg bist.«[10] Niemals wird es ihm klarer als in diesem Moment, dass seine Kinder eigentlich keinen Vater hatten. Vielleicht hat Thembi, der immerhin in Kapstadt lebte, ihn deshalb nie auf der Insel besucht.

Gebeugt, gedrückt, gequält wird Mandela von all den schweren Schlägen, doch sein Wille, das Gefängnis zu überleben, sich selbst nicht aufzugeben, ist ungebrochen. Inmitten der trostlosen Welt von Robben Island bewegt er sich wie ein weiser, alter König, spricht seinen Freunden Mut zu, diskutiert die Zukunft Südafrikas, kämpft gegen die täglichen Angriffe auf seine Würde. Und wiederholt in Gedanken immer wieder die Verse eines alten Gedichts:

»I am the master of my fate; I am the captain of my soul.«[11]

Wir werden die Apartheid zerschmettern

Mit den Jahren haben die Gefangenen auf Robben Island einige Verbesserungen durchsetzen können und das Leben ist ein bisschen erträglicher geworden. Die Häftlinge tragen jetzt lange Hosen, bekommen im Winter Pullover und besitzen jeder eine eigene Gefängnisuniform, die sie waschen können, wann sie wollen. Aus den Duschen fließt warmes Wasser, wenn es nicht gerade »zur Strafe« wieder abgestellt worden ist. Außerhalb der Arbeitszeit können die Häftlinge sich zwischen Zelle und Gefängnishof frei bewegen und manchmal gibt es jetzt auch für die Schwarzen Brot. Obwohl Nelson Mandela seit 1974 in die Haftkategorie A mit den meisten Vergünstigungen fällt, werden ihm noch immer Kontaktbesuche verwehrt, was bedeutet, dass er seine Familie nur durch die Glasscheibe sehen kann. Immerhin darf er inzwischen drei Briefe und zwei Besuche pro Monat empfangen.

Im Steinbruch werden die Unterhaltungen wieder aufgenommen, oft stehen die Männer dabei müßig herum. Sind Offiziere im Anmarsch, warnen die Aufseher »ihre« Häftlinge. Das Zusammenleben auf der Insel hat tatsächlich dazu geführt, dass ein paar gute Beziehungen, fast Freundschaften zwischen Aufsehern und Häftlingen entstanden sind. Die Gefängnisleitung bekämpft dieses Phänomen mit dem einzig wirkungsvollen Gegenmittel und tauscht die Aufseher alle paar Monate aus. Dennoch kann sie nicht verhindern, dass die politischen Häftlinge zunehmend den Gefängnisalltag selbst bestimmen, so dass es manchmal scheint, als leiteten die Insassen das Gefängnis, nicht die Behörden. Der neue Gefängnisleiter, Oberst Willemse, ein höflicher, vernünftiger Mensch, nicht gerade fortschrittlich, aber kooperativ, muss sich mehrfach an Mandela wenden, um ihn zu bitten, seinen Einfluss bei den Häftlingen geltend zu machen. Ohne Disziplin gehe es nun einmal nicht, und wenn sie keinen neuen brutalen Leiter haben wollten, müssten sie sich eben an die Anstaltsregeln halten. Nach dem Gespräch tun die politischen Häftlinge zumindest so, als würden sie arbeiten.

Robben Island erhält in diesen Jahren den Beinamen »Mandela-Universität«. Die Häftlinge haben nicht nur Fernkurse und Studien belegt, sondern halten selbst Vorlesungen. Wer etwas weiß, teilt es mit den anderen. Walter Sisulu spricht über die Geschichte des ANC, Achmed Kathadra über den indischen Freiheitskampf, Mac Maharaj über den Marxismus, Nelson Mandela über politische Ökonomie. Gruppen von »Studenten« sitzen oder stehen im Steinbruch oder im Gefängnishof um ihren »Seminarleiter« herum und lernen auf dieselbe Weise, wie es im alten Griechenland üblich gewesen ist, durch Frage und Antwort. Für viele, gerade auch die jungen MK-

Kämpfer, ist dies der erste politische Unterricht in ihrem Leben und sie nehmen jedes Wort begierig auf. Nelson ist als Lehrer gefürchtet, denn Thesen, die nicht gut durchdacht oder durch Wissen fundiert sind, macht er erbarmungslos nieder.

Eines Tages melden die Gefangenen aus der allgemeinen Abteilung, dass sie auch am Unterricht teilnehmen wollen. Dies ist verboten und so versuchen die Lehrer von Block B, ihre Konzepte schriftlich zusammenzufassen und hinüberzuschmuggeln. Selbst junge Wärter, manche von ihnen kaum erwachsen und ohne Ahnung von der Geschichte noch von den politischen Zuständen in Südafrika, fragen schüchtern an, ob auch sie etwas lernen könnten. Bereitwillig nehmen sich die älteren Häftlinge ihrer Erziehung an. Dieser erste, vorsichtige Austausch von Gedanken und Hoffnungen, Vorurteilen und Fakten gehört wohl zu den seltsamsten Früchten, die Robben Island hervorgebracht hat.

Weil es auf der Insel nur wenig Bücher und rationierte Papierzuteilungen gibt, müssen die Häftlinge viel auswendig lernen. Die ständige geistige Herausforderung hilft ihnen bei der Kompensation mancher Bedürfnisse. Kein Sex, kein Alkohol, aber tägliche Debatten über Politik und Gesellschaft – die Atmosphäre auf Robben Island gewinnt einen puritanischen, vergeistigten Charakter und schafft eine Gemeinschaft, die durch Kameradschaft, weitgehende politische Toleranz und die Lust an Diskussionen verbunden ist.

Eine Lieblingsbeschäftigung der Häftlinge ist es, Theaterstücke aufzuführen und Literaturlesungen zu veranstalten. William Shakespeares Dramen sind die Favoriten. Einer der Gefangenen lässt seine Gesamtausgabe durch die Zellen wandern, damit jeder der Gefährten die Stelle mit seinem Namen kennzeichne, die ihm am meisten bedeutet. Nelson Mandela wählt eine Passage aus »Julius Cäsar«:

»Feige Leute sterben lange vor ihrem Tode;
der Tapfre schmeckt den Tod nur einmal.
Unter all den Wunderdingen, wovon ich gehört habe,
scheint mir das wunderlichste, daß sich die Leute fürchten;
da sie doch wissen, daß der Tod, das unvermeidliche Ende,
kommen wird, wann es kommen will.«

Menschlich wachsen viele Häftlinge über sich hinaus. »Das Gefängnis hat mich vollkommen von meinem Selbstmitleid und von meiner Ichbezogenheit geheilt«[1], erzählt einer der Gefangenen, und ein anderer meint nach seiner Freilassung: »Ich kann einen Robben Islander auf eine Meile Entfernung erkennen. Wenn sie sich in einer Konfliktsituation befinden, halten sie ihre Wut im Zaum, die sie dann analysieren.«[2] Nelson Mandela, Vorbild für viele, scheint mit den Jahren unverletzlich geworden zu sein, als stünde er über den Dingen. Doch unter der Maske von Geduld und Gelassenheit wächst sein Hass auf das System, das ihn seiner Freiheit beraubt.

Unerträglich ist ihm der Terror, dem seine Frau ausgesetzt ist. Winnie Mandela wird so häufig inhaftiert, dass die Kinder, wenn sie am Wochenende aus Swaziland nach Hause kommen, oft vor verschlossener Tür stehen. Helen Joseph, Mandelas Mitangeklagte aus dem Hochverratsprozess, holt die beiden Mädchen dann zu sich. Mandela zeigt seiner Frau nichts von seinen Ängsten und versucht, ihr Mut zuzusprechen, wie ein Lehrer: »Du wirst vielleicht erfahren, daß die Zelle der ideale Ort ist, dich selbst kennenzulernen, die Prozesse deines Geistes und deine Gefühle regelmäßig und realistisch zu untersuchen.«[3]

In gleicher Weise nimmt Mandela seinen Kindern gegenüber die Rolle des klugen Ratgebers ein, bleibt aber für sie natürlich der fremde Vater, der ferne Held, einer, der gute Schulnoten und vernünftige Zukunftspläne sehen will. Die Kinder bleiben ihm oft beides schuldig. Vor allem sein Sohn Makgatho enttäuscht ihn immer wieder. Er bewältigt die Schule einfach nicht und gibt schließlich auf. Die Tochter Makaziwe zeigt zwar hervorragende Leistungen, will aber keine Universität besuchen, sondern Krankenschwester werden. Mandela kann das nicht akzeptieren. Er malt ihr aus, dass sie als Mensch ohne Ehrgeiz wohl den Rest ihres Lebens in untergeordneten Positionen arbeiten müsse. Die jüngste Tochter Zindzi ist gerade 15, als sie ihren Vater zum ersten Mal auf der Insel sieht. Mandela ist überrascht, wie sehr sie ihrer Mutter ähnelt, schön und ebenso hitzig. Ihr Blick durch die Glasscheibe wirkt distanziert und abwägend. Mandela spürt ihren Widerwillen und versucht alles, um ihr näher zu kommen. Als er ihr erzählt, wie gut er sich daran erinnert, sie als Baby auf dem Arm gehalten zu haben, laufen Zindzi die Tränen über die Wangen.

An diesem besonderen Tag erfährt Mandela vom Tod seines Freundes Bram Fischer. Fischer war bald nach dem Rivonia-Prozess in den Untergrund gegangen, später inhaftiert und dann entlassen worden. Doch seine Freiheit konnte er nicht mehr genießen, kurz darauf stirbt er. Auch im Tod gönnt die Regierung ihm keinen Frieden, seine Asche wird beschlagnahmt. »Gleichgültig, was ich in meinem Einsatz für die Freiheit erleiden mußte – immer bezog ich Kraft aus der Tatsache, daß ich mit meinem eigenen Volk und für seine Interessen kämpfte. Bram dagegen war ein freier Mann, der gegen sein eigenes Volk stritt, um für andere die Freiheit zu schaffen«[4], sagt Mandela über seinen Freund.

Auch Helen Joseph gehört zu denen, die ihr Leben der Befreiung des schwarzen Volkes widmen und dafür ihre eigene Freiheit aufgeben. Seit ihrem ersten Gefängnisaufenthalt wird sie gnadenlos schikaniert: Hausarrest, Bann, Reisebeschränkungen, Redeverbot, Versammlungsverbot – in schier endloser Wiederholung wechseln sich die Verfügungen ab. Helen Joseph aber verliert weder den Mut noch ihren Humor. Jahrelang darf sie nur an gesellschaftlichen, nicht aber politischen Zusammenkünften teilnehmen: »Immer hatte ich in diesen Jahren eine Tasse Tee und ein Stück Gebäck in der Hand. Sie können sich nicht vorstellen, wieviel Tee ich in meinem Leben der Polizei zuliebe getrunken habe.«[5]

Mitte der 70er Jahre führen ein paar ganz unterschiedliche Entwicklungen zu einem neuen Aufflackern des Widerstandes gegen die Apartheidregierung. Der wirtschaftliche Aufschwung ist einer leichten Rezession und Inflation gewichen. Tausende von schwarzen Arbeitern streiken und fordern 1973 in Durban und Port Elizabeth höhere Löhne. Auch ohne prominente Anführer, ohne eine starke Organisation im Hintergrund gehen die Menschen auf die Straße und fordern ihr Recht. Ein Jahr später gründen einige weiße Parlamentsmitglieder die *Progressive Party*, die sich gegen die Diskriminierung von Schwarzen ausspricht.

Wie die Schriftstellerin Nadine Gordimer beschreibt, hat sich die Haltung der liberalen Weißen verändert: »In den siebziger Jahren begriffen die weißen Liberalen allmählich, daß Schuldgefühle vollkommen unproduktiv sind. Sie können sich an die Brust schlagen und ›mea culpa!‹ rufen – für den Menschen, den sie unterdrücken, ändert sich dadurch herzlich wenig. Wir, die liberalen und die radikalen Weißen, müssen diese Schuldkomplexe endlich hinter uns lassen und damit anfangen, anders zu denken, anders zu leben als bisher.«[6]

Durch den Sturz der Diktatur in Portugal, ebenfalls 1974, werden die Kolonien Angola und Mosambik unabhängig und in den »Frontstaaten« erstarken die Befreiungsarmeen gegen die weiße Vorherrschaft.

Die wichtigsten Impulse kommen jedoch aus dem *Black Consciousness Movement* (BCM), ins Leben gerufen von Steve Biko, einem Medizinstudenten aus Natal, der schon 1970 in einem Studentenrundbrief geschrieben hatte: »Der schwarze Mann von heute hat seine Männlichkeit verloren. Reduziert auf eine gefällige Schale, sieht er ehrfürchtig zu der weißen Machtstruktur auf und nimmt hin, was er als seine einfache ›unvermeidbare Stellung‹ ansieht.«[7] Biko will das Selbstbewusstsein und den Stolz der schwarzen Menschen stärken. Farbige und Inder fasst er als unterdrückte Bevölkerung mit unter den Begriff »schwarz«, von Weißen will er jedoch weder Hilfe noch Solidarität akzeptieren.

Während die Mitglieder des ANC die jungen, aggressiven Männer des BCM zunächst mit Argwohn betrachten, ist Winnie Mandela sofort mitgerissen. Endlich ist da jemand, der ihre glühende Wut teilt: »Man fühlte sein Blut hochschießen, wenn man aufstand, und man war stolz darauf, schwarz zu sein, das habe ich Steve zu verdanken.«[8] 1975, als Winnies Beschränkungen teilweise aufgehoben sind und sie wieder an öffentlichen Versammlungen teilnehmen darf, mischt sie sofort in der neuen Bewegung mit und warnt in Interviews vor der Welle des Zorns, die sich in den jungen Menschen aufgestaut hatte.

»Die Weißen werden keine Chance haben. Ihr Liberalen könnt euch das ebenso aus dem Kopf schlagen wie die Regierung«, sagt ein schwarzer Aktivist in Nadine Gordimers Roman »Burgers Tochter«, der ein paar Jahre später erscheint und sofort in Südafrika verboten wird. »Weiße, was immer ihr seid, es spielt keine Rolle. Da ist kein Unterschied. Man erkennt sie – Afrikaner, Liberale, Kommunisten. Wir übernehmen von keinem etwas. Wir nehmen es uns. Verstehen Sie? Wir nehmen es uns. Es gibt keine alten Männer mehr wie diesen da, diesen alten Vater – ein Sklave, der sich der Privilegien eines Herrn ohne Rechte erfreut. Das ist vorbei.«[9]

Auf Robben Island hört man von all dem zunächst nur wenig. Mandela feiert 1975 bereits seinen 57. Geburtstag. Walter Sisulu und Achmed Kathadra drängen ihn schon seit Jahren, er solle seine Memoiren schreiben, vielleicht könnten diese dann zu seinem 60. Geburtstag erscheinen. Ein Buch über sein Leben würde die Erinnerung an den Freiheitskampf aufrechterhalten, und Mandela, einmal entschlossen, setzt sich nun mit ganzer Kraft für das Projekt ein. Die Texte, die er in der Nacht heimlich aufschreibt, werden von Sisulu und Kathadra gelesen, korrigiert und ergänzt. Das Manuskript zählt nach vier Wochen bereits 500 Seiten, wird kopiert und nach draußen geschmuggelt. Das Original vergraben die Häftlinge im Gefängnisgarten, wo es unglücklicherweise bei Bauarbeiten von den Aufsehern entdeckt wird. Zur Strafe verlieren Mandela, Sisulu und Kathadra das Studienprivileg für vier Jahre. Das Buch wird niemals erscheinen, liegt aber der später veröffentlichten Autobiographie »Der lange Weg zur Freiheit« zugrunde.

Die Regierung erkennt in diesen Jahren, dass Nelson Mandela selbst im Gefängnis gefährlich ist – ein lebender Mythos, dessen Anziehungskraft von Jahr zu Jahr wächst. 1976 unterbreitet ihm daher ein Kabinettsmitglied der Regierung Vorster einen Vorschlag: Man könnte seine Haft erheblich verkürzen, wenn er darauf einginge, sich für den Rest seines Lebens in die Transkei zurückzuziehen und die dortige Bantustan-Regierung anzuerkennen. Mandela lehnt sofort ab. Kaufen lässt er sich nicht und für die Pseudo-Selbstverwaltung der Bantustans hat er nur Verachtung übrig. Außerdem ist sein Zuhause in Johannesburg und nur dorthin will er zurückkehren. Mandela weiß auch, dass die Regierung noch weit davon entfernt ist, wirklich etwas an ihrer Politik ändern zu wollen. Durch die Abschaffung von Gesetzen der *petty Apartheid*, der so genannten »kleinen Apartheid«, in diesen Jahren lässt er sich nicht täuschen. Die Rassentrennung auf Parkbänken, Bahnsteigen und anderen öffentlichen Plätzen wird von der Regierung nämlich nur deshalb aufgehoben, weil die Touristen diese Bilder immer am liebsten fotografiert haben.

1976 bricht eine neue, schreckliche Zeit an: Die Wut der schwarzen Menschen, vor allem der jungen, lässt sich nicht mehr kontrollieren. Eine Welle blutiger Gewalt überschwemmt das Land. Anlass ist eine demütigende Maßnahme der Regierung. Sie schreibt vor, dass der Unterricht an schwarzen Gymnasien ab sofort statt auf Englisch auf Afrikaans abgehalten werden soll, doch Afrikaans ist die Sprache der Unterdrücker. Die Schüler sind außer sich vor Zorn über diese Zumutung. Proteste von Schülern, Lehrern und Eltern richten aber nicht das Geringste aus und so versammeln sich am 16. Juni 10 000 Schulkinder im Zentrum der *South-Western-Townships*, Soweto, um gegen die neue Vorschrift zu demonstrieren.

Die Polizei marschiert auf und eröffnet ohne Vorwarnung das Feuer. Dabei wird der 13-jährige Hector Pieterson erschossen; das Bild des toten Jungen geht am nächsten Tag um die Welt. Zwei Polizisten sterben ebenfalls. Soweto verwandelt sich in ein blutiges Schlachtfeld, die Polizei kämpft mit Panzerwagen und Hubschraubern gegen die mit Steinen und Stöcken bewaffneten Schüler. Im ganzen Land greift die Gewalt um sich. In den nächsten Monaten werden fast 1000 Menschen getötet, die meisten von ihnen sind schwarz, Schüler, Jugendliche und Kinder. Trauerfeiern geraten zu Demonstrationen und enden in gewaltsamen Aufständen. Überall boykottieren die Schüler den Unterricht und gehen stattdessen auf die Straße, fordern die Regierung voller Hass heraus. Diese jungen Schwarzen sind nicht die friedlich-ungebildeten, welche die Regierung sich gewünscht hatte. Sie zeigen eine entschlossene Kampfbereitschaft und wissen genau, was sie wollen. Die Bantu-Erziehung schlägt zurück.

Robben Island füllt sich mit jungen Kämpfern, die von ganz anderem Schlage sind als die »Alten«. Mandela und seine Gefährten empfangen sie voller Hoffnung, froh darüber, dass der Kampf endlich weitergeht. Obwohl der ANC bei den letzten Soweto-Aufständen nur eine Nebenrolle gespielt hatte, stellt er sich sofort hinter die neue Bewegung. Aber die jungen Revolutionäre, die zunächst stolz sind, auf die Insel zu kommen, weil sie als »Ort der Ehre« gilt, sind bald von ihren Führern enttäuscht und stellen deren Autorität offen in Frage. Winnie Mandela hatte ihren

Mann schon gewarnt, dass diese jungen Leute das Wesen des Kampfes verändern würden. Nun sieht er es selbst. Sie wollen keine Ratschläge und keine Belehrungen. Sie verstehen nicht, wie man sich mit der Gefängnisleitung arrangieren kann, sie weigern sich trotzig und aggressiv, ein Teil des Systems zu sein. Viele von ihnen haben neue, ausgefeilte und ungeheuer grausame Foltermethoden der Sicherheitspolizei über sich ergehen lassen müssen – nun kennen sie keine Angst mehr. Die alten Kämpfer bewundern ihren Mut und zucken innerlich zusammen, wenn sie selbst als »gemäßigt« beschimpft werden.

Täglich spielen sich dieselben Szenen ab: Ein junger Revolutionär nimmt in Anwesenheit des Kommandanten seine Mütze nicht ab. Auf die wiederholte Aufforderung reagiert er ungehalten: »Wozu haben Sie diese Vorschriften? Welchen Zweck haben sie?« Mandela fragt sich, wie weit er und seine Gefährten sich schon von einer wirklich revolutionären Haltung entfernt haben: »Waren wir tatsächlich bei einer Geisteshaltung stehengeblieben, die nicht mehr revolutionär war? Wir saßen seit über 15 Jahren im Gefängnis, bei mir selbst waren es sogar fast 18 Jahre. Die Welt, die wir verlassen hatten, gab es schon lange nicht mehr. Es bestand die Gefahr, daß unsere Ideen in dieser Zeit stehengeblieben waren.«[10]

Deshalb also diskutieren die alten mit den jungen Revolutionären. Die Mitglieder des *Black Conscious-*

ness Movement greifen viele bekannte Ideen auf: Sie lehnen alle Rassenschranken ab, wollen aber keine Weißen in ihrer Bewegung dulden. Taktisch klug unternehmen die ANC-Anhänger auf Robben Island keinen Versuch, Leute des BCM anzuwerben, hoffen aber, dass diese sich ihnen eines Tages anschließen werden. Und tatsächlich gewinnen sie nach und nach Anhänger.

Mandela muss häufig als Friedensstifter zwischen den verschiedenen Parteien vermitteln, bemüht sich ständig darum, alle für den Freiheitskampf zu einigen – und darf darüber diejenigen, die den Kampf in den *townships* täglich unter Lebensgefahr führen, nicht vergessen. Nach den Soweto-Aufständen sendet er ihnen die Botschaft: »Wir, die wir in den grauen Mauern des Gefängnisses des Pretoria-Regimes festgehalten werden, reichen unserem Volk die Hände ... Wir sehen voller Vertrauen in die Zukunft. Denn die Gewehre, die die Apartheid schützen, machen sie nicht unbesiegbar. Wer zum Gewehr greift, wird durch das Gewehr umkommen. Schließt euch zusammen! Mobilisiert! Kämpft weiter! Zwischen dem Amboß der vereinten Massenaktion und dem Hammer des bewaffneten Kampfes werden wir die Apartheid und das Minderheitsregime der weißen Rassisten zerschmettern.«[11]

Während Südafrika unter der Gewalt erbebt, läuft das

Leben auf Robben Island nach eingefahrenen Regeln ab. Man hat sich eingerichtet, die schlimmsten Zwangsmaßnahmen sind aufgehoben. Zu Beginn des Jahres 1977 wird die körperliche Arbeit abgeschafft, Folge eines langwierigen Bummelstreiks. Mandela kann nun den ganzen Tag über lesen, Briefe schreiben, sich mit seinen Freunden unterhalten und an juristischen Problemen arbeiten. Auch hat er Zeit für Hobbys, die zu seinen Lieblingsbeschäftigungen werden: Gärtnern und Tennisspielen. Im Gefängnishof hat er einen kleinen Garten angelegt, wo er Tomaten, Chilis und Zwiebeln zieht. Seine Ernte ist so gut, dass er den Aufsehern frisches Gemüse abgeben kann. Mandela entdeckt einen philosophischen Sinn im Säen, Hegen und Ernten. Über seine Beziehung zu einer kümmerlichen Tomatenpflanze schreibt er einen ganzen Brief an Winnie. Als Anführer von Freiheitskämpfern sieht er sich in einer ähnlichen Situation wie ein Gärtner: Gutes fördern, Schlechtes ausreißen.

Seitdem es keine Arbeit im Steinbruch mehr gibt, versucht Mandela, durch Training fit zu bleiben. Täglich läuft er 45 Minuten auf der Stelle, danach absolviert er 100 Liegestützen auf den Fingerspitzen und 50 Kniebeugen. Die Gefängnisleitung genehmigt den Männern Mitte der 70er Jahre endlich, im Gefängnishof ein Volleyballfeld und einen Tennisplatz anzulegen. Zuerst setzen sich die Mannschaften nach politischer Orientierung zusammen, doch bald mischen sich ANC-, PAC- und BCM-Mitglieder problemlos im sportlichen Wettstreit.

Weil er seit dem Fund seiner autobiographischen Aufzeichnungen nicht mehr studieren darf, liest Mandela sich durch die Bücher der Gefangenenbibliothek. Er leiht sich alle nicht verbotenen Bücher von Nadine Gordimer und die Werke von Steinbeck, Dostojewski, Tolstoi, Dickens, Shelley, Wordsworth. Auch die Memoiren von Churchill und Biographien über Kennedy und Vorster liest er. Tageszeitungen werden auf Robben Island noch immer nicht geduldet, aber die Gefangenen können sich Zusammenfassungen von Rundfunkmeldungen anhören. So erfahren sie zwischen den Zeilen oft wichtige Dinge. Wenn die stolze Nachricht lautet, dass die Befreiungsarmeen von Angola und Mosambik zurückgeschlagen worden seien, kann man daraus schließen, dass sie im Vormarsch waren.

Inzwischen hat die Insel sogar ein eigenes Kino, das gut besucht wird, bietet doch selbst der schlechteste Hollywood-Kitsch die Möglichkeit, sich für eine kleine Weile aus der Wirklichkeit hinauszuträumen. Denn trotz aller intellektueller Debatten und freundschaftlicher Gespräche: Die Gefängnisinsassen gehen sich nach über zehn Jahren engster Gemeinschaft oft auf die Nerven.

1977 wird Steve Biko, der Anführer des *Black Con-*

sciousness Movement, im Gefängnis gefoltert und ermordet. Auch wenn die Beweise für seinen grausamen Tod erst Jahre später ans Licht kommen, zweifelt kaum jemand an der Schuld der Sicherheitspolizei.

Inzwischen steht Südafrika beim internationalen Vergleich von Hinrichtungsstatistiken zusammen mit China und dem Iran an der Weltspitze.[12] Internationale Kritik wird vernehmbar, die Vereinten Nationen beschließen ein für alle verbindliches Waffenembargo gegen Südafrika. Premierminister Johannes Vorster muss zurücktreten und wird von Pieter Willem Botha abgelöst, der nach anfänglichen Zugeständnissen, wie der Zulassung von schwarzen Gewerkschaften, insgesamt jedoch einen härteren Kurs einschlägt als sein Vorgänger.

Botha besucht immerhin als erster weißer Staatschef Soweto, um sich über die Lebensbedingungen der Schwarzen zu informieren, aber schon das geht vielen Weißen zu weit, die sich nun von der *National Party* abwenden und in der *Conservative Party* (CP) eine neue Heimat suchen. Die CP wird viele Jahre lang die zweitstärkste weiße Partei im Parlament bleiben.

Der Erfindungsreichtum, mit dem Regimegegner kaltgestellt werden, ist unbegrenzt. Winnie Mandela bleibt eines der beliebtesten Opfer. Sie wird 1977 zwangsweise umgesiedelt und von Orlando in die 400 Kilometer entfernte *township* Brandfort verbannt.

»Ich wurde in einen Armeelastwagen verladen, der vor der Polizeistation stand. Alles, was uns gehört, hatten sie einfach auf den Wagen geworfen; nicht gepackt, sondern geworfen. Sie hatten Decken und Laken vom Bett gerissen, hatten die Schränke leer gefegt mein Geschirr, Nelsons Bücher, Bestecke, Vasen und Lebensmittel – alles, was ihnen in die Hände kam. Drei Viertel des Geschirrs war dabei zu Bruch gegangen.«[13]

Vor einem kleinen verwahrlosten Haus wollen die Soldaten Winnies Habseligkeiten abladen, aber das Haus ist voller Müll und Schutt, also nehmen sie die Möbel einfach wieder mit. Winnie und Zindzi Mandela verbringen die ersten Nächte zusammengekauert auf einer alten Matratze, es gibt kein Licht, kein Wasser, keinen Ofen. »Zindzi wäre fast durchgedreht. Und genau darauf hatten sie es ja wohl auch abgesehen: sie wollten, daß wir zusammenbrechen.«[14]

Winnie Mandela bleibt für ihren Mann, den alternden Kämpfer, immer die Quelle der Hoffnung. Seine liebevollen Briefe beschwören die innigsten Erinnerungen, aber auch glückliche Zukunftsbilder. Freiheit ohne sie ist für ihn nicht vorstellbar. Winnie, Geliebte und Kampfgenossin zugleich, ist sein Fenster zur Außenwelt und nicht selten auch sein Sprachrohr. »Ohne Winnie wäre Nelson nicht gewesen, was er ist«, erzählt ein Freund. »Wenn die Zeitungen nicht über ihn berichten konnten, gelang es ihr, seine Probleme an die Öffentlichkeit zu bringen. Ohne sie wäre der ANC in Vergessenheit geraten. Sie war der einzige Mensch, der für den ANC eintrat und sagte: ›Wage es nur, mich aufzuhalten‹. Sie war bereit, für ihn zu sterben.«[15]

Zenani heiratet 1978 mit 19 Jahren den Prinzen Thumbumuzi, Sohn von König Sobhuza von Swaziland, ein aufgeklärter Regent und Mitglied des ANC. Als Mitglied der königlichen Familie genießt Zenani diplomatische Freiheiten und kann ihren Vater häufig besuchen. Und eines Tages steht sie plötzlich auf seiner Seite der Glasscheibe. Sie gibt ihr neugeborenes Baby an Thumbumuzi weiter und wirft sich dem Vater in die Arme. Es ist die erste Berührung zwischen Vater und Tochter, seitdem sie ein Kleinkind gewesen ist, ein unfassbarer Moment des Glücks. Auch seinen Schwiegersohn umarmt Mandela und er nimmt sein Enkelkind auf den Arm. Nach afrikanischer Sitte wählt der Großvater einen Namen für das Neugeborene aus. Mandela betrachtet das Kind. Vielleicht wird es in einem anderen, neuen Südafrika aufwachsen? Er nennt das Mädchen Zaziwe, Hoffnung.

1980 startet Oliver Tambo, Mandelas alter Freund und ANC-Präsident im Exil, von Lusaka aus die Medienkampagne »*Free Mandela*«, die sich zu einer internationalen Protestbewegung entwickelt. Sie erntet zwar Widerspruch aus den eigenen Reihen, weil der Kampf mit ihr personalisiert wird und das Kollektiv in den Hintergrund rückt, doch sie wirkt, denn überall engagieren sich die Menschen nun für die Freilassung des berühmtesten Gefangenen der Welt. Auch die Kirchen stellen sich hinter den ANC: Die anglikanische Kirche ernennt Desmond Tutu zum Bischof von Johannesburg, der sich schon häufig für die Freilassung Mandelas ausgesprochen hatte. Die Methodisten und sogar die traditionelle *Dutch Reformed Church* kritisieren nun öffentlich den Rassismus und werden sich in Zukunft mehr in die Diskussion einmischen.

Auch der Sicherheitsrat der Vereinten Nationen in New York fordert Mandelas Freilassung. Nur mit ihm lasse sich eine sinnvolle Diskussion über die Zukunft des Landes führen. Aber nicht nur im Ausland, selbst in Südafrika bringen immer mehr Weiße den Aufkleber »*Free Mandela*« am Auto an.

Mandela erfährt weltweite Anerkennung: Er wird mit dem Jawaharlal-Nehru-Preis für Internationale Verständigung geehrt, den zuvor Mutter Teresa, Martin Luther King und Josip Tito erhalten haben. Natürlich darf er nicht zur Verleihung des Preises reisen, daher nimmt Oliver Tambo ihn stellvertretend in Empfang.

Währenddessen geht der bewaffnete Kampf weiter. Der MK verschärft seine Sabotageaktionen, jede Woche zündet er eine neue Bombe. Die Explosionen in den drei wichtigsten Kohleraffinerien sind noch aus 80 Kilometer Entfernung zu sehen. Verteidigungsminister General Magnus Malan antwortet mit voller Härte und mobilisiert die Armee mit dem Ruf zum »totalen Angriff«. Zuerst versucht er, die Operationszentren des ANC außerhalb des Landes zu zerstören. 1981 verüben südafrikanische Truppen einen Überraschungsangriff auf die ANC-Büros in Maputo, der Hauptstadt von Mosambik, und töten dabei 13 Menschen. Der MK reagiert mit Bombenanschlägen unter anderem auf ein im Bau befindliches Atomkraftwerk. Zur selben Zeit greift das Militär das ANC-Büro in Lesotho an und tötet 42 Menschen. Die Kommunistin Ruth First, Joe Slovos Frau, wird von einer Briefbombe getötet, ein Jahr später detoniert die erste Autobombe des MK vor einem Büro der Luftwaffe in Pretoria und tötet 19 Menschen, 200 werden verletzt.

Nelson Mandela ist entsetzt über den Tod der Zivilisten, doch er bleibt bei seiner Haltung, dass der bewaffnete Kampf dem ANC vom Apartheidregime aufgezwungen worden sei. Die Eskalation der Gewalt aber verunsichert die Menschen im Ausland. Noch immer glauben viele, dass hier ein kommunistischer Umsturz geplant sei, obwohl einige von ihnen es besser wissen könnten. Margaret Thatcher wird die ANC-Führer bis weit in die 80er Jahre hinein als kommunistische Terroristen bezeichnen, sehr zum

Unwillen ihrer eigenen Diplomaten, die lieber vorsichtige Gespräche mit dem ANC eingeleitet hätten. In den USA verhält es sich ähnlich. Der Kalte Krieg vernebelt den Blick auf die wahren Fronten in Südafrika: Aus dem amerikanischen Außenministerium stammt die zynische Bemerkung: »Alles, was Ronald Reagan über Südafrika weiß, ist, daß er auf der Seite der Weißen ist.«[16]

Eines Abends im April 1982 empfängt der berühmte Gefangene in seiner Zelle hohen Besuch. Der Kommandant von Robben Island selbst ist gekommen, um ihm eine wichtige Neuigkeit mitzuteilen: »Mandela, ich möchte, dass Sie Ihre Sachen packen ... Wir verlegen Sie.« Ist es eine hilflose Geste der Regierung, die erst jetzt, nach 18 Jahren begreift, wie fatal es gewesen war, die Freiheitskämpfer auf Robben Island zusammen einzusperren? Glauben die Sicherheitschefs in Pretoria wirklich, sie könnten den Freiheitskampf jetzt noch empfindlich treffen, wenn sie die Führer isolieren? Oder haben sie gar die Hoffnung, sie könnten Nelson Mandela für ihre Zwecke nutzen, ihn beeinflussen, wenn sie ihn seiner Basis beraubten? Was auch immer sie erreichen wollen, sie werden scheitern.

Auf der richtigen Seite der Geschichte

Nach all den Jahren wird Mandela der Abschied von den Kameraden auf Robben Island verwehrt. Er wird zusammen mit Walter Sisulu und noch zwei weiteren Häftlingen zum Hochsicherheitsgefängnis Pollsmoor gebracht, etwa eine Fahrtstunde südlich von Kapstadt, inmitten einer herrlichen Landschaft am Fuß der Weinberge. Die Häftlinge sehen davon nichts, als sie in das »Penthouse« des Gefängnisses gebracht werden, eine großzügige Gemeinschaftszelle im dritten Stock, 50 Quadratmeter groß, sauber und modern, aber feucht. Im Bad sind neue Duschen und Waschbecken installiert, das Beste aber sind die Betten, ein großer Luxus nach vielen Jahren Schlaf auf dünnen Matten.

In Pollsmoor sehen die Gefangenen zum ersten Mal einen Fernseher und ein Videogerät, auch ein Radio haben sie in der Zelle. Mandela kann in einem kleinen Nebenraum arbeiten, legt auf der Terrasse einen Garten an und genießt das gute Essen, täglich gibt es Gemüse und Fleisch. Die Häftlinge dürfen hier 52 Briefe im Jahr verschicken und der Empfang von Besuchern läuft ohne die für Robben Island typischen Schikanen durch die Aufseher ab. Und dann die große Überraschung: Im Mai 1984 wird Mandela in einen Raum ohne Trennwand geführt. Sekunden später liegen er und Winnie sich in den Armen. »Ich küßte und umarmte meine Frau zum erstenmal in all den vielen Jahren. Das war ein Moment, von dem ich tausendmal geträumt hatte ... Es war 21 Jahre her, seit ich auch nur die Hand meiner Frau berührt hatte.«[1]

Eine vielfältige Auswahl an Zeitungen steht den Häftlingen jetzt zur Verfügung, darunter sogar der *Guardian* und die *Times* aus London. Auch das Radioprogramm wird nicht mehr zensiert, nur der *BBC World Service* ist verboten. Politisch sind die Gefangenen auf dem Laufenden, hin- und hergerissen zwischen Hoffnung und Resignation.

Die 80er Jahre sind in Südafrika vom Geist des Aufstands geprägt, ANC, *Black Consciousness Movement*, Kommunisten und Kirchen rücken gemeinsam vor. Aus 600 Anti-Apartheid-Gruppen formiert sich die *United Democratic Front*, UDF. Aber jeder Schritt nach vorn fordert Opfer.

Premierminister Pieter Willem Botha unternimmt 1982 einen Vorstoß, der die Front des Widerstandes aufbrechen soll: Er stellt Indern und Farbigen in Aussicht, sie dürften in Zukunft Vertreter für ein eigenes Parlament wählen, das sogar über ein begrenztes Mitspracherecht im Gesamtparlament verfügen würde, allerdings dem Veto-Recht der Weißen unterliege. Von der schwarzen Mehrheit ist überhaupt nicht die Rede. Der Protest gegen die Einrichtung dieses

»Spielzeugtelefons« ist einhellig, nur die weißen Wähler nehmen Bothas Vorschlag mit großer Zustimmung an und bestätigen ihn im November 1983 als »Staatspräsident«, wie sein neuer Titel nun lautet. Bothas Siegerlächeln wird nur kurz getrübt, als der Johannesburger Erzbischof Desmond Tutu 1984 den Friedensnobelpreis erhält.

Von der Öffentlichkeit unbemerkt setzt in Pollsmoor eine ganz andere Entwicklung ein. Der frisch gewählte südafrikanische Justizminister Kobie Coetsee sorgt für einen neuen Stil im Umgang mit den politischen Häftlingen. Er ermöglicht Mandela wichtige Kontakte wie die Besuche von zwei hochrangigen Politikern, Lord Bethell, Mitglied des britischen Oberhauses, und Professor Sam Dash, Berater des amerikanischen Senats. Beide Besucher sind von Mandelas Ausstrahlung, von seinen klaren Vorstellungen über die Zukunft des Landes überrascht. Dash meint später: »Ich hatte nicht den Eindruck, einem Guerillakämpfer oder einem radikalen Ideologen gegenüberzustehen, sondern einem Staatsoberhaupt.«[2]

Oliver Tambo verkündet als Exil-Führer des ANC für das Jahr 1985 die Parole: »Macht Südafrika unregierbar!« Die Führer in Pollsmoor billigen den Slogan, sind jedoch besorgt. Für eine Partei, die vielleicht schon in absehbarer Zeit selber regieren will, ist der Aufruf zur Anarchie durchaus gefährlich. Schwarze zahlen keine Mieten mehr an weiße Hausbesitzer, sie boykottieren weiße Geschäfte, Schüler kämpfen auf der Straße, statt in der Schule zu sitzen. Öffentliche Einrichtungen, die schon immer den Stempel behördlicher Vernachlässigung trugen, werden zerstört.

Die Unruhen geraten außer Kontrolle. Mit unvorstellbarer Brutalität versucht die Polizei, die Ordnung wiederherzustellen. Diesmal aber findet das große »Aufräumen« vor den Augen der internationalen Presse statt, die voller Abscheu 879 Tote zählt und 25 000 Verhaftungen. In *Le Monde* berichtet der Korrespondent Michel Bole-Richard: »Die Repression trifft Menschen fast aller Berufe, zahlreiche Anti-Apartheid-Organisationen wurden ihrer Führung beraubt, und besonders hart betroffen sind Jugendliche, ja sogar Kinder. Ein elfjähriger Junge, Fanie Guduka aus der *township* Alexandra nahe Johannesburg, verbrachte 57 Tage in einer Gefängniszelle, nachdem die Justiz in zwei Verfahren die Freilassung auf Kaution abgelehnt hatte. Ein anderer Junge, der 8 Jahre alte Amos Kukera, wurde 3 Tage in der Polizeistation von Middelburg festgehalten. Diese Beispiele könnte man fortsetzen.«[3]

Auch die südafrikanische Presse hat sich teilweise vom Knebel der Zensur befreit. In der Johannesburger *Financial Times* kann man lesen: »Südafrikanische Polizei eröffnete gestern mit Schrotgewehren das Feuer auf eine Menge von mehreren Tausend Schulkindern außerhalb eines Gerichtsgebäudes in White River ... wobei mindestens zwei der Kinder getötet wurden. Mindestens 81 wurden verletzt und befinden sich unter Polizeiaufsicht im Krankenhaus.«[4]

Den Vereinten Nationen liegen eidesstattlich bezeugte Berichte vor, in denen die Auswirkung der Gewalt auf Kinder thematisiert wird. Es ist die Rede vom dreijährigen Fikile, der das Geräusch eines Panzerspähwagens erkennt und sich bereits unter dem Tisch versteckt hat, wenn dieser am Haus vorbeifährt. Der dreieinhalbjährige Thato weiß genau, was man zur Herstellung einer Benzinbombe braucht, der vierjährige Mapu erklärt, ohne zu zögern, dass er, wenn er erst ein bisschen älter wäre, einen Weißen töten würde. In dem Bericht für die UN heißt es: »Was diese Unruhe unseren Kindern antut, ist furchtbar, absolut erschreckend. Wir haben eine Generation von Kindern, die nicht spielen wollen, sondern Krieg führen, echten Krieg ... In einem Alter in dem es (das Kind) total beeinflußbar ist, sieht es Zorn, Verbitterung und Haß rings um sich her, und zwar in der schrecklichsten Art.«[5]

Wer sich mit der Apartheidregierung einlässt, als Spitzel, Spion oder Verräter entlarvt wird, den bestrafen die aufgebrachten Menschenmengen mit dem grausamen *neclacing*, dem so genannten Halskrausenmord. Ein mit Benzin gefüllter, brennender Autoreifen um den Hals des Opfers führt zu dessen qualvollem Tod. Vor dieser Vergeltungsmaßnahme wenden sich auch die liberalen Weißen angewidert ab.

Der internationale Druck auf Pretoria wächst. Staatspräsident Botha bietet 1985 öffentlich an, Nelson Mandela freizulassen, wenn dieser bedingungslos auf Gewalt als politisches Instrument verzichte. Nun stehe nur noch Mandela selbst seiner Freiheit im Weg, betont der Präsident.

Mandela kann dieses Angebot nicht annehmen, nicht solange der ANC verboten ist und kein Ende der Apartheid in Sicht. Die Offerte Bothas ermöglicht es ihm aber, eine öffentliche Antwort zu formulieren, die seine Tochter Zindzi am 10. Februar im überfüllten Jabulani-Stadion von Soweto vor den gespannt wartenden Menschen verliest: »Botha soll zeigen, daß er anders ist als Malan, Strijdom und Verwoerd. Er soll auf Gewalt verzichten. Er soll sagen, daß er die Apartheid abschafft. Er soll die Organisation des Volkes, den African National Congress, zulassen. Es soll alle befreien, die wegen ihrer Opposition gegen die Apartheid gefangen, verbannt oder im Exil sind. Er soll freie politische Aktivität garantieren, damit die Menschen entscheiden können, wer sie regieren soll. Mir liegt meine eigene Freiheit sehr am Herzen, aber eure Freiheit liegt mir noch mehr am Herzen ... Ich liebe das Leben nicht weniger als ihr. Aber ich kann mein Geburtsrecht nicht verkaufen, und ich bin auch nicht bereit, das Geburtsrecht des Volkes auf Freiheit zu verkaufen … Nur freie Menschen können verhandeln. Gefangene können keine Verträge schließen. Ich kann und werde nichts unternehmen, solange ich und ihr, das Volk, nicht frei sind. Eure Freiheit und meine Freiheit sind nicht zu trennen. Ich werde zurückkommen.«[6]

Die südafrikanische Regierung sieht sich ausgetrickst. Mandela hat das strategische Angebot zur Freilassung in einen eigenen Vorteil verwandelt. Seine Popularität steigt unaufhörlich, weltweit. Pretoria sieht sich von allen Seiten kritisiert. Die guten Geschäftsbeziehungen zu westlichen Demokratien beginnen zu kriseln, als der blutige Kampf in den *townships* unverändert weitergeht. Im März, am 25. Jahrestag von Sharpville, tötet die Polizei in Uitenhage 19 Demonstranten. Aus dem Exil kündigt Oliver Tambo daraufhin an, der ANC werde in Zukunft vielleicht Schwierigkeiten haben, zwischen »harten« und »weichen« Angriffszielen zu unterscheiden.

Die Regierung weicht noch immer keinen Schritt zurück. Am 20. Juli 1985 ruft Botha den Ausnahmezustand aus und ermächtigt die Polizei, ohne Einschränkung jeden Verdächtigen zu verhaften und zu verhören.

Und da geschieht das Unglaubliche, was viele nicht mehr zu hoffen gewagt hatten, plötzlich wird das Apartheidregime an einer ganz empfindlichen Stelle getroffen: Die amerikanische Chase Manhattan Bank fordert die südafrikanische Regierung auf, Kredite über 500 Millionen Dollar zurückzuzahlen. Es ist dieselbe Bank, die 1960 nach dem Massaker von Sharpville noch großzügig neue Kredite eingeräumt hatte, und deshalb kommt diese Rückforderung völlig überraschend. Der Vorstandsvorsitzende von Chase Manhattan, Williard Butcher, erklärt denn auch etwas hilflos, er verbinde keine moralischen Absichten mit der Kündigung der Kredite, sehe sich aber gezwungen, auf die Wünsche der New Yorker Investoren und Anleger einzugehen. Andere Banken folgen dem Beispiel. Staatspräsident Botha muss nun öffentliche Zugeständnisse machen, um das Land vor dem Bankrott zu bewahren. Doch die Welt zu täuschen gelingt ihm nicht mehr. An der Johannesburger Börse sinkt der Wert des Rand unaufhörlich, die ausländischen Investoren ziehen ihr Geld zurück.

Nun treten selbst die konservativen Finanzexperten Südafrikas für die Freilassung Mandelas ein. Eine kleine Gruppe einflussreicher Unternehmer trifft sich in Sambia mit Oliver Tambo und seinen Mitstreitern, um die Zukunft des Landes zu besprechen. Andere Finanzleute suchen im Ausland nach neuen Investoren, wie der Direktor der südafrikanischen Zentralbank. Er kann jedoch nichts erreichen, im Gegenteil. In den USA werden die Wertpapierfonds gezwungen, sich aus dem südafrikanischen Markt zurückzuziehen. Nur die Regierungen der USA und Großbritanniens halten jetzt noch zu Botha, die britische Premierministerin Margaret Thatcher verbietet ihren Regierungsmitgliedern ausdrücklich, Gespräche mit dem ANC zu führen. Doch Oliver Tambo steht schon längst mit britischen Unternehmern, Bankiers und Politikern in Kontakt.

Nelson Mandela wurde inzwischen in eine Einzelzelle im Erdgeschoss des Gefängnisses verlegt. Er ist über die Vorgänge im Land informiert und entschließt sich beherzt dazu, selbst Gespräche mit der Regierung anzuknüpfen. »Ich war zu dem Schluß gelangt, die Zeit sei gekommen, den Kampf am besten durch Verhandlungen zu fördern. Wenn wir nicht bald einen Dialog beginnen würden, so würden beide Seiten in eine dunkle Nacht von Unterdrückung, Gewalt und Krieg gestürzt … Der Feind war stark und entschlossen. Doch trotz all seiner Bomber und Panzer mußte er gespürt haben, daß er auf der falschen Seite der Geschichte stand. Wir hatten das Recht auf unserer Seite, aber noch keine Macht … Es war an der Zeit, miteinander zu reden.«[7]

Mandela weiß, dass er eigentlich nichts ohne die Zustimmung der ANC-Führung unternehmen darf. Sollte es schief gehen, denkt er, könne der ANC sich ja von ihm distanzieren und behaupten, die Einsamkeit habe ihn auf dumme Gedanken gebracht.

Im nächsten Jahr reist eine Gruppe hochrangiger

Vertreter des British Commenwealth nach Südafrika, um auszuloten, wie sinnvoll Wirtschaftssanktionen gegen die Apartheidsregierung sein mögen. Mit von der Partie sind der frühere Militärführer Nigerias, General Lusegun Obsanjo, und der ehemalige australische Premierminister Malcolm Fraser. Die Delegation will auch mit Mandela sprechen, ein Ereignis, für das die Gefängnisverwaltung ihm einen dreiteiligen Nadelstreifenanzug anfertigen lässt.

Die Gespräche scheinen unter einem guten Stern zu stehen, Botha hat gerade den Ausnahmezustand aufgehoben und die Passgesetze außer Kraft gesetzt. Mandela bekennt sich seinen Besuchern gegenüber erneut zu Demokratie und Menschenrechten, erklärt, dass der ANC weder kommunistisch sei noch das Ziel habe, die Weißen ins Meer zu treiben. Stattdessen gelte die Freiheits-Charta, in der schon seit vielen Jahren festgeschrieben sei, dass sich in einem zukünftigen Südafrika auch eine weiße Minderheit sicher fühlen könne. Die Delegation ist von Mandelas Glaubwürdigkeit überzeugt, zeigt sich aber über das Ausmaß an Gewalt im Land besorgt. Mandela versichert, er habe die Möglichkeit, die Gewalt zu stoppen, wenn die Regierung ihn freilasse und ihre Truppen zurückzöge.

Ermutigt fliegt die Delegation nach Lusaka, um dort mit Oliver Tambo zu sprechen. Der Frieden scheint in greifbare Nähe zu rücken, da schlägt Botha mit vernichtender Härte dazwischen. Er lässt die

ANC-Basen in Botswana, Sambia und Simbabwe bombardieren, die Delegation reist unverzüglich ab. Botha ruft erneut den Ausnahmezustand aus und lässt innerhalb von drei Wochen 4000 Schwarze verhaften. Häuser werden durchsucht, Panzerpatrouillen durch die *townships* geschickt. Botha verkündet stolz, bisher habe er noch nicht einmal ein Zehntel seiner Streitkräfte eingesetzt. Bischof Tutu predigt verzweifelt: »Warum lassen wir es zu, daß dieses Land zerstört wird?«[8]

Blinde Gewalt gibt es in diesem Kampf auf beiden Seiten. Winnie Mandela ist eine von denen, die sich keiner Weisung mehr unterwerfen wollen. Der ANC bereut bald, dass er sie zu einem Medienstar aufgebaut hat, denn seit sie 1984 nach Soweto zurückgekehrt ist, hält sie provozierende Reden und ruft nicht selten offen zur Gewalt auf: »Wir haben keine Gewehre, wir haben nur Steine, Streichhölzer und Benzin. Gemeinsam, Hand in Hand, werden wir mit unseren Streichhölzern und Halskrausen dieses Land befreien.«[9] Tambo ist aufgebracht, aber niemand traut sich, Mandelas Ehefrau offen zu kritisieren, selbst er nicht. Und sogar die Polizei lässt sie gewähren, weil sie weiß, dass sie der Bewegung mit ihrer unbeherrschten Art am meisten schadet. Winnie Mandela distanziert sich später von ihrem Aufruf zur Gewalt und kritisiert, ihre Worte seien aus dem Zusammenhang gerissen worden, aber sie nimmt sie nicht zurück.

Endlich gelingt es Mandela, mit der Regierung in Kontakt zu treten. Justizminister Coetsee lässt ihn in seine Residenz in Kapstadt bringen, wo die beiden ein ausführliches Gespräch führen. Nach der ersten Begegnung geschieht lange nichts, aber der stellvertretende Kommandeur von Pollsmoor holt Mandela jetzt häufig zu kleinen Ausflügen in die Umgebung ab. Offenbar soll der Gefangene nach über 20 Jahren Haft ganz langsam an die Welt außerhalb der Gefängnismauern gewöhnt werden. Mandela besichtigt die Sehenswürdigkeiten von Kapstadt und Umgebung, manchmal besucht er mit dem Kommandeur sogar ein Café. Die Menschen auf der Straße erkennen Nelson Mandela nicht – seit 23 Jahren hat in Südafrika niemand mehr ein Foto von ihm gesehen.

Südafrika bleibt im Ausnahmezustand. 1986 inhaftiert die Polizei 25 000 Menschen innerhalb von sechs Monaten. Eine neue Front entsteht durch die Partei *Inkatha ye Nkululeko we Sizwe*, deren Anführer, Häuptling Mangosuthu Buthelezi, auch außerhalb des von ihm regierten *homelands* KwaZulu eine große Anhängerschaft gefunden hat. Waren ANC und *Inkatha* in den 70er Jahren noch Verbündete im Freiheitskampf, so führte Buthelezis Kooperation mit den Apartheidbehörden und seine Ablehnung des bewaffneten Kampfes bald zur Konfrontation. *Inkatha* wird zum verhassten Konkurrenten des ANC und dadurch zum hofierten Bündnisparter der Apartheidregierung. Der populäre Buthelezi erhält freien Zugang zu Presse und Fernsehen und bald sehen auch die westlichen Konservativen in ihm einen akzeptablen Verhandlungspartner. Ronald Reagan und Margaret Thatcher empfangen ihn freundlich. Erst Jahre später kommt heraus, das *Inkatha*-Streitkräfte von der südafrikanischen Regierung bewaffnet und gegen die ANC-Anhänger in den Kampf geschickt worden sind. Buthelezi, Botha und Malan hatten sich verschworen, so lautet das Urteil später, um eine aggressive, paramilitärische Streitkraft gegen den ANC aufzubauen. Im Norden Namibias werden Buthelezis Soldaten ausgebildet. Sie lernen dort den Umgang mit Raketen, Granatwerfern und Handgranaten, wie man das Volk terrorisiert und Menschen kaltblütig ermordet.

Im Ausland verlieren jetzt immer mehr Menschen die Geduld mit Pretoria. Und da auch Reagan und Thatcher immer noch nicht handeln wollen, wird nun an ihnen vorbei verhandelt. Der Kongress in Washington beschließt 1986 erneut Sanktionen, die Europäische Gemeinschaft verbietet Neuinvestitionen in Südafrika. Man hat gelernt, dass dieses Land am besten über seine Wirtschaft unter Druck zu setzen ist. In Deutschland sind es die Evangelische Kirche und zahlreiche Apartheidgruppen, die sich für Sanktionen aussprechen – Bundeskanzler Helmut Kohl ist dagegen. Ein Trillerpfeifenkonzert vor den Türmen der Deutschen Bank in Frankfurt 1987 bewegt zwar nicht viel, aber der Protest wird lauter und stärkt Außenminister Hans-Dietrich Genscher, Verfechter der harten Linie gegenüber Pretoria. Als die Verbindung zwischen deutschen und südafrikanischen Rechtsradikalen vom Fernsehjournalisten Andreas Cichowitz aufgedeckt wird, empfinden viele Deutsche eine noch größere Verantwortung, gegen die Apartheid vorzugehen.

Folgenreich für die Haltung der Westmächte ist auch die Entscheidung des neuen sowjetischen Präsidenten Michail Gorbatschow, sich aus regionalen Konflikten zurückziehen. Als Moskau die Unterstützung des ANC mit Geld und Waffen einstellt, gerät der ANC zwar in finanzielle Nöte, streift aber endlich auch die Rolle des kommunistischen Schreckgespenstes ab.

Der Weg ist nun frei für bahnbrechende Kontakte unterhalb der Regierungsebenen. Die Ford Foundation in New York organisiert unter ihrem schwarzen Präsidenten Franklin Thomas verschiedene Treffen, bei dem einflussreiche Buren und ANC-Führer, wie Thabo Mbeki und Mac Maharaj, ihre Vorurteile aufgeben und sachliche Gespräche miteinander führen können. Botha packt die kalte Wut über diese Alleingänge, dabei weiß er noch nicht einmal, dass sogar der Nationale Geheimdienst an diesen Gesprächen teilnimmt. Auch große südafrikanische Unternehmen wie die Gold Fields Minengesellschaft ergreifen die

Initiative und suchen den Kontakt mit dem ANC, wenn auch vielleicht nur aus dem opportunistischen Grund, um für den Tag X, an dem es vielleicht eine schwarze Regierung geben würde, Pluspunkte zu sammeln. Viele vorausschauende Menschen sorgen jetzt für die Zukunft vor. Oliver Tambo lässt bereits junge ANC-Mitglieder für Verwaltungs- und Regierungsaufgaben ausbilden.

Im gemütlichen Offiziers-Club des Hochsicherheitsgefängnisses Pollsmoor finden seit Mai 1988 unter völliger Geheimhaltung die vielleicht bedeutungsvollsten Gespräche dieser Jahre statt. Fünf Männer treffen sich dort jede Woche: Justizminister Coetsee, zwei hochstehende Gefängnisbeamte, der Leiter des Nationalen Geheimdienstes und – Nelson Mandela.

Im Juli 1988 feiert die BBC in London Mandelas 70. Geburtstag mit einem ausverkauften Konzert im Wembley-Stadion. Stars wie Harry Belafonte, Whitney Houston und Stevie Wonder treten vor 72 000 Zuschauern auf, weitere 200 Millionen Menschen sitzen vor dem Fernseher. Staatspräsident Botha tobt und wirft der BBC vor, Propaganda für Kommunisten zu betreiben.

Kurz darauf sorgt die Nachricht, Nelson Mandela sei an Tuberkulose erkrankt, für Panik. Auch die Regierung ist in heller Aufregung. Der Tod Mandelas wäre das Schlimmste, was jetzt passieren könnte. Er wird schleunigst ins Tygerberg-Krankenhaus in Stellenbosch eingewiesen. Anschließend kommt er zur Erholung in die Luxusklinik Constantiaberg, dort ist er der einzige schwarze Patient. Am ersten Morgen seines Aufenthaltes besucht ihn Justizminister Coetsee, begleitet von Major Marais, der für seine Bewachung zuständig ist. Während die Herren mit ihm sprechen, wird das Frühstück serviert, Rührei, knuspriger Schinkenspeck und gebutterter Toast. Mandela, der seit mehr als 20 Jahren nicht mehr so ein verlockendes Frühstück genossen hat, greift zur Gabel. Als der Major ihm das Tablett wegnehmen will, weil das Frühstück nicht der verordneten cholesterinarmen Diät entspricht, hält Mandela es fest: »Tut mir leid, Major. Wenn dieses Frühstück mich umbringt, dann bin ich bereit, heute zu sterben.«[10]

Nach seiner Genesung Ende 1988 wartet eine neue Unterkunft auf ihn, ein Ort zwischen Gefängnis und Freiheit. Das Gefängnis Victor Vester liegt nahe der hübschen Stadt Paarl, 50 Kilometer östlich von Kapstadt. Dort bezieht der berühmteste Gefangene der Welt auf dem Gefängnisareal einen eigenen Bungalow inmitten eines schönen Gartens. Es ist das ehemalige Haus eines Wärters und verfügt über mehrere Schlafzimmer, Bäder, eine moderne Küche und einen Swimmingpool im Garten. Trotz der hohen Mauern, des Stacheldrahts und der zwei Wachen vor dem Hauseingang ist es doch ein fast idyllischer Ort. Justizminister

Coetsee bringt eine Kiste Kap-Wein vorbei und erklärt Mandela, dies sei die letzte Station vor der Freiheit.

Hier kann Mandela seine Familie zu langen Besuchstagen einladen. Doch der Zusammenhalt ist verloren gegangen. Sein Sohn Makgatho kommt überhaupt nicht mehr und Makaziwe macht ihrem Vater Vorwürfe, weil er den Bruder immer vernachlässigt habe. Zeni zieht mit ihrem Mann nach Amerika und schreibt an Mandela: »Wenn es nach mir gegangen wäre, hätte ich vermutlich als gewöhnlicher Mensch in einem gewöhnlichen Leben irgendwo in irgendeinem Land gelebt. Ich habe mir immer vorgestellt, ein Mannequin zu sein … Ich glaube, dann hättest Du einen Anfall bekommen.«[11] Auch mit Zindzi ist der Kontakt nicht einfach. Da fällt es ihm schon leichter, in die Rolle des lieben Großvaters zu schlüpfen. Stolz prahlt Mandela vor seinen Freunden damit, dass er bereits zwölf Enkel hat.

Auch Freunde und Politiker lädt er in seinen Bungalow ein und beginnt langsam, die Fäden als ANC-Führer wieder aufzunehmen. Einer seiner alten Freunde meint, Mandela halte Hof, wie Peter der Große von Russland.[12]

Winnie Mandela sorgt erneut für Horror-Schlagzeilen. Sie hat seit einem Jahr eine Gang von gewalttätigen Jugendlichen um sich geschart, die unter dem

Namen *Mandela United Football Club* in ihrem Haus in Soweto ein- und ausgehen. Die Jungen hören auf Namen wie Killer oder Schlitzer, tragen Schusswaffen und verbreiten überall Angst und Schrecken. Ihr »Trainer«, Jerry Richardson, kommt gerade aus dem Gefängnis und ist von der Polizei mit viel Geld bestochen worden, Winnie Mandela auszuspionieren. Gerüchte über Folterungen und Morde in Winnie Mandelas Hinterzimmer kursieren. Als die Gang in einen Straßenkampf verwickelt wird, brennt ihr Haus ab. Winnie zieht vorübergehend nach Diepkloof, wo ihre Jungen erneut die Nachbarschaft terrorisieren. Das Verschwinden von zwei jungen Männern und der Mord an einem dritten, Stompie, werden Winnie Mandela zur Last gelegt, aber die Angelegenheit ist nicht endgültig aufzuklären.

Ein Krisenstab des ANC versucht, Winnie zu disziplinieren, und das *Mass Democratic Movement* Südafrikas distanziert sich öffentlich von ihr: »Wir sind entsetzt über Mrs. Mandelas offenkundige Mitschuld an den jüngsten Entführungen. Wären Stompie und seine Kameraden nicht von Mrs. Mandelas ›Fußballteam‹ entführt worden, wäre er heute vielleicht noch am Leben. Wir sind nicht bereit, schweigend zuzusehen, wie jene, die gegen die Menschenrechte verstoßen, behaupten, sie hätten dies im Namen des Kampfes gegen die Apartheid getan.«[13]

Mandela kann seine Frau nicht verurteilen, obwohl

er ihre Fehler sieht. Er glaubt an ihre Unschuld und spricht nur von »mangelnder Urteilskraft« bei der Auswahl ihrer Freunde. Er rät ihr davon ab, Interviews zu geben, weiß er doch, dass sie sich oft nicht beherrschen kann und politisch unkluge Dinge von sich gibt.

Die Gespräche zwischen Mandela und Vertretern der Regierung gehen weiter, ohne dass die Öffentlichkeit oder die ANC-Mitglieder davon erfahren. Nur Oliver Tambo, Sisulu und wenige andere wissen davon. Mandela bemüht sich darum, die ANC-Führung davon zu überzeugen, dass er bei seinen Gesprächen mit der Apartheidregierung keine gemeinsamen Ziele verrät, dass er noch nicht einmal verhandelt, sondern nur den Boden für Verhandlungen vorbereitet. Doch Tambo ist erst beruhigt, seit Mandela und er mit Hilfe von Laptop und Modem ihre verschlüsselten Nachrichten direkt miteinander austauschen können.

Botha erleidet einen Schlaganfall und zieht sich aus dem Vorsitz der *National Party* zurück, behält aber das Amt des Staatspräsidenten bei. Er beschließt endlich, selbst in Erscheinung zu treten und mit seinem prominenten Gefangenen zusammenzukommen. Und wieder wird Mandela ein neuer Anzug angemessen, damit er als seriöser Gesprächspartner auftreten kann. Der Dienst habende Major muss ihm die Krawatte binden, denn der Gefangene hat vergessen, wie das geht. Ungesehen wird Mandela am 5. Juli 1989 ins Tuynhuys, die offizielle Präsidentenresidenz in Kapstadt, geschmuggelt, von Justizminister Coetsee und Geheimdienstchef Niel Barnard nervös erwartet.

Dann öffnet sich die Tür, Botha kommt auf Mandela zu und beide Männer treffen sich genau in der Mitte des Raumes. Bothas erstaunliche Freundlichkeit und sein breites Lächeln entwaffnen Mandela und ein entspanntes Gespräch beginnt. Sie reden lange über die afrikanische Geschichte und Kultur, empfindliche Themen berühren sie nicht. Alle Gesichter erstarren, als Mandela plötzlich in den Raum wirft, er hoffe, Mr. Botha werde alle politischen Gefangenen freilassen, auch ihn selbst. Botha stutzt einen Moment, bevor er antwortet, er fürchte, das könne er nicht tun. Der gefährliche Moment ist vorüber. Wenn das Treffen auch inhaltlich keinen Durchbruch gebracht hat, ist seine Bedeutung nicht zu unterschätzen. Nun gibt es kein Zurück mehr.

Ein paar Wochen später tritt Botha von seinem Amt zurück, gesundheitlich angeschlagen und voller Enttäuschung darüber, wie weit seine Minister den Verständigungsprozess mit dem ANC bereits vorangetrieben haben, ohne seine Zustimmung einzuholen. Sein Nachfolger, Frederik Willem de Klerk, leistet seinen Amtseid schon einen Tag später. Mit ihm wird die letzte Stunde der Apartheid eingeläutet.

De Klerk betont in seiner Antrittsrede, seine Regierung sei dem Frieden verpflichtet und wolle mit allen Gruppen verhandeln, die sich ebenfalls für den Frieden engagierten. Sogleich beweist der neue Staatspräsident, dass es ihm ernst ist. Er billigt eine Demonstration, die unter Botha ohne Zweifel verboten worden wäre. Allerdings lässt er die Demonstranten mit lilafarbener Tinte bespritzen und Sicherheitskräfte suchen noch stundenlang die Kaufhaustoiletten nach den gefärbten Demonstranten ab. Die »*Purple-Rain*«-Demonstration ist heute ein geradezu heiliges Datum der Freiheitsbewegung geworden.[14]

De Klerk lockert die Einschränkung für politische Versammlungen, solange sie friedlich verlaufen. Bestimmte Wohngebiete erklärt er zu *free settlement areas*, in denen Schwarze und Weiße nebeneinander leben dürfen. Mandela fordert bei seinen Geheimgesprächen mit Regierungsvertretern, sie sollten nun endlich auch die Gefangenen freilassen, und zwar ohne Bedingungen. Dafür könnte man von den Freigelassenen den Verzicht auf Gewalt erwarten.

Dadurch gerät Oliver Tambo unter großen Druck. Er muss es schaffen – ohne die geheimen Gespräche Mandelas an die Öffentlichkeit zu bringen –, den ANC und seine Verbündeten ruhig zu halten, damit die friedliche Entwicklung nicht durch neue Gewaltakte gestört wird. Tambo vollbringt dieses Kunststück, am 21. August 1989 kann er die Erklärung von

Harare veröffentlichen, die einen versöhnlichen Ton anschlägt. Darin fordert der ANC fünf Bedingungen, die erfüllt werden müssen, bevor man zu Verhandlungen bereit sei: Aufhebung des Ausnahmezustands, Legalisierung aller politischen Organisationen, Aufhebung von Einschränkungen politischer Aktivitäten, Freilassung aller politischen Gefangenen und das Ende politischer Hinrichtungen. Im Gegenzug stellt der ANC die Einstellung jeglicher bewaffneter Gewalt in Aussicht. Politiker in der ganzen Welt sind positiv überrascht von der Erklärung, und die versöhnungsbereiten Kräfte im Land hoffen, dass der extreme, revolutionäre Flügel des ANC, der die Erklärung inhaltlich nicht mittragen kann, sich dem Friedensprozess nicht in den Weg stellt.

Wie reformfreudig de Klerk damals wirklich ist, lässt sich heute nicht mehr feststellen. Die Dinge hatten sich vor seinem Amtsantritt, später hinter seinem Rücken, so weit entwickelt, dass ihm nur wenig Spielraum bleibt. Er macht das Beste aus seiner Situation und stellt sich an die Spitze der Reformer. Am 10. Oktober 1989, drei Monate nach seinem Amtsantritt, gibt er die bedingungslose Freilassung von acht ANC-Aktivisten bekannt, darunter auch Walter Sisulu und Ahmed Kathadra. De Klerk weiß, dass es nun kein Halten mehr gibt. Die Mauer in Berlin ist gerade gefallen, niemand glaubt mehr an die große kommunistische Gefahr.

Im Dezember 1989 empfängt de Klerk Mandela, der überrascht feststellt, dass »Mr. de Klerk dem zuhörte, was ich zu sagen hatte. Das war eine neuartige Erfahrung«[15]. De Klerk will wissen, was Mandela von den so genannten »Gruppenrechten« halte, mit denen sich die weiße Minderheit im Falle einer schwarzen Regierung ihre Privilegien sichern will. Mandela lehnt die Idee der Gruppenrechte als unannehmbar ab. »Dann werden wir sie ändern müssen«[16], meint de Klerk. Mandela aber besteht darauf, dass ein System der Unterdrückung nicht reformiert, sondern nur abgeschafft werden könne.

Die ganze Welt blickt inzwischen mit Spannung nach Südafrika. Gerade hat die friedliche Revolution in Ostdeutschland die Gemüter bewegt, da scheint sich am Kap ein historisches Ereignis von gleicher Tragweite abzuzeichnen. 1990 eröffnet de Klerk das Parlament mit einer Sensation; in wenigen Minuten verändert seine Rede das Gesicht dieses Landes für immer: Feierlich hebt der Staatspräsident die Verbote für ANC, PAC, die *South African Communist Party* und 31 weitere illegale Organisationen auf. Dann erklärt er die Freilassung aller politischen Gefangenen, die sich keines Gewaltverbrechens schuldig gemacht haben. Und zum Schluss: Die Regierung hat »fest beschlossen, Mandela bedingungslos freizulassen«.

Lasst Freiheit herrschen

Die Freilassung des 71-jährigen Freiheitskämpfers ist denkbar schlecht geplant und endet in einem wirren Durcheinander. Mandela bleiben nur wenige Stunden, um seine Frau und die Freunde zu benachrichtigen und seine Sachen zu packen. Bis in die Nacht formuliert er mit ein paar eilig angereisten ANC-Kollegen Presseerklärungen und versucht, den Ablauf der nächsten Tage festzulegen. Doch als Nelson Mandela am 11. Februar 1990 Hand in Hand mit Winnie das Gefängnistor durchschreitet, ist er nicht auf das vorbereitet, was ihn erwartet. Hunderte von Journalisten bewegen sich auf ihn zu, dahinter wartet eine riesige Menschenmenge auf ihn. Als er die rechte Faust zum ANC-Gruß erhebt, antwortet ihm tosender Jubel. Auf dem Weg nach Kapstadt bleibt sein Wagen über zwei Stunden in der Menschenansammlung stecken. Die begeisterten Sympathisanten klettern auf das Auto, klopfen an die Fenster und zeigen ungestüm ihre Verehrung. Endlich sorgen Polizisten dafür, dass der Wagen weiterfahren kann.

Mit mehreren Stunden Verspätung erreicht Mandela schließlich Kapstadt und tritt auf den Balkon des Rathauses an der Grand Parade. Die Freiheitsparolen des ANC hallen tausendfach durch die Straße, da beginnt Mandela seine erste öffentliche Rede seit dem

Rivonia-Prozess: »Ich stehe hier vor euch nicht als Prophet, sondern als euer bescheidener Diener, als Diener des Volkes. Eure unermüdlichen und heroischen Opfer haben es möglich gemacht, daß ich heute hier bin. Deshalb lege ich die verbleibenden Jahre meines Lebens in eure Hände.«[1]

Mandela dankt allen Organisationen des Widerstands, einschließlich der Kommunistischen Partei und dem MK. Er stellt klar, dass er keine Alleingänge plant, sondern sich als diszipliniertes ANC-Mitglied der Partei unterordnet. Nur am Rande erwähnt er Präsident de Klerk versöhnlich als einen »Mann von Integrität«, der sich weiter bewegt habe als alle weißen Führer vor ihm. Viele Weiße sind – wenn auch zu Tränen gerührt – enttäuscht, hatten sie doch erwartet, Mandela werde nun die Abkehr vom bewaffneten Kampf verkünden. Aber davon kann keine Rede sein, solange die Macht in den Händen der Weißen liegt und immer noch hunderte politischer Gefangener in den Gefängnissen sitzen.

Nelson und Winnie Mandela verbringen die erste Nacht in Bischof Tutus Residenz in Kapstadt. Mandela wäre lieber sofort in die Transkei gefahren, in das Land seiner Kindheit, um das Grab seiner Mutter zu besuchen. Aber schon nach den ersten Stunden in der Freiheit ist ihm klar: Sein Leben gehört nun noch weniger ihm selbst als früher. Es gehört seinem Volk.

Am nächsten Tag spricht Mandela während einer

Pressekonferenz endlich das empfindliche Thema an, das alle in diesen Tagen bewegt. Nachdrücklich wiederholt er, die weißen Menschen könnten sich sicher fühlen. Sie seien ebenso Südafrikaner wie die Schwarzen und sie würden nötig gebraucht, wenn das Land eine Zukunft haben wolle.

Einen Tag später fliegt ein Hubschrauber Mandela in das Fußballstadion von Soweto, wo er von einer unüberschaubaren Menschenmasse mit frenetischem Beifall begrüßt wird. Doch seine kritische Botschaft an diesem Tag ist nicht die des Freiheitshelden, sondern eher die eines strengen Anführers: »So stolz ich bin, ein Teil der Gemeinschaft von Soweto zu sein, so sehr haben mich die Verbrechensstatistiken verstört, die ich in den Zeitungen gelesen habe. Obwohl ich die Entbehrungen verstehe, unter denen unser Volk leidet, muß ich doch klarstellen, daß die Kriminalitätsrate in der Township ungesund ist und dringend beseitigt werden muß.«[2] Nelson schickt die Schüler zurück in die Schule und verdammt die Zerstörung öffentlicher Einrichtungen. Freiheit ohne Kultur und Frieden sei keine wirkliche Freiheit, fährt er fort. Er habe immer an den Traum geglaubt, eines Tages in einem demokratischen, geeinten, nicht rassistischen Südafrika mit freien Wahlen und allgemeinem Stimmrecht zu leben. Für dieses Ziel gelte es nun, alle Kräfte gemeinsam einzusetzen. Nach 27 Jahren Gefängnis könne er es sich nicht leisten, Zeit zu vergeuden.

Zwei Wochen später fliegt Mandela nach Lusaka, um der ANC-Führung von allen Gesprächen zu berichten, die er während seiner Haftzeit mit der Regierung geführt hat. Er muss auch die Gerüchte zerstreuen, nach denen er sich von der Regierung habe korrumpieren lassen. Das Treffen verläuft harmonisch, geprägt von herzlichen Begegnungen mit alten Weggefährten. Zuletzt wird Mandela zum stellvertretenden Präsidenten des ANC gewählt, während Alfred Nzo die Präsidentschaft für Oliver Tambo, der sich nach einem Schlaganfall noch nicht wieder erholt hatte, kommissarisch verwaltet. Von Lusaka aus reist Mandela durch zahlreiche afrikanische Staaten, Simbabwe, Tansania, Äthiopien, Algerien und Ägypten, wie damals auf der Suche nach Verbündeten. Dann folgt ein kurzer Besuch in Stockholm, wo er seinen alten Freund Oliver Tambo besucht, eine Begegnung, die Mandela mit Kraft und Hoffnung erfüllt.

Doch die Vorgänge in Südafrika holen Mandela schnell in die brutale Wirklichkeit zurück. In der Provinz Natal ist der offene Bürgerkrieg zwischen ANC- und *Inkatha*-Anhängern ausgebrochen. Nachdem sich die Bevölkerung dort in den letzten zehn Jahren verdreifacht hatte, war ein unüberbrückbarer sozialer Graben entstanden. Während Buthelezi die Einflussreichen, die wohlhabenden und traditionsbewussten Zulu, auf seiner Seite wusste, wurden die ANC-Ortsvereine zum Sammelpunkt der benachteiligten Land-

und Arbeitslosen. An der Spitze des ANC in Natal stand Harry Gwala, der von einem militärischen Sieg über Buthelezi träumt, während die *Inkatha*-Führung mit allen Mitteln versucht, den Einfluss des ANC zu brechen und dessen Hochburgen zu vernichten. Dörfer werden in Brand gesteckt, Menschen getötet oder aus ihrer Heimat verjagt. 230 Menschen sterben allein im März 1990 in diesem sinnlosen Kampf. Sie alle sind Zulu.

Mandela reist sofort nach Natal und spricht in Durban vor 100 000 Zuhörern: »Nehmt eure Waffen, eure Messer und eure Pangas und werft sie ins Meer! Schließt die Todesfabriken! Beendet diesen Krieg jetzt!«[3] Aber seine Worte bewirken nichts. Die südafrikanische Polizei hat der *Inkatha*-Partei heimlich 120 000 Rand für eine Gegenveranstaltung bewilligt, auf der die Menschen weiter aufgehetzt werden. Mandela will sich unbedingt mit Buthelezi treffen, aber der ANC untersagt diese Begegnung, ein schwerer Fehler, wie viele rückblickend feststellen: »Es war wichtig für Buthelezi, angenommen, umarmt und in die Entwicklung eingebunden zu werden … Ihr hättet ganz sicher das Problem beseitigen können«[4], meint ein ANC-Führer später. Auch Häuptling Buthelezi urteilt: »Die Geschichte wäre ganz anders verlaufen, wenn Madiba (Mandela) seine Meinung durchgesetzt hätte.«[5] Die Gewalt verselbstständigt sich. Niemand, auch Mandela nicht, kann die wütenden Massen aufhalten. Das Morden in Natal geschieht am helllichten Tag, häufig vor den Augen der Polizei, die tatenlos zuschaut.

Indessen tasten sich Regierung und ANC nur langsam aneinander heran. »*Talks about talks*« finden statt, die dazu dienen sollen, die Bedingungen für die eigentlichen Verhandlungen zu sondieren. Doch das Vorgehen der Polizei, die im März 1990 in der *township* Sepokeng ohne Vorwarnung auf unbewaffnete, flüchtende Menschen schießt, lässt die ersten Termine platzen. Voller Zorn erklärt Mandela, de Klerk könne nicht über Verhandlungen reden und gleichzeitig die Ermordung von Menschen befehlen.

Nach langem Schweigen kommt es schließlich im Mai zu den ersten Spitzengesprächen zwischen Regierung und ANC auf südafrikanischem Boden. Die Atmosphäre ist gelöst und die Delegationen gehen offen aufeinander zu. Historische Erzfeinde reichen sich die Hände und ziehen einen Schlussstrich unter das Verhältnis von Herr und Knecht. Auf die Freilassung weiterer politischer Gefangener, die Abschaffung repressiver Gesetze und die Aufhebung des Ausnahmezustands kann man sich einigen. Doch wie wird es sich je miteinander vereinbaren lassen, dass die Regierung keine schwarze Mehrheitsregierung akzeptieren, der ANC hingegen von einem Minderheitsvorbehalt für die Sicherung weißer Herrschaft nichts hören will?

Mandela reist mit seiner Frau nach Europa und in die USA. Überall sind die Menschen von seiner versöhnenden Haltung begeistert. In seinen Reden schwingt keine Bitterkeit mit, sondern viel Großmut und Hoffnung. Vor den Vereinten Nationen in New York dankt er für die jahrelange Unterstützung des Kampfes und bittet darum, die Sanktionen gegen Südafrika noch nicht aufzugeben, denn noch seien er und sein Volk nicht frei. Zu George Bush knüpft Mandela freundlichen Kontakt und steht bald auf der Liste der Politiker, die Bush kurzfristig über wichtige Neuigkeiten informiert. Selbst mit Margaret Thatcher in London kann Mandela ein freundliches Gespräch führen, obwohl sie in fast allen Fragen verschiedener Meinung sind. Auf seiner ersten Reise nach Asien empfängt ihn die indische Regierung wie ein Staatsoberhaupt mit allen Ehren. Auch Präsident Suharto von Indonesien bereitet ihm einen Staatsempfang und schenkt ihm zehn Millionen Dollar für die Kasse des ANC. Von Malaysia erhält er weitere fünf Millionen. Nach Moskau reist Mandela nicht, denn Gorbatschow hatte nicht nur die Unterstützung für den ANC aufgesagt, sondern ist sogar in Wirtschaftsverhandlungen mit de Klerk getreten.

Der Hass zwischen Anhängern der *Inkatha*-Partei und ANC-Mitgliedern greift von Natal aus auf andere Provinzen über und hat in den *townships* um Johannesburg zu einer gespenstischen Szenerie geführt. In den *hostels*, den Heimen der Wanderarbeiter, spielen sich richtiggehende Schlachten ab, die bis zum Ende des Jahres 1200 Todesopfer fordern. Vor diesem Hintergrund ist es von besonderer Bedeutung, dass Nelson Mandela im *Pretoria Minute*, einer Erklärung vom August 1990, die Einstellung des bewaffneten Kampfes ankündigt. Der Vorschlag stammt von Joe Slovo, dem Vorsitzenden der Kommunistischen Partei, der damit nicht nur demonstrieren will, dass die Befreiungsbewegung den ersten Schritt zu erneuten Friedensverhandlungen unternimmt. Ihm ist auch klar, dass der ANC den bewaffneten Kampf momentan gar nicht erfolgreich weiterführen kann. Dazu fehlt es an Geld, Waffen und ausgebildeten Kämpfern. Aber viele der jungen Revolutionäre sind nur schwer dazu zu bewegen, den Slogan »Verhandlungen sind Kampf« zu akzeptieren, den der ANC nun auf T-Shirts drucken lässt. Die Gewalt im Land nimmt daher auch nicht ab. Mandelas Glaubwürdigkeit als Führer der Zukunft ist in Gefahr, denn er kann dem Wüten keinen Einhalt gebieten.

Langsam zeichnet sich ab, was der amerikanische Geheimdienst schon lange weiß: Es gibt eine so genannte »Dritte Kraft« im Staat, deren Interesse es ist, den Prozess der Annäherung, der Versöhnung und des Friedens zu stören. Noch wissen die wenigsten, wer dahinter steckt. Mandela erhält die ersten Hinweise vom ANC-Geheimdienst, und auch de Klerk wird schon 1990 von Verteidigungsminister Magnus Malan darüber informiert, dass es innerhalb der südafrikanischen Armee eine geheime Mordorganisation geben soll. De Klerk lässt die Angelegenheit nur halbherzig untersuchen und gibt sich mit einem offensichtlich geschönten Bericht seiner Mitarbeiter zufrieden, obwohl er sogar von George Bush auf die Dritte Kraft angesprochen wird.

Dass die Polizei darin verwickelt sein muss, ist ziemlich offensichtlich. Von Sicherheitskräften unbehelligt, ja sogar vor ihren Augen, richten *Inkatha*-Mitglieder unvorstellbar grausige Massaker an, sie verbrennen Menschen oder hacken sie zu Tode. Am 13. September wird die Eisenbahn von Soweto nach Johannesburg überfallen, 26 Menschen werden kaltblütig getötet, hunderte schwer verletzt. In den nächsten Jahren sterben allein in Zügen über 600 Menschen einen gewaltsamen Tod. Zeitungsleser im In- und Ausland stumpfen langsam gegen die täglichen Horrormeldungen ab. Südafrika ist offensichtlich nicht mehr zu retten. Und Nelson Mandela? Der kann wohl auch nichts tun, denken viele. »Das Bild des großen Erlösers ist verschwunden, vielleicht für immer«[6], schreibt ein Journalist.

Um seine Anhänger zu schützen, greift der ANC zur Selbsthilfe und stellt *Self-Defence-Units* auf, bewaffnete Verteidigungstrupps, die aber ebenfalls außer Kontrolle geraten und durch Terroraktionen auffallen. Die Spirale der Gewalt dreht sich weiter; Verrohung, Abstumpfung und sadistischer Hass prägen den Alltag vieler Menschen in südafrikanischen Städten und *townships*. Südafrika scheint in blutigem Chaos zu versinken, wodurch die Menschen sich bestätigt fühlen, welche die Schwarzen schon immer für Wilde gehalten haben.

Mangosuthu Buthelezi und Nelson Mandela treffen sich im Januar 1991 und beschließen, die Blutrache zu beenden, aber ihre Anhänger halten sich nicht an das Abkommen. Und weil de Klerk auch keine Anstalten macht, den Friedensprozess zu fördern, indem er den Zulu weder das Tragen von Speeren und Holzknüppeln in der Öffentlichkeit verbietet noch die Auflösung der Wanderarbeiter-Heime befiehlt, noch nicht einmal eine Untersuchung über das Fehlverhalten der Sicherheitskräfte ins Leben ruft, stellt der ANC im Mai 1991 die Gespräche mit der Regierung ein.

Die Waagschaale internationaler Anerkennung senkt sich zugunsten de Klerks, bis es dann im Sommer zu spektakulären Enthüllungen kommt: Der Londoner *Guardian* und die *Weekly Mail* in Johannesburg bringen am 18. Juli die Schlagzeilen: »Polizei bezahlt Inkatha, um ANC zu blockieren«. Ein Teil der Wahrheit über die Dritte Kraft kommt nun ans Licht: Sicherheitskräfte auf höchster Ebene haben die

Gewalttaten der *Inkatha* gegen ANC-Anhänger gefördert. Verteidigungsminister Magnus Malan und Polizeiminister Adriaan Vlok verlieren ihre Ämter, de Klerk behält sie allerdings in seinem Kabinett. Er beruft eine Kommission ein, die unter Richter Richard Goldstone in Erfahrung bringen soll, welche Verfehlungen der Sicherheitspolizei wirklich vorzuwerfen sind.

Was die Goldstone-Kommission dann entdeckt, ist noch schlimmer als erwartet: Einheiten der Armee sollen an den Zugmassakern beteiligt gewesen sein und Mörder ausgebildet haben. Massaker, wie das in Sebokeng, wurden von der Polizei gebilligt und unterstützt, Stammesfehden angestachelt. Jahre später kommt die Untersuchungskommission zu dem Schluss, dass es zwar keine offiziell gegründete oder zentral gesteuerte Dritte Kraft gegeben habe, wohl aber ein Netzwerk aus Sicherheitsagenten, die – häufig in Verbindung mit rechtsgerichteten Einheiten oder Gruppen der *Inkatha*-Partei – sich an schweren Verletzungen der Menschenrechte, Tötungen und Morden schuldig gemacht haben. Die ganze Wahrheit wird niemals herauskommen und die kriminellen Untergrundorganisationen, die nie völlig ausgehoben worden sind, sorgen bis heute dafür, dass Gewalt in Südafrika ein Alltagsthema geblieben ist.

1991 wird Nelson Mandela ohne Gegenstimme zum

ANC-Präsidenten gewählt, ein Zeichen dafür, dass die Organisation geschlossen hinter ihm steht. Große Aufgaben warten auf die Partei. Nachdem sie 30 Jahre lang im Geheimen gearbeitet hatte, muss sie nun neue, offene Strukturen entwickeln und die unterschiedlichsten Führungspersönlichkeiten integrieren: die erprobten Guerillakämpfer und die ehemaligen Häftlinge, diejenigen, die den Kampf vom Exil aus geführt haben, und schließlich diejenigen, die im Land geblieben sind. Im neuen 50-köpfigen Exekutivkomitee des ANC sind alle Rassen vertreten, darunter sieben Inder, sieben Farbige und sieben Weiße.

Mandela bezieht sein Büro im Shell House, einem hohen Bürogebäude im Herzen Johannesburgs. Tambo, der inzwischen genesen und aus Stockholm zurückgekehrt ist, und Sisulu arbeiten in den Büros rechts und links von Mandela.

Nur langsam nimmt die Zielrichtung der neuen ANC-Politik Formen an. Gegen eine Regierung zu kämpfen ist in mancher Hinsicht leichter, als mit ihr zu verhandeln. Mandela erkennt, dass er sich von radikalen Forderungen verabschieden muss. Als er merkt, dass sein Ruf nach Verstaatlichung von Industriezweigen die ausländischen Investoren abschreckt, lässt er diese Pläne fallen. Auch eine schwarze Regierung wird das Geld der Investoren brauchen. Schon beginnt die Realpolitik die Visionen abzulösen.

Im Dezember 1991 finden sich die verschiedenen Lager erneut zu offiziellen Gesprächen zusammen. Unter dem Namen CODESA 1 (*Convention for a Democratic South Africa*) tagen 19 Delegationen im World Trade Centre des Johannesburger Flughafens. Diese 228 Menschen, von denen die meisten schwarz sind, repräsentieren das ganze Land, nur der PAC, Buthelezi und die ultrarechten Burenparteien weigern sich, an den Verhandlungen teilzunehmen. Beobachter der Vereinten Nationen, des Commonwealth, der Europäischen Gemeinschaft und der Organisation für Afrikanische Einheit sind anwesend. CODESA, heute Synonym für die »verhandelte Revolution«, ist wohl eine der originellsten Verhandlungen in der Geschichte der Menschheit, denn diejenigen, die eingesperrt waren, sitzen nun mit denen, die sie ins Gefängnis geschickt hatten, zusammen an einem Tisch. Bald gibt es die ersten Ergebnisse: Es soll ein einheitliches Südafrika geschaffen werden, dessen Verfassung von einem obersten unabhängigen Gerichtswesen geschützt wird. Eine Grundgesetzerklärung würde die Gleichheit vor dem Gesetz festschreiben.

Doch nach dem erfolgreichen Anfang endet CODESA 1 im Missklang, als de Klerk den ANC unerwartet scharf angreift, worauf Mandela vor laufenden Fernsehkameras zurückschlägt: »Selbst der Kopf einer illegitimen, diskreditierten Minderheitsregierung wie die seine hat sich an gewisse moralische Normen zu halten.«[7] Schließlich findet Mandela noch ein paar versöhnliche Worte und bekräftigt seinen Willen, mit de Klerk zusammenzuarbeiten. Die Abhängigkeit der beiden großen Kontrahenten im Verhandlungs- und Friedensprozess steht außer Frage, wie Außenminister Pik Botha offen ausspricht: »Wir sind wie das Zebra. Es spielt keine Rolle, ob du es in den weißen oder den schwarzen Streifen schießt. Wenn du das Tier triffst, stirbt es.«[8]

CODESA 1 bildet fünf Verhandlungsgruppen, die nun über die Details nachdenken sollen. Um sich der Rückendeckung der weißen Wähler zu versichern, lässt de Klerk sie in einer Volksabstimmung entscheiden: »Befürworten Sie die Fortsetzung des Reformprozesses, den der Staatspräsident am 2. Februar 1990 einleitete mit dem Ziel einer neuen Verfassung auf dem Wege von Verhandlungen?«[9] 69 Prozent antworten mit »Ja«.

Winnie Mandela spielt nur in der ersten Zeit nach der Freilassung ihres Mannes die perfekte Begleiterin, zeigt ein charmantes Lächeln und hält sich mit lauten Reden zurück. Doch in der langen Zeit von Mandelas Abwesenheit hat sie sich daran gewöhnt, eigene Wege zu gehen. Sie pflegt Kontakte zu extrem militanten ANC-Leuten und wirft ihrem Mann häufig vor, er sei zu versöhnlich. Auch ihre Beziehungen zu anderen Männern will sie nicht aufgeben. Der letzte Akt ihrer

Ehe, das dramatische Ende, spielt sich vor den Augen der neugierigen Öffentlichkeit ab.

Im Mai 1990, nur wenige Monate nach Mandelas Entlassung, findet der Prozess um die ungeklärten Morde des Jahres 1988 statt, in die der Fußball-Club *Mandela United* verwickelt ist. Mandela stellt sich hinter seine Frau und wiederholt immer wieder, er sei sicher, dass ihre Unschuld nun bald bewiesen werde. Doch es kommt anders. Winnie wird der Entführung und der Mithilfe bei Körperverletzung für schuldig gesprochen und zu sechs Jahren Gefängnis verurteilt, bleibt aber gegen Kaution bis zur Berufungsverhandlung frei. Dann wird die Strafe auf zwei Jahre verkürzt, auf Bewährung ausgesetzt und ein Bußgeld von 15 000 Rand verhängt – ein mildes Urteil, das von vielen kritisiert worden ist.

Obwohl Winnie Mandela noch immer mit ihrem Mann zusammenlebt, zeigt sie sich nach dem Prozess öffentlich mit ihrem Geliebten, dem Rechtsanwalt Dali Mpofu, und unternimmt mit ihm Luxusreisen in die USA. Vergebens fordert Mandela sie auf, sich von Mpofu zu trennen. Tief verletzt zieht er schließlich aus und kauft sich ein Haus in Houghton, einem noblen Vorort von Johannesburg. Als Winnie erneut in die Schlagzeilen gerät, weil zwei Zeugen ihre Aussagen aus dem Stompie-Prozess widerrufen, muss der enttäuschte Ehemann nicht nur um das Ansehen seiner Familie, sondern auch des ANC fürchten. Winnie

Mandela wird öffentlich beschuldigt, die Ermordung Stompies nicht nur geduldet, sondern sogar befohlen zu haben. Der Fall wird nicht wieder vor Gericht aufgerollt, aber Mandela bleibt keine Wahl, er muss nun ihre endgültige Trennung verkünden. Im April 1992 würdigt er vor der versammelten Presse Winnie als einen der treuesten Menschen des Kampfes, er lobt sie für ihre Standfestigkeit, ihre unerschrockene Haltung und beteuert: »Ich scheide von meiner Frau ohne Groll. Ich umarme sie mit all der Liebe und Zuneigung, die ich von dem Augenblick, da ich sie zum erstenmal sah, in und außerhalb des Gefängnisses für sie gehegt habe.« Im Hinausgehen fügt er noch hinzu: »Meine Damen und Herren, ich hoffe, Sie wissen den Schmerz zu würdigen, durch den ich gegangen bin.«[10]

CODESA 2 beginnt im Mai 1992 und steht unter dem Stern sensationeller Enthüllungen, die wenige Tage zuvor durch die Presse gingen. Im Ministerium für Entwicklungshilfe haben Korruption und Bereicherung dafür gesorgt, dass Millionen Rand statt in Projekten zur Verbesserung der Lebensbedingungen der Schwarzen in den Taschen von Weißen gelandet sind. Außerdem sind neue Beweise ans Licht gekommen, die eine Verwicklung von Sicherheitsbeamten in die Ermordung von Freiheitskämpfern im Jahre 1985 bestätigen.

Die Konferenz scheitert aber nicht aufgrund dieser

Enthüllungen, sondern an fundamentalen Fragen. Soll im zukünftigen Südafrika eine Mehrheitsregierung entscheiden oder ein Minderheitsvotum gelten? Oder, in der Sprache der Kontrahenten, welcher Grundsatz soll gelten: »Der Sieger bekommt alles« oder »Alles für den Verlierer«? Unüberbrückbare Gegensätze gibt es aber auch noch in vielen anderen Punkten, wie dem, ob eine Übergangsregierung gebildet werden soll und nach welchem Schlüssel die Parteien darin vertreten sein müssten.

Die Situation im Land ist düster. Der ANC ruft zu Streiks, Demonstrationen und Boykotts auf, die *Inkatha* richtet schlimmste Verwüstungen in der *township* Boipatong an, wo auch Weiße mit geschwärzten Gesichtern an dem großen Morden teilnehmen. Als Mandela Boipatong besucht, halten ihm die Menschen Plakate entgegen, auf denen es heißt: »Mandela, gib uns Waffen!« Bei dem Begräbnis der 45 Todesopfer droht Mandela der Regierung: Wenn sie nicht endlich etwas unternähme, würde sich der Protest ausweiten. Dann kündigt er die Gespräche auf.

Kurze Zeit später organisiert der ANC einen Protestzug nach Bisho, mitten in die Hauptstadt des *homelands* Ciskei, dessen schwarze Regierung als korrupt verschrien ist. Die Aktion endet mit einem Blutbad. Diesmal trägt der ANC eindeutig Mitschuld, weil er die Verbote des örtlichen Magistrats missachtet und die Demonstration nicht innerhalb der genehmigten Gebiete gehalten hat. Südafrika erlebt eine seiner dunkelsten Stunden. Der Hass scheint unüberwindlich zu sein. Eine Annäherung zwischen Regierung und ANC scheint unmöglich.

Doch keine Seite kann es sich leisten, abzuwarten, bis das Land wirtschaftlich oder sozial völlig am Boden liegt. Im Nachhinein beanspruchen daher auch beide Seiten für sich, den Kontakt wieder aufgenommen zu haben, der zwischen ihren Unterhändlern jedoch nie abgerissen war. Der ANC-Delegierte Cyril Ramaphosa und sein burischer Kollege Roelf Meyer waren in über 50 Sitzungen ein großes Stück weitergekommen und hatten viele Details klären können. Meyer kann de Klerk dazu überreden, sich mit einer schwarzen Mehrheitsregierung abzufinden, solange die Weißen sicher an der Regierung beteiligt werden. Auf der anderen Seite sorgt der weiße Kommunistenführer Joe Slovo erneut für einen entscheidenden Durchbruch. Er legt dem ANC dar, dass er, selbst wenn er die Regierungsverantwortung endlich besäße, viele Jahre lang gezwungen sein würde, auf die weißen Verwaltungsbeamten zurückzugreifen. Slovo schlägt daher eine »Sonnenuntergangsklausel« vor, die der weißen *National Party* die Regierungsbeteiligung für einen bestimmten Zeitraum einräumt und die Arbeitsplätze weißer Beamter schützt. Damit sind entscheidende Hindernisse für die Einigung beseitigt. Regierung und ANC verständigen sich auf eine fünfjährige

»Regierung der nationalen Einheit«, an der alle Parteien beteiligt werden sollen, die in den für das Jahr 1993 geplanten ersten freien Wahlen fünf Prozent der Stimmen erhalten.

Doch bevor die Verhandlungen über eine Übergangsverfassung abgeschlossen sind, gerät der ganze Versöhnungsprozess noch einmal ins Wanken. Am 10. April 1992 wird Chris Hani vor seinem Haus in Boksburg erschossen. Hani war Generalsekretär der südafrikanischen Kommunistischen Partei, ehemaliger Befehlshaber des MK, einer der populärsten Männer des Widerstands, ein Held, vor allem in den Augen der Jugend. Jeder weiß, dass es nun nur einen Funken braucht, um einen höllischen Brand zu entfachen. Doch glücklicherweise kann der Mörder, ein polnischer Immigrant, durch den Hinweis einer weißen Frau sofort gefasst werden. Mandela wird gebeten, eine Rundfunkansprache zu halten. Tief bewegt wendet er sich an seine Zuhörer: »Jetzt ist es an der Zeit, daß alle Südafrikaner sich zusammenschließen gegen jene, die von allen Seiten her das zu zerstören trachten, wofür Chris Hani sein Leben gab ... die Freiheit für uns alle.«[11]

Zwei Wochen später stirbt Oliver Tambo. Nelson Mandela verliert seinen engsten Freund, sein Vorbild, seinen Kritiker: »Auf vielfältige Weise führte ich, auch wenn wir getrennt waren, ein lebenslanges Gespräch mit ihm in meinen Gedanken. Vielleicht fühlte ich mich deshalb so verwaist, als er starb. Ich fühlte mich ... als der einsamste Mann der Welt.«[12]

Mandela und de Klerk, so ein ausländischer Beobachter, stehen sich nun gegenüber »wie zwei erschöpfte Schwergewichtsboxer am Ende eines langen Titelkampfs, beide blutig und voller blauer Flecke«[13]. Je näher die politische Einigung nun tatsächlich rückt, desto brutaler wird der Kampf auf der Straße. Wie Todfeinde sind ANC und *Inkatha* ineinander verbissen. Mandela erklärt selbstkritisch, er schiebe die Schuld nicht allein auf die Regierung, die der Gewalt tatenlos zusehe. Dass auch Anhänger des ANC in gewalttätige Verbrechen verstrickt seien, sehe er deutlich. Voller Abscheu formuliert er im März 1993 nach dem Tod von 20 Menschen, darunter sechs Schulkindern, über die Mörder: »Ob sie nun Mitglieder des ANC, Mitglieder der Inkatha oder Mitglieder der staatlichen Sicherheitsdienste sind, sie sind nicht länger Menschen. Sie sind Tiere.«[14]

In den folgenden Monaten mischt noch eine weitere Gruppe offen im blutigen Kampf mit, die AWB, *Afrikaner Weerstand Beweging*, eine ultrarechte Buren-Partei, die von Eugene Terre'Blanche geführt wird. Ihre Mitglieder tragen Hakenkreuz-ähnliche Symbole und rasen eines Tages mit einem Panzerwagen in das gläserne Foyer des Johannesburger World Trade Center. Nachdem sie den Verhandlungssaal auf viehische Weise beschmutzt haben, ziehen sie grölend ins Freie, wo sie ein Grillfeuer anzünden und sich mit Bier voll laufen lassen.

Nicht lange danach zeigt auch der militante Flügel des PAC, des *Pan African Congress*, zu welcher Grausamkeit er fähig ist, um seine Ablehnung der Friedenspolitik zu demonstrieren. Eine Hand voll seiner Mitglieder stürmen eine Kirche in Kapstadt und schießen auf die versammelte weiße Gottesdienstgemeinde. Tote und Verwundete bleiben zurück.

Die Delegierten der CODESA 2 ringen indessen weiter um die Form einer Übergangsverfassung und im Herbst 1993 haben sie es geschafft: Strenge Gewaltenteilung, ein Grundgesetz nach amerikanischem Vorbild und ein Verfassungsgericht werden die Südafrikaner künftig haben. De Klerk stimmt endlich auch einer einfachen Mehrheitsregierung zu, ohne auf weiße Mindestbeteiligung zu pochen, und Mandela ist mit der Aufhebung der Sanktionen einverstanden. Die Wahl wird jetzt auf den April 1994 festgelegt. Beide Verhandlungspartner haben viel von ihren früheren Positionen aufgegeben, beide müssen sich dafür die Kritik ihrer Parteifreunde anhören, vor allem de Klerk, dessen Kabinett einer Meuterei nahe ist und ihm vorwirft, er habe Südafrika aus der Hand gegeben. Was im Prinzip ja auch stimmt.

Eine Würdigung dieser Leistung ist die Verleihung des Friedensnobelpreises Ende 1993 an Nelson Mandela und Frederick Willem de Klerk. Die beiden Politiker nehmen ihn in Oslo nicht gerade einmütig in Empfang. Trotz aller Kompromisse ist die Kluft zwischen ihnen tief, und Mandela lässt keine Gelegenheit aus, de Klerk nach der Verleihung öffentlich anzugreifen. Das Schandmal der Abschlachtung unschuldiger Menschen werde ihm immer anhaften, erklärt er.

Wer von den beiden mehr dafür getan hat, eine friedliche Einigung herbeizuführen, ist schwer zu sagen. Auch darf der Beitrag derer nicht vergessen werden, die sich als Verhandlungsführer bewährt haben. Ein langwieriger Friedensprozess hat viele Mütter und Väter. Nur eines ist sicher: Was de Klerk tat, hätte wohl auch ein anderer weißer Politiker gekonnt, vielleicht sogar entschlossener und schneller. Wer aber hätte Nelson Mandela ersetzen können?

Im nun folgenden Wahlkampf legt der ANC ein ehrgeiziges Programm vor: Er verspricht Arbeit und Ausbildung für 2,5 Millionen Menschen, eine Million neuer Häuser mit Strom und fließend Wasser, die Ausweitung der elementaren Gesundheitsfürsorge, eine zehnjährige kostenlose Schulbildung für Kinder, billige Telefonanschlüsse und vieles andere mehr.

Mandela warnt sein Volk aber auch vor überzogenen Vorstellungen: »Erwartet nicht, daß ihr nach der Wahl einen Mercedes fahren oder im eigenen Swimmingpool im Garten baden werdet. Das Leben wird sich nicht dramatisch ändern, außer daß euer Selbstbewußtsein gestärkt ist und ihr Bürger in eurem eigenen Land werdet. Ihr müsst Geduld haben. Vielleicht müsst ihr fünf Jahre warten, ehe die ersten Erfolge sich einstellen ... Wenn ihr weiter in Armut ohne Kleidung und Nahrung leben wollt, dann geht und trinkt in den Shebeens. Wenn ihr jedoch etwas Besseres wollt, dann müßt ihr hart dafür arbeiten. Wir können nicht alles für euch tun, ihr müßt es selbst tun.«[15]

Nelson Mandela hat einen guten Instinkt für seine Auftritte im Wahlkampf; er erscheint mal im Anzug, mal in Strickjacke, buntem Hemd oder im Khakidress. Als er einmal vor Bergarbeitern im Anzug steht, entschuldigt er sich dafür und bringt seine Zuhörer zum Lachen, indem er sich einen Bergarbeiterhelm aufsetzt. Auch im Umgang mit Journalisten ist Mandela sehr geschickt; mit Leichtigkeit baut er persönliche Beziehungen zu ihnen auf, besonders zu hübschen Frauen. Ein Reporter vom Londoner *Independent* sagt: »Wir sind Mandelas Charme vollständig und hoffnungslos erlegen.«[16] Doch die konservative Presse in Südafrika, wie im Ausland, warnt mit Schlagzeilen wie: »Das Chaos liegt vor uns« oder »Blut wird fließen, da die Zulu den Krieg erklären«.[17]

Die Gewalt im Land ist allgegenwärtig; zu viele sind gegen die von ANC und Regierung »verhandelte Revolution«. Die Führer der schwarzen *homelands* haben ebenso wenig Interesse an einem Einheitsstaat wie die rechtsgerichteten Weißen, die einen eigenen Buren-Staat fordern, sozusagen ein weißes *homeland*. Auch Buthelezi will nicht kandidieren und die Wahl boykottieren. Seine *Inkatha*-Anhänger führen einen brutalen Angriff auf das Hauptquartier des ANC in Johannesburg durch, bei dem 53 Menschen sterben. Wahlhelfer des ANC in Natal werden erschossen oder zu Tode gehackt.

So ist es verständlich, dass sich auf die erste einheitliche demokratische Wahl in Südafrika nicht nur die größten Hoffnungen, sondern auch unermessliche Ängste konzentrieren. 350 000 Briten planen, im Notfall das Land zu verlassen. Doch sowohl Mandela als auch de Klerk halten an dem Datum der Wahl fest und weigern sich beharrlich, die Gegner ihres Kurses durch Versprechungen von mehr Autonomie zur Teilnahme an der Wahl zu bringen.

Schließlich diskreditiert sich die weiße Rechtsbewegung selbst, als ihre Mitglieder bei dem Versuch, im *homeland* Bophutatswana für Ordnung zu sorgen, vor laufenden Fernsehkameras bei Plünderungen und Schießereien zu sehen sind. Die entsetzten Fernsehzuschauer werden Zeugen regelrechter Exekutionen von Weißen durch schwarze Soldaten. »Die Bedrohung der Wahlen durch den rechten Widerstand war nun vollständig zusammengebrochen. Die AWB hatte sich als mordender Pöbelhaufen erwiesen.«[18] Auch die letzten *homelands*, die sich gegen ein geeinigtes Südafrika zur Wehr gesetzt hatten, geben ihren Widerstand auf. Nur Buthelezi, seine *Inkatha*-Partei und ihre Verbündeten sind noch nicht überzeugt. Kurz vor den Wahlen erklärt Nelson Mandela, er werde vor all denen, die das Land ins Blutvergießen stürzen wollen, in die Knie gehen, mit der Bitte, es nicht zu tun. Er trifft sich noch einmal mit Buthelezi und endlich, in letzter Minute, entscheidet sich der Zulu-Führer doch noch dazu, seine Partei für die Wahl aufstellen zu lassen. Mandela verkündet bewegt: »Heute erleben wir die Morgenröte unserer Freiheit.«[19]

Die Wahlkommission arbeitet so miserabel, dass die Durchführung der Wahl in Gefahr gerät. In vielen Wahllokalen gibt es zu wenig Wahlzettel, die Auszählung ist fehlerhaft, Wahlbetrug wäre an vielen Orten ein Leichtes gewesen, aber dennoch tritt der Wille des Volkes überdeutlich hervor: Vom 26. März bis 28. April 1994 wählen über 20 Millionen Schwarze, Farbige und Inder zum ersten Mal in ihrem Leben und das Ergebnis überrascht nicht: Der ANC erhält 62,6 Prozent der Stimmen – Präsident de Klerk gibt die Macht ab.

Am 10. Mai 1994 wird Nelson Mandela als neuer südafrikanischer Präsident feierlich in sein Amt eingeführt. Erster Stellvertreter ist Thabo Mbeki, zweiter Stellvertreter Willem de Klerk. 4000 Gäste aus 170

Ländern sind gekommen, darunter Fidel Castro, Jasir Arafat und Chaim Herzog, Prinz Philip und Julius Nyerere. Als die Kampfflugzeuge ihre Ehrenrunde über der Versammlung drehen, zieht so mancher ANC-Kämpfer den Kopf ein, zu lebendig ist die Erinnerung an den bewaffneten Kampf. Zwei Nationalhymnen werden heute gespielt, die burische, »*Die Stem van Suid Afrika*« (Die Stimme von Südafrika), und die neue, »*Nkosi Sikelel' iAfrika*« (Gott segne Afrika), die der ANC 1925 zu seiner offiziellen Hymne erklärt hatte.

Als Nelson Mandela spricht, lauscht ihm die ganze Welt: »Aus den Erfahrungen eines außergewöhnlichen menschlichen Desasters, das viel zu lange gedauert hat, muß eine Gesellschaft erstehen, auf welche die ganze Menschheit stolz sein kann ... Wir haben zu guter Letzt unsere politische Emanzipation verwirklicht. Wir verpflichten uns, alle unsere Mitbürger von den weiterhin bestehenden Fesseln der Armut, der Entbehrung, des Leids, des Geschlechts und weiterer Diskriminierungen zu befreien. Niemals, niemals und niemals wieder soll es geschehen, daß dieses schöne Land die Unterdrückung des einen durch den anderen erlebt ... Laßt Freiheit herrschen. Gott segne Afrika!«[20]

Der hellste Stern

»Wir wurden aus dem Urwald oder aus dem Untergrund außerhalb des Landes oder aus Gefängnissen geholt und sollten Verantwortung übernehmen ... wir wurden plötzlich in diese immense Aufgabe gestoßen, ein hochentwickeltes Land zu regieren«[1], erinnert sich Nelson Mandela später. Niemand weiß damals, ob es der Regierung der nationalen Einheit gelingen wird, Weiße und Schwarze wirklich miteinander zu versöhnen und dem Land eine Verfassung zu geben, unter der sich alle geborgen fühlen können. Ebenso fraglich ist es, ob die neue Regierung es schafft, die lädierte Wirtschaft im Land wieder anzukurbeln. Denn jenseits aller gefühlvollen Beschwörungen der neuen »Regenbogen-Nation«, wie Mandela die Südafrikaner gerne nennt, rechnen doch Geschäftsleute, Bankiers und Börsianer nur mit einem – mit Zahlen.

Diese sehen zu Beginn von Mandelas Präsidentschaft auf den ersten Blick gar nicht so schlecht aus. Südafrika verfügt im Gegensatz zu anderen afrikanischen Ländern, in denen schwarze Regierungen an der Macht sind, über sichere Ressourcen: Es besitzt eines der weltweit größten Mineralvorkommen, 44 Prozent der Weltreserven an Diamanten, 82 Prozent der Manganreserven, 64 Prozent der Reserven an Metallen der Platingruppe. Südafrika fördert ein Drittel, den höchsten Anteil der Gold-Weltproduktion. Das Finanz- und Banksystem arbeitet effektiv – die Johannesburger Börse ist die zehntgrößte der Welt. Straßen, Eisenbahnnetz, Häfen und Flughäfen sind ausgebaut, Telefon und Stromversorgung funktionieren. Südafrika gehört zu den 25 reichsten Industrienationen und nimmt, gemessen an dem Lebensstandard der Weißen, im Wahljahr 1994 Platz 24 der Weltrangliste ein, gleich hinter Spanien.

Legte man allerdings die Lebensbedingungen der Schwarzen zugrunde, käme Südafrika nur auf den 131. Platz hinter Lesotho und Vietnam. Über die Hälfte der 40 Millionen Einwohner, nämlich 22 Millionen, leben 1994 ohne angemessene sanitäre Anlagen, 12 Millionen verfügen nicht über sauberes Wasser, 23 Millionen haben keinen Strom. Fast die Hälfte aller Haushalte vegetieren unter der Armutsgrenze, ein Viertel gilt als völlig mittellos. 50 000 weiße Farmer besitzen zwei Drittel des Landes, den Rest des Agrarlandes teilen sich 1,3 Millionen schwarze Bauern.[2]

Die Sanktionen haben in 20 Jahren eine enorme wirtschaftliche Krise verursacht und das Land in horrende Schulden getrieben. Womit will Mandela also die im Wahlkampf versprochenen Verbesserungen bezahlen? Wer soll die Armut lindern? Denn von Beheben kann ja noch lange keine Rede sein. Zwei Maßnahmen führt Mandela sofort ein: die kostenlose

Schulspeisung und die freie Gesundheitsfürsorge für kleine Kinder und Schwangere.

Dass es leichter ist, eine Wahl zu gewinnen, als die Macht wirklich auszuüben, sagt der neue Präsident in den folgenden Jahren immer wieder. Seine Ämtervergabe ist der erste Punkt, an dem Unmut aufkommt. Es heißt, Mandela richte sich zu wenig nach Qualifizierung und zu viel nach persönlicher Freundschaft. Wie aber hätten sich die früheren ANC-Kämpfer im Untergrund für Botschaftsposten oder Ministerämter qualifizieren sollen? Mandela setzt nur die Menschen in Schlüsselpositionen ein, denen er vertraut, und so arbeiten in der Regierung seine langjährigen Freunde mit: Alfred Nzo, den neuen Außenminister, kennt er schon seit dem Bus-Boykott von 1958; Joe Slovo bekommt das Wohnungsbauministerium; Mac Maharaj wird Transportminister; Dullah Omar, der ihn als Anwalt in Pollsmoor beraten hatte, Justizminister. Eine kluge Entscheidung ist die Ernennung von Manosuthu Buthelezi zum Innenminister, denn damit ist der Zulu-Häuptling in das neue Südafrika integriert und gezwungen, mit dem ANC zusammenzuarbeiten. Im Kabinett sitzen schließlich drei *Inkatha*- und 18 ANC-Mitglieder, dazu sechs weiße Abgeordnete der *National Party* – eine »Regenbogenregierung«, in der Weiße, Schwarze, Inder und Mischlinge, Moslems, Christen und Kommunisten vertreten sind. Wichtigster Mann nach Nelson Mandela ist Thabo Mbeki, der sich als Vize-Präsident bescheiden im Hintergrund hält, nicht unbedingt eine strahlende Aura besitzt, wohl aber zäh ist und hinter den Kulissen nicht selten Probleme wieder einrenken muss, die Mandela unbedacht verursacht.

Für die Botschafterposten wählt der Präsident ebenfalls alte Freunde aus. Barbara Masekela, früher ANC-Büroleiterin, wird nach Paris versetzt, Ruth Mompati, die ehemalige Sekretärin seiner Anwaltskanzlei, ist in der Schweiz und Mendi Msimang, ehemaliger Angestellter der Kanzlei, geht nach London.

Nach nur acht Monaten im Amt stirbt Joe Slovo. Tief berührt sagt Mandela über ihn: »Sein Begräbnis zeigte die Widersprüchlichkeit der friedlichen Revolution: Der weiße Führer wurde von Tausenden Schwarzen betrauert; der erbittertste Feind der Buren hatte als erster die Koalition mit ihnen vorgeschlagen; der revolutionäre Idealist war zum praktischsten und flexibelsten Politiker geworden.«[3]

Zu Beginn der ersten Legislaturperiode 1994 herrscht eine euphorische Stimmung, in der scheinbar alles möglich ist. Schwarze und weiße Politiker knien sich gemeinsam in die Arbeit und versuchen miteinander, die dringendsten Probleme des Landes anzugehen. Meistens kann das Kabinett einen Konsens erzielen, und es ist nicht nötig, die weiße Minderheit zu überstimmen.

Ein Blick in den Plenarsaal des Parlaments erhebt

das Herz, findet Bischof Tutu: »Ich liebe diesen Traum. Du sitzt auf dem Balkon und schaust hinab und zählst die ganzen Terroristen. Sie sitzen alle da und verabschieden Gesetze. Es ist unglaublich.«[4]

Gegen den Rat seiner Parteifreunde ernennt Mandela seine Frau Winnie, von der er ja schon länger getrennt lebt, zur stellvertretenden Ministerin für Kunst, Kultur, Wissenschaft und Technologie, doch wegen ihrer empörenden Finanzskandale muss er sie wieder entlassen. Bald darauf, im März 1996, wird das Paar geschieden. Mandela trägt die Maske des würdevollen Staatsmannes und verbirgt dahinter seine tiefe Einsamkeit, niemand darf hinter die Kulissen schauen. Wer ihn nach seinen wahren Gefühlen fragt, stößt auf Granit. Manchmal sucht der Präsident nun die Gesellschaft wenig anspruchsvoller Menschen, genießt auch die schillernde Gegenwart von Stars und Millionären. Wenn er dann zum Schmeichler wird und Whitney Houston mit dem Satz begrüßt: »Ich bin nur hier, um ihr die Schuhe zu putzen«, trifft er zwar einen scherzhaften, aber nicht immer klugen Ton.

Gern zieht er sich in die Abgeschiedenheit der Transkei zurück. In Qunu lässt er sich ein Haus bauen, das den Maßen seines Bungalows im Victor-Verster-Gefängnis nachempfunden ist. Er unternimmt lange Spaziergänge, sitzt mit seinen Nachbarn zusammen und mischt sich mal sanft, mal energisch in die Lokalpolitik ein. Egal in welcher Gesellschaft er sich befindet, Mandela spielt alle Rollen: den seriösen Präsidenten, den intellektuellen Freiheitskämpfer, den eleganten Partygänger oder den leutseligen Nachbarn.

Im Frühjahr 1996 verlässt die *National Party* die Regierung nationaler Einheit noch vor der Fertigstellung der neuen Verfassung. De Klerk kündigt an, er wolle eine starke Opposition aufbauen, aber wenige Monate später zieht er sich ganz aus der Politik zurück, denn, wie er öffentlich verbreitet, sein Herz habe nun die Kontrolle übernommen. De Klerk lässt sich von seiner Frau Marike scheiden und heiratet seine Geliebte.

Mandela und der Rest des Kabinetts sind zwar über den Bruch enttäuscht, halten de Klerk selbst aber für ersetzbar. Buthelezi wird nun zum Vizepräsidenten ernannt und vertritt Mandela und Mbeki, wenn beide gleichzeitig außer Landes sind.

Die Erarbeitung der neuen Verfassung ist eine Aufgabe, die besondere Kompromissbereitschaft erfordert. Schließlich wird sogar der Schutz der afrikaansen Sprache und Kultur darin verankert. Trotz heftiger Kritik wird das Werk 1996 verabschiedet.

Unseligerweise entpuppt sich die so genannte »Sonnenuntergangsklausel«, nach der den burischen Verwaltungsbeamten die Weiterbeschäftigung garantiert wurde, bald als ausgesprochen hemmend. Viele der alten Beamten scheinen den politischen Fortschritt nach Kräften zu bremsen. Besonders in den

Provinzen, in denen es noch keine schwarzen Verwaltungsbeamten im mittleren Dienst gibt, herrscht lähmende Stille. Die Integration der neu geschaffenen Provinzen geht nur langsam voran.

Auch auf dem Finanzsektor sieht es schlecht aus. Weil das Apartheidsregime eines der korruptesten Systeme der Welt gewesen war, will sich die neue Regierung besonders in diesem Punkt deutlich von ihm abheben, aber es gelingt ihr nicht ganz, denn auch der ANC muss sich mit bestechlichen Beamten auseinander setzen. Einen unerhörten Skandal löst die Nachricht aus, der südafrikanische UN-Botschafter in Genf, Allan Boesak, habe drei Millionen Rand Hilfsgelder unterschlagen. Das Gericht verurteilt ihn zu sechs Jahren Gefängnis. Mandela, der sich lange weigert, an die Schuld seines alten Mitkämpfers zu glauben, hält unvernünftig lange an ihm fest, doch er selbst gerät nie in den geringsten Verdacht, finanzielle Vorteile zu suchen. Ein Drittel seines Präsidentengehalts stiftet er dem von ihm selbst eingerichteten »Children's Fund«. Und als die Parlamentsabgeordneten sich ordentliche Gehaltserhöhungen genehmigen, hebt er diese ein paar Monate später kurzerhand wieder auf.

So bescheiden Mandela für sich selbst ist, so hemmungslos hält er für sein Land die Hand auf. In Asien geht Mandela neue Bündnisse ein, die vor allem von wirtschaftlichen Erwägungen getragen sind. Da aber nach 1997 auch die so genannten Tigerstaaten, Malaysia, Indonesien, Singapur und Thailand, in eine Wirtschaftskrise geraten, bleibt Südafrikas Bindung an den Westen lebensnotwendig für das Land. Die *Times* schreibt ironisch: »Sankt Nelson braucht unser Geld«,[5] aber die Europäer wollen ihre Solidarität lieber mit Worten denn mit Taten bekunden. Nur zögernd bewilligt die Europäische Gemeinschaft finanzielle Hilfen für Südafrika.

Ein schweres Erbe für Mandelas Regierung ist die Protesthaltung der Schwarzen aus den *townships*. Viele Menschen finden aus ihrer renitenten Boykott-Mentalität nicht mehr heraus. Sie wollen noch immer keine Mieten zahlen, öffentliche Einrichtungen werden nach wie vor demoliert, Plünderungen, Einbrüche, Hausbesetzungen sind an der Tagesordnung. Mandela erlässt daraufhin ein eigenes Gesetz gegen die Krawallmacher und droht: »Es muß allen klar sein, daß wir mit vereinten Kräften gegen die Anarchie und das Chaos vorgehen werden. Keiner soll sagen können, er sei nicht gewarnt worden ... Ich spreche von denen, die sich so vollkommen untragbaren Praktiken verschrieben haben wie etwa Polizistenmord, Geiselnahme, Krawallen, Plünderungen, der gewaltsamen Besetzung von Autobahnen, der mutwilligen Zerstörung von öffentlichem und privatem Eigentum und so weiter. Einige haben die Freiheit als einen Freibrief mißverstanden ... und die Volksbeteiligung als eine Gelegenheit, dieses Land ins Chaos zu stürzen.«[6]

Ein weiteres innenpolitisches kaum lösbares Problem ist der Umgang mit den Verbrechen der Apartheidpolizei, des Geheimdienstes und der Armee, von *Inkatha*, ANC und anderen Gruppen. Schon auf Robben Island hatte Nelson Mandela erkannt, dass es ohne Vergebung keinen Frieden für Südafrika geben kann, und damals bereits mit kleinen Schritten der Versöhnung begonnen. Er knüpfte freundschaftliche Kontakte zu seinen Wärtern, lernte ihre Sprache und Kultur verstehen, bemühte sich, sie für seine eigenen Ideale zu interessieren. Als Präsident von Südafrika geht Mandela diesen Weg weiter und stößt dabei viele Menschen, die unter dem Apartheidsregime gelitten haben, vor den Kopf. Er besucht Pieter Willem Botha auf dessen Ruhesitz, gibt eine Dinner-Party für Niel Barnard, den ehemaligen Leiter des Geheimdienstes, und lädt dazu auch General Willemse ein, den früheren Kommandanten von Robben Island. Der ehemalige Staatsfeind mit dem großen Herzen trinkt Tee mit der Witwe von Hendrik Verwoerd und auch mit dem Chefankläger im Rivonia-Prozess, Percy Yutar. Zweifellos nutzt Mandela die Versöhnung auch als Taktik. Er will die früheren Gegner moralisch unter Druck setzen, damit sie seine Regierung unterstützen und im Sinne einer gemischtrassigen Gemeinschaft denken und handeln. Und offenbar geht seine Rechnung auf, denn Umfragen zeigen, dass die Zahl der Weißen, die seine Regierung gutheißen, auf über 50 Prozent gestiegen ist.

Auch den Sport entdeckt Mandela als ideale Bühne für Gesten der Versöhnung. Nach dem Endspielsieg des Rugby-Clubs »Springbok« überreicht er selbst den Pokal. Als er im Trikot der Mannschaft auf das Spielfeld kommt, brüllen die burischen Fans begeistert »Nel-son! Nel-son!« Doch blockieren die weißen Sportclubs die Aufnahme schwarzer Sportler erfolgreich; vor allem in den Nationalmannschaften findet man noch Jahre später hauptsächlich weiße Sportler.

Das wichtigste Instrument für die Aufarbeitung der Vergangenheit ist die Versöhnungs- und Wahrheitskommission, TRC *(Truth and Reconciliation Commission)*, die nach vielen Diskussionen 1996 eingerichtet wird, aber von Beginn an umstritten ist. De Klerk hatte auf einer Generalamnestie für burische Verbrecher bestanden, allein, Mandela wollte es nicht zulassen, dass sich das Apartheidregime selbst Amnestie gewähre. Ebenso wenig kommt es in Frage, die Gräueltaten der Apartheidpolizei einfach zu vergessen, und schon gar nicht soll ein öffentliches Forum für Märtyrer geschaffen werden, wie es die Nürnberger Prozesse den Naziverbrechern zeitweise geboten hatten.

Die Delegierten der TRC bemühen sich unter dem Vorsitz von Bischof Tutu darum, ein wahres, detailliertes Bild von den Vorgängen um Folter und Mord zu bekommen. Sie sind dazu bevollmächtigt, einzelnen Tätern Amnestie zu gewähren, wenn diese zuvor alle ihre Taten offen gelegt und glaubwürdig gemacht haben, dass ihren Handlungen politische Motive zugrunde lagen. Viele halten diese Regelung für zu sanft.

Vor der TRC werden die grauenvollsten Verbrechen enthüllt. Die Aussagen übersteigen alles, was man sich vorstellen kann. Es kommen nicht nur die Verbrechen der Weißen zur Sprache, sondern auch die von ANC-Mitgliedern, deren Taten zwar nur einen geringen Teil der Gespräche einnehmen, aber dennoch unleugbar sind. Bitter sind die Enthüllungen von Opfern des Geheimdienstes, die unter Folter ihre eigenen Kampfgenossen verraten und damit deren Tod verschuldet haben. Gillian Slovo, deren Mutter von einer Briefbombe getötet wurde, beschreibt in ihrem Roman »Roter Staub«[7] die verzweifelten Versuche von Tätern und Opfern, der Anhörung durch die TRC zu entgehen.

Dramatisch entwickelt sich die Situation, als ein Offizier seine Verbrechen gesteht und Willem de Klerk als seinen obersten Chef identifiziert. Damit wird eine regelrechte Bekenntnisflut ausgelöst, im Zuge derer auch die Ermordung des Studenten und Freiheitskämpfers Steve Biko durch hochrangige Polizisten und Armeeoffiziere geschildert wird. De Klerk leugnet sein Wissen von diesen Vorgängen mehrfach. Auch Botha weigert sich, Verantwortung für das zu übernehmen, was ihm zur Last gelegt wird, selbst als Mandela ihm anbietet, ihn zu den Anhörungen zu begleiten. Die Kommission kommt dennoch zu dem Schluss, dass Botha ohne Zweifel viele »Neutralisierungen«, wie die Morde in den Geheimdokumenten genannt werden, mitzuverantworten habe.

Auch Winnie Mandelas kriminelle Handlungen werden nun wieder aufgewärmt, neue Beschuldigungen kommen dazu. Vor der TRC macht sie eine denkbar schlechte Figur. Ihre Aussagen sind ungenau. Eine Zeugin berichtet, Winnie habe sie auf der Damentoilette bedroht. Bischof Tutu bricht die Befragung schließlich ab. Er betont, wie viel die gesamte Freiheitsbewegung ihr verdanke, und baut ihr eine goldene Brücke, indem er ihr sogar wörtlich vorspricht, wie sie sich entschuldigen könnte. Aber selbst das verweigert sie.

Als die Wahrheitskommission ihre Arbeit 1998 beendet, bleiben viele offene Fragen, an erster Stelle diese: Wie können die Menschen mit dem, was sie nun erfahren haben, leben?

Nelson Mandelas außenpolitische Diplomatie ist unkonventionell und für seine Mitarbeiter in den Botschaften nicht immer Grund zur Freude. Häufig stiftet der Präsident Verwirrung, indem er seinen eigenen bürokratischen Apparat übergeht, zum Telefonhörer greift und irgendein Staatsoberhaupt direkt anruft. Ob es sich um die US-Präsidenten George Bush, später Bill Clinton handelt oder um Fidel Castro – Mandela redet mit ihnen wie mit alten Bekannten und hat manches Problem schon lange ausgehandelt, während die Diplomaten noch in Beratungen stecken und ihre Positionen klären.

Unbekümmert um Fronten, Empfindsamkeiten und Feindschaften anderer pflegt das neue Südafrika Kontakt zu den Ländern, die dem ANC während der Apartheidszeit geholfen haben. Diese Politik der Dankbarkeit muss zu Konflikten führen. Die USA sehen Mandelas Freundschaft mit Fidel Castro, dem kommunistischen Führer Kubas, nur ungern, erst recht sind sie entsetzt, als Mandela 1997 einen Staatsbesuch bei Gaddafi in Libyen plant, einem der Erzfeinde der USA. Als das amerikanische Außenministerium erklärt, man werde enttäuscht sein, wenn Mandela Libyen besuche, reagiert er sehr empört über diese, wie er sagt, arrogante Haltung. Er lasse sich im Übrigen von niemandem diktieren, welche Freunde Südafrika haben dürfe und welche nicht. Mandela absolviert seinen umstrittenen Besuch bei Gaddafi und büßt dafür vor allem in konservativen Kreisen Sympathien ein.

Südafrikas Diplomatie erlebt noch andere Rückschläge: Mandela muss seinen Traum von der Rolle des Vermittlers und Friedensboten spätestens dann aufgeben, als der Diktator General Sani Abacha in Nigeria an die Macht kommt und Mandela sich weigert, Sanktionen gegen das Land zu beschließen, weil er auf die »stille Diplomatie« vertraut. Abacha lässt Ken Saro-Wiwa, den berühmtesten Kritiker seines Regimes, hinrichten, während auf dem Commonwealth-Gipfel gerade über Nigeria beraten wird. Mandela ist außer sich und muss sich von dem Anwalt des Getöteten sagen lassen: »Wäre in Südafrika die stille Diplomatie verfolgt worden, hege ich Zweifel, daß Sie heute noch am Leben wären.«[8]

Auch in der Tragödie um Zaire, wo die Rebellen 1997 Diktator Mobutu stürzen, kann Mandela nichts ausrichten, obwohl er sich darum bemüht, beide Seiten zu einem Gespräch zu bringen. Als Südafrika schließlich gebeten wird, in Lesotho einzugreifen, um eine drohende Rebellion abzuwenden, ist die militärische Operation zwar erfolgreich, doch viele meinen, Südafrika wäre kaum als Friedensstifter aufgetreten, sondern als Elefant im Porzellanladen.

Trotz aller Fehlschläge ist Mandelas internationaler Ruf am Ende seiner Amtszeit kaum befleckt. Für Regierungshäupter, die etwas für ihr Image tun wollen, ist ein Besuch in Südafrika, bei dem man sich ein wenig in Mandelas Aura bewegen kann, immer noch ein guter Trick. Jedes Land, das er besucht, fühlt sich geadelt. 1996 kommt er zum ersten Staatsbesuch nach Deutschland. Dort spricht er als einer der ganz wenigen Staatsoberhäupter im Bundestag, was im Vorfeld zu beschämenden Diskussionen geführt hatte, denn nicht alle Abgeordneten waren der Meinung, dass Mandela dieses Vorrecht genießen sollte. Umso peinlicher ist es dann, dass sich nach seiner Rede auch die Kritiker anstellen, um ihm die Hand zu schütteln.[9]

Der fast 80-jährige Mandela hat viel nachzuholen und reist gerne durch die Welt. Seine Mitarbeiter scherzen mitunter: »Diese Woche ist Präsident Mandela auf Besuch in Südafrika«. Die Führung des Landes überlässt er mehr und mehr Thabo Mbeki, während er sich selbst als ein »Stück Dekoration«[10] bezeichnet.

1997 beginnt Mandela mit seinem schrittweisen Rückzug aus der Politik. Auf der 50. ANC-Jahreskonferenz legt er sein Amt als Präsident der Partei nieder. Zum Erstaunen aller eröffnet er die Konferenz mit scharfen Worten. Er warnt den ANC vor Bestechlichkeit und Geldgier und fordert ihn auf, sich mehr um die weißen Wähler zu kümmern. Weißen Geschäftsleuten hält er vor, sie verzögerten den Wandel, und dasselbe gelte für die Medien, welche die alten Hierarchien unterstützten. Mandela spricht von der Bedrohung durch ein Netzwerk von Buren, das nur im Sinn habe, die Wirtschaft zu ruinieren und Südafrika unregierbar zu machen. Mit seiner Rede stößt Mandela auf Unverständnis, vor allem bei weißen konservativen Zeitungen: »Mandela ist naiv, wenn er denkt, die Weißen werden freiwillig ihren Lebensstandard senken, um den Armen zu helfen«[11], schreibt die Zeitung *Business Day*. Andere Zeitungen kommentieren seine Vorwürfe als niederschmetternd, dogmatisch und paranoid. Tatsächlich aber hat Mandela damit den nächsten Wahlkampf eingeläutet, der 16 Monate später entschieden werden wird.

Am letzten Tag der ANC-Konferenz verabschiedet er sich voller Dankbarkeit von seinem Amt in der Partei: »Des öfteren bringt eine Epoche einzelne Menschen hervor, die mit ihren überraschenden Windungen und Wendungen verbunden sind, so wird ein Name zum Symbol einer ganzen Ära. Da wir nun den Stab übergeben, ist es nur angemessen, daß ich dem ANC dafür danke, daß er mich zum Symbol dessen gemacht hat, wofür der ANC steht.«[12]

Thabo Mbeki ist ein würdiger Nachfolger, der viel von seinem Mentor, Oliver Tambo, gelernt hat. Ein geduldiger, bescheidener Mann, der Einigung statt Konfrontation sucht und Spannungen auflösen kann. Mbeki wird dafür sorgen müssen, dass der Traum von einem besseren, neuen Südafrika wahr wird. Er rühmt Nelson Mandela als »unseren nächsten und hellsten Stern, der uns auf unserem Weg geleitet«[13].

Eine neue Generation hat den ANC übernommen,

aber die Organisation bleibt sich selbst treu, denn auch an ihrer Spitze stehen neben Schwarzen Inder, Farbige und Weiße.

Mit 77 Jahren findet Mandela die dritte große Liebe in seinem Leben. Graca Machel ist 27 Jahre jünger als er, eine attraktive, fröhliche Frau, stark, aber nicht so dominant wie Winnie. Sie stammt aus einer armen Bauernfamilie in Mosambik, wurde in einer Methodistenschule erzogen und erhielt später ein Stipendium für die Universität Lissabon. Bald schließt sie sich der FRELIMO an, der Befreiungsbewegung Mosambiks. Als ihr Land 1975 seine Unabhängigkeit erhält, wird die 29-jährige Graca bereits Erziehungsministerin und heiratet später den Präsidenten Samora Machel, der 1986 bei einem mysteriösen Flugzeugabsturz ums Leben kommt. Mandela schreibt ihr damals – ohne sie zu kennen – einen Brief voller Mitgefühl. 1990 begegnen sie sich zum ersten Mal, fünf Jahre später sind sie in der Öffentlichkeit ein Paar, aber als Mandela um ihre Hand anhält, lehnt sie zunächst ab. Sie gehöre nach Mosambik und könne ihr Land nicht verlassen. Mehr als die Hälfte jedes Monats mit ihm in Südafrika zu verbringen, kann sie nicht versprechen, sagt sie.

Graca Machels besonderes Engagement gehört den Kindern in Krisengebieten, aber bald schlüpft sie doch in die Rolle der Präsidentengattin, begleitet Mandela auf offiziellen Auslandsreisen und wird für ihn unentbehrlich. »Ich bin in eine bemerkenswerte Frau verliebt«, verkündet er in einem Fernsehinterview 1998, »ich bedauere die Schicksalsschläge und die Rückschläge nicht, weil ich nun, spät in meinem Leben, wie eine Blume aufblühe, weil sie mir Liebe und Rückhalt gegeben hat ... Wenn ich allein bin, dann bin ich sehr schwach.«[14]

Graca Machel schiebt mühelos Held und Mythos beiseite, um den Menschen Nelson Mandela wieder hervorzulocken. 1998 beziehen sie in Houghton, Johannesburg, ein neues, von schwarzen Künstlern gestaltetes Haus, das eine Straße von Mandelas vorigem entfernt liegt. Die schönen, großen Räume sind nur durch Glasschiebetüren getrennt und ein Aufzug erspart Mandela das Treppensteigen. In diesem Haus heiraten sie nun doch, am 18. Juli 1998, Mandelas 80. Geburtstag. Die große Gala am nächsten Abend ist ein Geburtstags- und ein Hochzeitsfest zugleich. 2000 illustre Gäste sind in das Gallaher Convention Centre zwischen Pretoria und Johannesburg geladen. Nur wenige prominente Namen fehlen; Präsidenten, Prinzen und Staatsoberhäupter aus aller Welt sind gekommen und natürlich reisten auch die großen Stars des Showbusiness an. Es wird ein sehr afrikanischer Abend, zwanglos und turbulent. Ganz wie ein König hat Mandela verfügt, zu diesem Anlass 9000 Gefangene freizulassen.

Als Mandela 1999 das Amt des Präsidenten von Südafrika niederlegt, kann er mit Stolz und Zufriedenheit zurückblicken. Die Revolution am Kap ist ohne das große Blutvergießen vor sich gegangen, das viele prophezeit hatten. Niemals in der Geschichte dieses Landes hat es mehr Freiheit und Frieden für seine Bewohner gegeben. Dennoch sind die schlimmsten Probleme, Arbeitslosigkeit, Armut, Gewalt und Aids noch nicht einmal ansatzweise unter Kontrolle. Keine Regierung hätte dies in so kurzer Zeit zu bewerkstelligen vermocht. Auch ist noch nicht entschieden, ob aus Revolutionären und Guerillakämpfern wirkliche Demokraten geworden sind und ob rassistischer Hass sich in toleranten Bürgersinn verwandeln konnte. Seine Abschiedsrede vor dem Parlament beendet Nelson Mandela am 29. März 1999 daher mit den schlichten Worten: »Der lange Weg geht weiter.«

Literatur

Bücher von Nelson Mandela

Nelson Mandela, Der lange Weg zur Freiheit. Frankfurt: Fischer Taschenbuch Verlag 2000 (zuerst erschienen in London: Little, Brown and Company 1994)

Nelson Mandela, Der Kampf ist mein Leben, Gesammelte Reden und Schriften mit zusätzlichen Dokumenten und Beiträgen zum Befreiungskampf in Südafrika. Dortmund: Weltkreis Verlag 1986

Bücher über Nelson Mandela

Mary Benson, Nelson Mandela. Die Hoffnung Südafrikas. Hamburg: Rowohlt Taschenbuch Verlag 1993, erw. Neuausgabe (zuerst erschienen in Harmondsworth: Penguin Books 1986)

Albrecht Hagemann, Nelson Mandela. Hamburg: Rowohlt Taschenbuch Verlag 1995

Fatima Meer, Nelson Mandela. Stimme der Hoffnung. Die autorisierte Biographie. München: Wilhelm Heyne Verlag 1989 (zuerst erschienen in Johannesburg: Skotaville Publishers 1988)

Martin Meredith, Nelson Mandela. Ein Leben für

Frieden und Freiheit. München: Lichtenberg Verlag 1998 (zuerst erschienen in London: Hamish Hamilton 1997)

Anthony Sampson, Nelson Mandela. Die Biographie (autorisiert). Stuttgart: Deutsche Verlags-Anstalt 1999 (zuerst erschienen in London: Harper Collins Publishers 1999)

Bücher über die Geschichte Südafrikas (Auswahl)

Franz Ansprenger, Südafrika. Eine Geschichte von Freiheitskämpfen. Mannheim: BI-Taschenbuchverlag 1994

Michael Behrens, Robert von Rimscha, Gute Hoffnung am Kap? Das neue Südafrika. Zürich: Edition Interform 1995, 2. erw. Aufl.

Jörg Fisch, Geschichte Südafrikas. München: Deutscher Taschenbuch Verlag 1990

Albrecht Hagemann, Kleine Geschichte Südafrikas. München: Beck'sche Reihe 2001

Helen Joseph, Allein und doch nicht einsam. Ein Leben gegen die Apartheid. Hamburg: Rowohlt Taschenbuch Verlag 1987

Kinder unter Apartheid. Hrsg. v. Internationalen Schutz- u. Hilfsfond für das Südliche Afrika; Anti-

Apartheid-Zentrum der Vereinten Nationen. Trier: édition trèves 1986

Winnie Mandela, Ein Stück meiner Seele ging mit ihm. Hamburg: Rowohlt Taschenbuch Verlag 1984

Martin Pabst, Südafrika. München: Beck'sche Reihe 871

Dorothea Razumovsky, Frauen im Männerstaat Südafrika. Frankfurt: Fischer Taschenbuch Verlag 1987

Dorothea Razumovsky; Elisabeth Wätjen, Kinder und Gewalt in Südafrika. München: Deutscher Taschenbuch Verlag 1988

Ruth Weiss, Wir sind alle Südafrikaner. Eine kurze Einführung in die Geschichte und Gegenwart Südafrikas. Hamburg: E.B.-Verlag 1986

Ruth Weiss, Hannelore Oesterle, Mandelas zornige Erben. Kampf um die Macht in Südafrika. Wuppertal: Peter Hammer Verlag 1987

Quellenverzeichnis

Ein Häuptlingssohn am Ende der Welt

1 Nelson Mandela, Der lange Weg zur Freiheit. Frankfurt: Fischer Taschenbuch Verlag 1997, S. 22
2 ebd., S. 25
3 ebd., S. 26
4 ebd., S. 29
5 ebd., S. 34
6 ebd., S. 37
7 ebd., S. 44–45
8 ebd., S. 47–48
9 ebd., S. 53
10 ebd., S. 57
11 ebd., S. 63–64
12 ebd., S. 75

Ein Blick zurück: Auftritt der Weißen Herren

1 Ruth Weiss, Wir sind alle Südafrikaner. Eine kurze Einführung in die Geschichte und Gegenwart Südafrikas. Hamburg: E.B. Verlag 1986. Ruth Weiss zitiert diesen Satz, um ihn in aller Klarheit zu widerlegen.

Schwarz in der Stadt des Goldes

1 zit. nach Anthony Sampson, Nelson Mandela. Die Biographie. Stuttgart: Deutsche Verlags-Anstalt 1999, S. 48
2 Nelson Mandela, Der lange Weg zur Freiheit, a.a.O., S. 104
3 ebd., S. 106
4 ebd., S. 109
5 ebd., S. 121
6 ebd., S. 123
7 zit. nach Anthony Sampson, Nelson Mandela, a.a.O., S. 55

Keine Erleuchtung – nur Wut

1 Nelson Mandela, Der lange Weg zur Freiheit, a.a.O., S. 135
2 ebd., S. 137
3 Nelson Mandela, Der Kampf ist mein Leben. Gesammelte Reden und Schrif-

ten mit zusätzlichen Dokumenten und Beiträgen zum Befreiungskampf in Südafrika. Dortmund: Weltkreis Verlag 1986, S. 28
4 ebd., S. 37
5 Nelson Mandela, Der lange Weg zur Freiheit, a.a.O., S. 147
6 zit. nach Anthony Sampson, Nelson Mandela, a.a.O., S. 86

Der weiße Würgegriff: Apartheid

1 zit. nach Anthony Sampson, Nelson Mandela, a.a.O., S. 86–87
2 Martin Meredith, Nelson Mandela. Ein Leben für Frieden und Freiheit. München: Lichtenberg Verlag 1998 (zuerst erschienen in London: Hamish Hamilton 1997), S. 692
3 Alan Paton, Denn sie werden getröstet werden, Hamburg: Fischer Bücherei 1956, s. 71–72
4 zit. nach Martin Meredith, Nelson Mandela, a.a.O., S. 116
5 Nelson Mandela, Der lange Weg zur Freiheit, a.a.O., S. 195–196

Gebannte Kraft

1 Nelson Mandela, Der lange Weg zur Freiheit, a.a.O., S. 207
2 Godfrey Pitje zit. nach Anthony Sampson, Nelson Mandela, a.a.O., S. 105
3 ebd.
4 zit. nach Martin Meredith, Nelson Mandela, a.a.O., S. 139
5 Nelson Mandela, Der Kampf ist mein Leben, a.a.O., S. 72
6 Nelson Mandela, Der lange Weg zur Freiheit, a.a.O., S. 220
7 ebd., S. 229
8 zit. nach Anthony Sampson, Nelson Mandela, a.a.O., S. 119
9 zit. nach Nelson Mandela, Der Kampf ist mein Leben, a.a.O., S. 87
10 Nelson Mandela in dem Artikel »Freiheit noch zu unseren Lebzeiten«, Liberation Juni 1956, in: Nelson Mandela, Der Kampf ist mein Leben, a.a.O., S. 95
11 zit. nach Martin Meredith, Nelson Mandela, a.a.O., S. 149–150
12 Michael Behrens, Robert von Rimscha, Gute Hoffnung am Kap? Das neue Südafrika. Zürich: Edition Interfrom 1995, S. 27
13 Nelson Mandela, Der lange Weg zur Freiheit, a.a.O., S. 263

Hochverrat und Liebe

1 Nelson Mandela, Der lange Weg zur Freiheit, a.a.O., S. 273–274
2 Anthony Sampson, Nelson Mandela, a.a.O., S. 137–138
3 Mary Benson im Guardian vom 16. August 1962, zit. nach Anthony Sampson, Nelson Mandela, a.a.O., S. 138
4 Nelson Mandela, Der lange Weg zur Freiheit, a.a.O., S. 291

5 Winnie Mandela, Ein Stück meiner Seele ging mit ihm. Hamburg: Rowohlt Taschenbuch Verlag 1984, S. 91
6 zit. nach Nelson Mandela, Der lange Weg zur Freiheit, a.a.O., S. 294
7 ebd., S. 295
8 Winnie Mandela, Ein Stück meiner Seele, a.a.O., S. 94
9 zit. nach Fatima Meer, Nelson Mandela. Stimme der Hoffnung. München: Wilhelm Heyne Verlag 1989, S. 150
10 Nelson Mandela, Der lange Weg zur Freiheit, a.a.O., S. 301
11 Helen Joseph, Allein und doch nicht einsam. Ein Leben gegen die Apartheid. Hamburg: Rowohlt Taschenbuch Verlag 1987, S. 99
12 zit. nach Nelson Mandela, Der lange Weg zur Freiheit, a.a.O., S. 306
13 ebd., S. 311
14 Albrecht Hagemann, Nelson Mandela. Hamburg: Rowohlt Taschenbuch Verlag 1995, S. 86
15 zit. nach Helen Joseph, Allein und doch nicht einsam, a.a.O., S. 116
16 Nelson Mandela, Der lange Weg zur Freiheit, a.a.O., S. 337
17 zit. nach Anthony Sampson, Nelson Mandela, a.a.O., S. 169
18 Nelson Mandela, Der Kampf ist mein Leben, a.a.O., S. 159
19 zit. nach Martin Meredith, Nelson Mandela, a.a.O., S. 234
20 Nelson Mandela, Der lange Weg zur Freiheit, a.a.O., S. 348

Ich wurde ein Wesen der Nacht

1 Nelson Mandela, Der lange Weg zur Freiheit, a.a.O., S. 359
2 ebd., S. 364
3 Nelson Mandela, Der Kampf ist mein Leben, a.a.O., S. 192–193
4 zit. nach Anthony Sampson, Nelson Mandela, a.a.O., S. 195
5 Nelson Mandela, Der Kampf ist mein Leben, a.a.O., S. 195
6 Nelson Mandela, Der lange Weg zur Freiheit, a.a.O., S. 390

Im Schatten des Galgens

1 Nelson Mandela, Der lange Weg zur Freiheit, a.a.O., S. 425
2 zit. nach ebd., S. 441
3 Nelson Mandela, Der Kampf ist mein Leben, a.a.O., S. 213
4 zit. nach ebd.
5 ebd., S. 252
6 Martin Meredith, Nelson Mandela, a.a.O., S. 279
7 zit. nach Nelson Mandela, Der lange Weg zur Freiheit, a.a.O., S. 483
8 Nelson Mandela, Der Kampf ist mein Leben, a.a.O., S. 253–256, 260–261
9 ebd., S. 275–276
10 ebd., S. 283–285
11 ebd., S. 285
12 zit. nach Martin Meredith, Nelson Mandela, a.a.O., S. 331

Lebendig begraben

1 Nelson Mandela, Der lange Weg zur Freiheit, a.a.O., S. 528
2 ebd., S. 525
3 ebd., S. 546
4 zit. nach ebd., S. 553
5 Anthony Sampson, Nelson Mandela, a.a.O., S. 255
6 ebd., S. 324
7 Winnie Mandela, Ein Stück meiner Seele, a.a.O., S. 158
8 ebd., S. 161
9 ebd., S. 192–193
10 zit. nach Nelson Mandela, Der lange Weg zur Freiheit, a.a.O., S. 601
11 W. E. Henley, zit. nach Anthony Sampson, Nelson Mandela, a.a.O., S. 261

Wir werden die Apartheid zerschmettern

1 zit. nach Anthony Sampson, Nelson Mandela, a.a.O., S. 282
2 ebd., S. 353
3 ebd., S. 305
4 Nelson Mandela, Der lange Weg zur Freiheit, a.a.O., S. 633
5 zit. nach Dorothea Razumovsky, Frauen im Männerstaat Südafrika. Frankfurt: Fischer Taschenbuch Verlag 1987, S. 188
6 ebd., S. 199–200
7 zit. nach Martin Meredith, Nelson Mandela, a.a.O., S. 392
8 zit. nach Anthony Sampson, Nelson Mandela, a.a.O., S. 329
9 Nadine Gordimer, Burgers Tochter, Berlin: Verlag Volk und Welt 1989, S. 169–170
10 Nelson Mandela, Der lange Weg zur Freiheit, a.a.O., S. 672
11 Nelson Mandela, Der Kampf ist mein Leben, a.a.O., S. 302
12 Behrens/von Rimscha, Gute Hoffnung am Kap?, a.a.O., S. 29
13 Winnie Mandela, Ein Stück meiner Seele, a.a.O., S. 25
14 ebd., S. 26
15 zit. nach Anthony Sampson, Nelson Mandela, a.a.O., S. 310
16 ebd., S. 382

Auf der richtigen Seite der Geschichte

1 Nelson Mandela, Der lange Weg zur Freiheit, a.a.O., S. 693
2 zit. nach Anthony Sampson, Nelson Mandela, a.a.O., S. 396
3 zit. nach Ruth Weiss, Hannelore Oesterle, Mandelas zornige Erben. Kampf um die Macht in Südafrika. Wuppertal: Peter Hammer Verlag 1987, S. 22
4 ebd., S. 24
5 ebd., S. 28
6 Nelson Mandela, Der lange Weg zur Freiheit, a.a.O., S. 699–700

7 ebd., S. 703
 8 zit. nach Anthony Sampson, Nelson Mandela, a.a.O., S. 418
 9 zit. nach Martin Meredith, Nelson Mandela, a.a.O., S. 449
10 Nelson Mandela, Der lange Weg zur Freiheit, a.a.O., S. 725
11 zit. nach Anthony Sampson, Nelson Mandela, a.a.O., S. 421
12 Dr. Motlana, zit. nach ebd., 475
13 zit. nach Martin Meredith, Nelson Mandela, a.a.O., S. 461
14 Behrens/ von Rimscha, Gute Hoffnung am Kap?, a.a.O., S. 41
15 Nelson Mandela, Der lange Weg zur Freiheit, a.a.O., S. 741
16 zit. nach ebd., S. 742

Lasst Freiheit herrschen

 1 Nelson Mandela, Der lange Weg zur Freiheit, a.a.O., S. 755
 2 ebd., S. 761
 3 ebd., S. 769
 4 zit. nach Anthony Sampson, Nelson Mandela, a.a.O., S. 518
 5 ebd., S. 517
 6 ebd., S. 524
 7 Nelson Mandela, Der lange Weg zur Freiheit, a.a.O., S. 797
 8 zit. nach Anthony Sampson, Nelson Mandela, a.a.O., S. 542
 9 zit. nach Nelson Mandela, Der lange Weg zur Freiheit, a.a.O., S. 799
10 ebd., S. 801
11 ebd., S. 813
12 ebd., S. 814-815
13 zit. nach Anthony Sampson, Nelson Mandela, a.a.O., S. 554
14 ebd., S. 555
15 Nelson Mandela, Der lange Weg zur Freiheit, a.a.O., S. 821
16 zit. nach Anthony Sampson, Nelson Mandela, a.a.O., S. 565
17 ebd.
18 Martin Meredith, Nelson Mandela, a.a.O., S. 612
19 Nelson Mandela, Der lange Weg zur Freiheit, a.a.O., S. 830
20 Behrens, von Rimscha, Gute Hoffnung am Kap?, a.a.O., S. 155

Der hellste Stern

1 zit. nach Anthony Sampson, Nelson Mandela, a.a.O., S. 584
2 die oben genannten Zahlen wurden zitiert nach Martin Meredith, Nelson Mandela, a.a.O., S. 625ff.
3 zit. nach Anthony Sampson, Nelson Mandela, a.a.O., S. 600
4 ebd., S. 603
5 ebd., S. 667
6 zit. nach Martin Meredith, Nelson Mandela, a.a.O., S. 628
7 Gillian Slovo, Roter Staub. München: Verlag Antje Kunstmann 2001

8 zit. nach Anthony Sampson, Nelson Mandela, a.a.O., S. 656
9 Botschafter a.D. Harald Ganns in einem Interview mit der Autorin im Januar 2001
10 Martin Meredith, Nelson Mandela, a.a.O., S. 661
11 Anthony Sampson, Nelson Mandela, a.a.O., S. 638
12 ebd., S. 640
13 ebd., S. 681
14 ebd., S. 647

Bildnachweis

Mayibuye Centre, University of the Western Cape, Bellville, South Africa (1, 9); Jürgen Schadeberg/Bailey's African History Archive (2, 3); Ullstein Bilderdienst (4); Peter Magubane/Bailey's African History Archive (5); Mayibuye Centre/Link Picture Library (6); Alf Kumalo (7); Juhan Kuus/Sipa Press/Rex Features (8); Roger Bosch/I-Afrika/Link Picture Library (10); Süddeutscher Verlag, Bilderdienst (11); Peter Magubane (12); dpa Bilderdienste (13).

Dank

Meiner Lektorin Susanne Härtel danke ich für ihren klaren, kritischen Blick, für Ermutigung und Inspiration. Für Hintergrundinformationen und spannende Gespräche möchte ich Herrn Dr. Albrecht Hagemann und Herrn Harald Ganns, dem »verrückten« Botschafter in Südafrika a.D. danken, und vor allem der besonderen Kennerin südafrikanischer Geschichte, Ruth Weiss, die sich auf alle meine Fragen mit viel Geduld einließ.

Maren Gottschalk
Der geschärfte Blick
Sieben Journalistinnen und ihre Lebensgeschichte
352 Seiten, mit Fotos
ISBN 3 407 80881 X

Journalistin – der Traumberuf vieler junger Frauen. Maren Gottschalk, selbst Journalistin, stellt sieben prominente Kolleginnen vor:
Janet Flanner, die mit spitzer Feder ihren amerikanischen Landsleuten über ein vom Krieg erschüttertes Europa berichtete; **Milena Jesenská**, zu Unrecht vor allem als Geliebte Kafkas bekannt, porträtierte in ihren Kolumnen den Prager Alltag und forderte als kritische politische Reporterin von ihren Lesern Zivilcourage. Auch **Martha Gellhorn** musste darum kämpfen, nicht nur als Frau von Ernest Hemingway wahrgenommen zu werden, dabei war sie eine der engagiertesten Kriegsberichterstatterinnen unserer Zeit. **Marion Gräfin Dönhoff**, die Grande Dame des Journalismus und langjährige Herausgeberin der ZEIT, beeinflusste nachhaltig die politische Landschaft im Deutschland der Nachkriegszeit, während **Ruth Weiss** sich nach ihrer Flucht vor den Nazis in Südafrika vehement gegen die Apartheid einsetzte. Medienliebling war **Franca Magnani**, die charmant, humorvoll und bissig zugleich den Deutschen ihr Heimatland näher brachte. **Alice Schwarzer** schließlich machte nicht nur durch ihr Buch über den »kleinen Unterschied« Furore, sondern auch durch ihre kämpferische Zeitschrift EMMA, die sich der Emanzipation der Frau verschrieben hat.
Vor allem eines verbindet diese sieben Frauen:
Politisch engagiert betrachteten und betrachten sie die Welt kritisch und »mit geschärftem Blick«.

»Ein spezielles Stück Geschichte der Frauenbewegung:
Frauen in den Männerdomänen Politik und Wirtschaft. Ein wichtiges, intelligentes, gutgeschriebenes Buch!« *Eselsohr*

Beltz & Gelberg
Beltz Verlag, Postfach 100154, 69441 Weinheim, www.beltz.de